Germann Jossé

Bilanzen - aber locker!

CC-Verlag

Bei der Zusammenstellung des Buches wurde mit größter Sorgfalt vorgegangen. Trotzdem können Fehler nicht vollständig ausgeschlossen werden. Verlag und Autor können für fehlerhafte Angaben und deren Folgen weder juristische Verantwortung noch irgendeine Haftung übernehmen. Für Verbesserungsvorschläge und Hinweise auf Fehler ist der Verlag dankbar.

Vom selben Autor ist auch erschienen:
(Nähere Titelinformationen vgl. im Anhang)

Buchführung - aber locker
Ein neuartiges Konzept für den schnellen und fundierten Einstieg

ISBN 3-923930-29-1

Druck: WB-Druck, Rieden
© Copyright 1998 by CC-VERLAG GmbH, Hamburg
Alle Rechte vorbehalten/ All rights reserved

Gern schicken wir Ihnen unser Verlagsverzeichnis:
CC-Verlag GmbH, Postfach 60 04 03, 22204 Hamburg
Fax: 040-6317306 • E-Mail: info@cc-verlag.de
Internet: http://www.cc-verlag.de

Vorwort

Bilanzen sind Ihnen ein Greuel? Wenn Sie 'Jahresabschluß' hören, winken Sie ab? Sie plagen sich mit der Materie ab und haben keinen Dunst, was warum und wie? Oder sind Sie bereits fit in Buchführung und wollen nun in die Geheimnisse der Bilanzpolitik vordringen?
Dann wird's Zeit, daß Sie dieses Buch aufschlagen: Sie werden sehen, **Bilanzen sind sogar höchst interessant!**

Sie wollen wissen, wie Sie Ihren **Gewinn möglichst niedrig** ausweisen, um so ordentlich Steuern zu sparen? Kein Problem: Sie bekommen alle wichtigen Ansatzvorschriften zur Erstellung einer Bilanz und natürlich alle Spielräume aufgezeigt, damit Sie – ganz legal – in Ihrem Jahresabschluß „jonglieren" können. Oder: Damit Sie verstehen, wie andere kreativ ihre Bilanz erstellten.

Dazu nehmen wir Sie regelrecht an die Hand und führen Sie Schritt für Schritt – aber locker! – durch den Dschungel aus Aktiva und Passiva, von Aufwendungen und Erträgen. Nach kurzer Zeit werden Sie fit sein und selbst sagen: „Bilanzen? – aber locker!"

Versprochen: **Wir verzichten auf überflüssiges Beiwerk und Paragraphenreiterei**, obwohl auf die wichtigsten Gesetzestexte hingewiesen wird. Diese gelten zwar vorwiegend für Deutschland, in ähnlicher Version aber z.B. auch für Österreich.
Statt dessen finden Sie die **Fakten** und **Spielräume** und natürlich deren **Auswirkungen**.

☞ Gleich vorweg ein <u>Tip</u>: Blättern Sie zunächst auf Seite IX, dort sehen Sie, wie Sie dieses Buch am besten benutzen – je nachdem, ob Sie in puncto Bilanzen Anfänger, Fortgeschrittener oder schon Profi sind.

Tja, und jetzt? Dann mal los!
Bleibt noch eins: **Viel Erfolg!**

Im Sommer 1998   *Germann Jossé*

Noch etwas: Im Zuge der EU-Anpassungen sind in den nächsten Jahren einige Änderungen zu erwarten: So ist bereits seit Juli 1998 der *Kaufmann* neu definiert; außerdem ist z.B. geplant, die *stillen Rücklagen* teilweise neu zu regeln. Die hier vorgestellten Systematiken werden aber grundsätzlich weiterhin gelten.

P.S. Für Anregungen, Ideen, Wünsche sind wir immer zu haben – schreiben Sie uns einfach!

Dankeschön!

Ich gebe es zu: 'Bilanzierung' war nicht gerade mein Lieblingsfach während der Studienzeit. Es dauerte eine Weile, bis ich mich mit der Materie anfreunden konnte, irgendwann sogar Gefallen daran fand: Ich kapierte, daß Bilanzen nur wenig mit 'Erbsenzählerei' zu tun haben, sondern viel Gestaltungsfreiraum bieten und damit eine hochkreative Sache sind.

Vielleicht wird es Ihnen dank dieses Buches genauso gehen?!

Ein paar Jahre ist es her, daß ich meine allererste Vorlesung vor Studenten hielt: Thema? Bilanzierung! Gerne erinnere ich mich an kontroverse Diskussionen, kluge Beiträge und – immer locker! – konzentriertes Mitdenken. Und trotz allem war auch Spaß dabei. Alex, Gisi, Barbara, Frauke, Thomas, Andrea und Christian sind nur einige der Namen, die mir einfallen.

Wem noch gilt mein Dank? Meinem Vater, der's mir mit seinen Büchern vorgemacht hat und – nicht zuletzt – meiner Mutter, ohne die vieles nicht möglich gewesen wäre.

Ihnen allen ein herzliches Dankeschön!

G.J.

Inhaltsverzeichnis

Abkürzungsverzeichnis

A	Aktiva; Aktivposten
a.a.O.	am angegebenen Ort
AB	Anfangsbestand
AfA	Absetzung für Abnutzung
AfS	Absetzung für Substanzver-ringerung
AktG	Aktiengesetz
AG	Aktiengesellschaft; Arbeitgeber;
a.o.	außerordentlich(-e, -er)
AN	Arbeitnehmer
aLuL	aus Lieferungen und Leistungen
AO	Abgabenordnung
AR	Ausgangsrechnung; Aufsichtsrat
ARA	Aktive Rechnungsabgrenzung
ARAP	Aktive Rechnungs-abgrenzungsposten
AV	Anlagevermögen
BA	Bundesanzeiger
BG	Berufsgenossenschaft
BGA	Betriebs- und Geschäftsausstattung
BGB	Bürgerliches Gesetzbuch
Bj.	Berichtsjahr
BV	Bestandsveränderungen
BW	Buchwert
Cf	Cashflow
EB	Eröffnungsbilanz
eG	eingetragene Genossen-schaft
EK	Eigenkapital
EKR	Eigenkapitalrentabilität
ER	Eingangsrechnung
ESt	Einkommensteuer
EStDV	Einkommensteuer-Durchführungsverordnung
EStG	Einkommensteuergesetz
EStR	Einkommensteuerrichtlinien
EU	Europäische Union
EV	Eigenverbrauch
EWB	Einzelwertberichtigungen
FA	Finanzamt
Fifo	First in first out
FK	Fremdkapital
FKZ	Fremdkapitalzins
GenG	Genossenschaftsgesetz
Gez.	Gezeichnet(es)
GF	Geschäftsführung
Gj.	Geschäftsjahr
GK	Gesamtkapital
GKR	Gesamtkapitalrentabilität
GKV	Gesamtkostenverfahren
GmbH	Gesellschaft mit beschränkter Haftung
GmbHG	GmbH-Gesetz
GuV	Gewinn- und Verlust(-rechnung)
GV	Gesamtvermögen
GWG	Geringwert. Wirtschaftsgut
H	Haben
HB	Handelsbilanz
HGB	Handelsgesetzbuch
Hifo	Highest in first out
HR	Handelsregister; Handelsrecht
HV	Hauptversammlung
HWP	Höchstwertprinzip
i	Zins (= p : 100)
i.d.R.	in der Regel
i.e.S.	im engeren Sinn
IG	Interessengemeinschaft
Inv.	Inventur
i.w.S.	im weiteren Sinn
JA	Jahresabschluß
JÜ	Jahresüberschuß
Kap.	Kapital
Kfl.	Kaufleute
Kfm.	Kaufmann
kfm.	kaufmännisch(es)
kfr.	kurzfristig(es)
KG	Kommanditgesellschaft
KGaA	Kommanditgesellschaft auf Aktien

Kifo	Konzern in first out	RL	Rücklage(n)
KSt	Körperschaftsteuer	RS	Rohstoff(e)
KStDV	Körperschaftsteuer-Durchführungsverordnung	RüSt	Rückstellungen
		S	Soll
KStG	Körperschaftsteuergesetz	Σ	Summe
KStR	Körperschaftsteuerricht-linien	SA	Sachanlagen
		SB	Schlußbestand; Schlußbilanz
lfr.	langfristig(es)		
Lifo	Last in first out	SBK	Schlußbilanzkonto
liqu.	liquide (Mittel)	StB	Steuerbilanz
Lofo	Lowest in first out	StR	Steuerrecht
lt.	laut	t	Zeit
n	hier: Anzahl der Jahre	TA	Technische Anlagen
ND	Nutzungsdauer	TDM	Tausend Deutsche Mark
NWP	Niederstwertprinzip	TW	Tageswert
OHG	Offene Handelsgesellschaft	UE	Umsatzerlöse
P	Passiva; Passivposten	UKV	Umsatzkostenverfahren
p	Prozentsatz	USt	Umsatzsteuer
PP	Prozentpunkt(e)	UV	Umlaufvermögen
PRA	Passive Rechnungsabgren-zung	Verb.	Verbindlichkeiten aLuL
		Vj.	Vorjahr
PRAP	Passive Rechnungs-abgrenzungsposten	VS	Vorstand
		WB	Wertberichtigungen
PublG	Publizitätsgesetz	WBaS	Wertberichtigungen auf Sachanlagen
PWB	Pauschalwertberichtigungen		
R/H/B	Roh-, Hilfs- und Betriebs-stoffe	WP	Wirtschaftsprüfer; Wertpapiere

A   Motivation

Wenn Sie lesen, daß im letzten Spiel Ihrer Lieblingsmannschaft
dieser oder jener Fußballspieler ein *Aktivposten* war oder der Trainer nach dem Match kritisch *Bilanz zieht*, dann sind Sie eigentlich
schon mittendrin in der Materie! Der Trainer analysiert, was ge-
klappt hat und was nicht...
Beim Jahresabschluß werden ebenfalls gegensätzliche Posten gegenübergestellt, wodurch z.B. der Gewinn ermittelt wird. Was es
dabei genau zu beachten gilt und welche Spielräume Sie haben,
das erfahren Sie Schritt für Schritt.

❏   Für wen ist das Buch?

Sie sind (Berufs-)**Schüler** oder **Student**? Ja? Oder arbeiten Sie als
Praktiker im kaufmännischen Bereich? Oder haben Sie gar Ihr
eigenes Gewerbe? Sie kennen sich in Buchführung aus und wollen jetzt in die Geheimnisse der Bilanz vordringen?

Das vorliegende Buch ist so konzipiert, daß es jeder, vom **Anfänger bis zum Profi**, sinnvoll nutzen kann: um *Kenntnisse aufzufrischen* oder *gezielt zu vertiefen*, um *offene Fragen zu klären* oder
sich *umfassend einzuarbeiten*.

❏   Was bringt Ihnen dieses Buch?

„Bilanzen – aber locker!" verhilft Ihnen, schnell zum Erfolg zu
kommen:

• Sie können das Buch **wie ein normales Lehrbuch** benutzen
  und die einzelnen Themen Schritt für Schritt durcharbeiten
  (Kapitel B bis I).

• Anhand von *Inhalts- oder Stichwortverzeichnis* können Sie
  aber auch **gezielt Themenbereiche auswählen**, die Sie interessieren.

• Das *Glossar* am Buchende (Kapitel J) können Sie wie ein klei-
  nes **Lexikon** benutzen. Querverweise zeigen Ihnen, wo die
  Themen ausführlich dargestellt werden.

❏   **Wie benutzen Sie das Buch?**

☞ Wir nehmen Sie mit auf eine Reise quer durch die Welt des
Jahresabschlusses. Schauen Sie unsere 'Reiseroute' mal an:

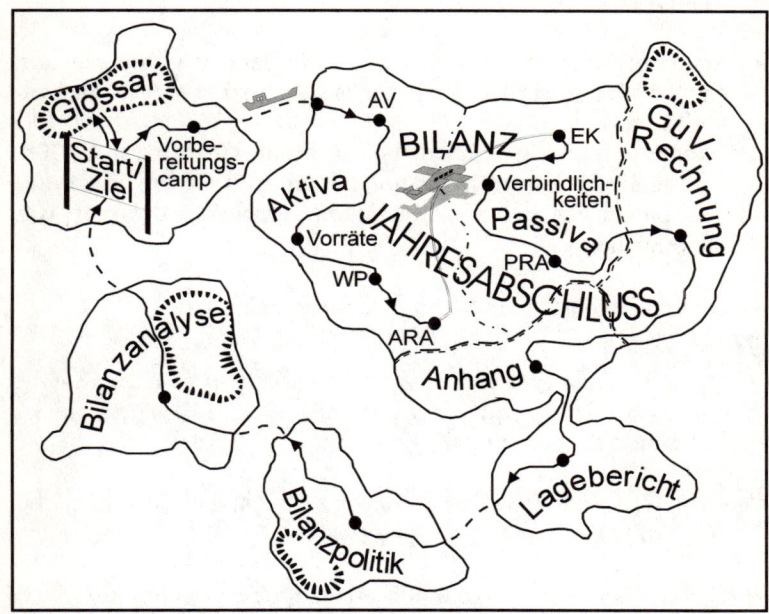

→ Zunächst klären wir, *wer* überhaupt eine Bilanz erstellen muß,
ab Kapitel D geht's dann richtig zur Sache: unsere Reise führt
Sie zu allen wichtigen *Bilanzposten*, zur *Gewinn- und Verlustrechnung* und einigen 'Highlights' mehr.
Als zusätzliches Schmankerl betreiben wir anschließend etwas
Bilanzpolitik (Kap. H) und zeigen Ihnen, wie Sie *Bilanzen
richtig lesen und analysieren* (Kap. I).

• Wenn Sie **Anfänger** sind und noch keine Ahnung von Bilanzen
haben, sollten Sie das Buch vom Anfang an *Seite für Seite*
durcharbeiten.
Wenn Sie täglich 2 Stunden Zeit aufbringen können, sind Sie
nach einem Monat bestimmt fit in Bilanz und Jahresabschluß!

- Als **Fortgeschrittener** haben Sie vielleicht *Grundkenntnisse*, nur im Detail haben Sie noch Lücken. Oder Sie wollen Ihr verstaubtes Wissen auffrischen. Dann können Sie die Kapitel B und C wahrscheinlich schnell überfliegen und starten direkt mit Kapitel D.

- Als **Profi** kennen Sie sich bereits mit Jahresabschlüssen aus, nur fehlt Ihnen ein kleiner Ratgeber, um mal eben was nachzuschlagen.
  Dann empfehlen wir Ihnen: Lesen Sie im *Glossar* (ab S. 208) die für Sie interessanten Themen durch (mit Seitenverweisen!) oder picken Sie sich aus dem *Inhaltsverzeichnis* das raus, was Sie brauchen.

- Diese *Symbole* finden Sie in jedem Kapitel:

F und **A**.
Die stehen natürlich für „**Frage**" und „**Antwort**". Lesen Sie die durch – vielleicht erhalten Sie jetzt Antwort auf Fragen, die Sie sich schon oft gestellt haben.

☞ Achten Sie auf diese Hand! Sie zeigt Ihnen, daß Sie einen kleinen **Tip** bekommen.

→ Ein solcher Pfeil zeigt Ihnen einen **Querverweis** – meist zu einem vertiefenden Kapitel oder einem Stichwort.

Genug der Vorrede! Machen Sie sich eine Tasse dampfenden Kaffee, setzen Sie sich bequem in Ihren Lieblingssessel und schon geht's los! Sind Sie startklar?

B   Einführung

1   Was ist eine Bilanz?
1.1   Zusammenhang zwischen Bilanz und Rechnungswesen

Was eine Bilanz ist? Dieser Frage werden wir uns langsam nähern. Zunächst einmal schauen wir uns an, was das betriebliche Rechnungswesen ist, und wie die Bilanz dort einzuordnen ist.

Unter „Rechnungswesen" sind sämtliche Methoden gemeint, die das gesamte Unternehmensgeschehen *zahlenmäßig* erfassen, also z.B. beim Ein- und Verkauf von Waren, bei der Überweisung von Löhnen oder bei der Kalkulation von Preisen.

Im einzelnen hat das betriebliche Rechnungswesen die Aufgaben:

① Ermitteln der **Bestände an Vermögen und Schulden**
② Alle **Veränderungen** von Vermögen und Schulden aufzeichnen
③ Den **Erfolg** (d.h. den Gewinn oder Verlust) der Unternehmung **ermitteln**, in dem alle Aufwendungen (= Werteverzehr) und Erträge (= Wertezuwachs) erfaßt und gegenübergestellt werden
④ Daten als Grundlage zur **Berechnung der Steuern** liefern
⑤ Kosten ermitteln und **Verkaufspreise kalkulieren**
⑥ Zukünftige Mengen, Kosten und Preise **planen**
⑦ Die **Wirtschaftlichkeitskontrolle** durchführen, z.B. durch Soll-Ist-Vergleiche
⑧ Das Unternehmensgeschehen **statistisch** darstellen

Um diesen Aufgaben gerecht zu werden, wird das Rechnungswesen in unterschiedliche **Teilbereiche** untergliedert, von denen Sie bestimmt schon gehört haben. Wie diese heißen? Hier, bittesehr:

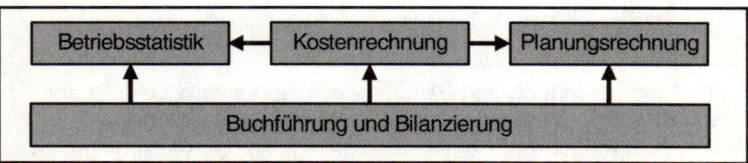

Die **Buchführung** und die **Bilanzierung** sind also ein wichtiger
Grundbaustein innerhalb des betrieblichen Rechnungswesens. Sie
nehmen vor allem die Aufgaben ①,②,③ und ④ wahr.

Bevor wir uns diesen Aufgaben intensiver widmen, seien auch die
anderen Teilbereiche kurz vorgestellt:

- Die **Kostenrechnung** ermittelt die Kosten für die hergestellten
  Produkte (also Sachgüter und Dienstleistungen) und kalkuliert
  auf dieser Basis die Verkaufspreise (Aufgabe ⑤).[1]
- Die **Planungsrechnung** ist zukunftsgerichtet und will insbesondere Mengen, Kosten und Preise planen (Aufgabe ⑥).
- Die **Betriebsstatistik**[2] greift ebenfalls auf Daten der Buchführung und Bilanzierung zurück und kontrolliert z.B., ob wirtschaftlich gearbeitet wurde. Dazu führt sie verschiedene Vergleichsrechnungen durch, z.B. Soll-Ist-Vergleiche (Aufgaben
  ⑦ und ⑧).

Sie sehen, das sind ganz unterschiedliche Aufgaben. Deshalb sind
die einzelnen Teilbereiche eigenständige Arbeitsgebiete mit unterschiedlichen Methoden. Allerdings beliefern sie sich gegenseitig
mit Information, was in der vorherigen Grafik durch die Pfeile
angedeutet wurde.

Doch zurück zur Buchführung und Bilanzierung!
Dieser Bereich soll also ① Bestände an Vermögen und Schulden
ermitteln und ② deren Veränderungen aufzeichnen. Schließlich
sollen ③ der Erfolg der Unternehmung ermittelt und ④ Grundla-
gen zur Berechnung der Steuern geliefert werden.

Wenn Sie sich in Buchführung bereits auskennen, werden Sie jetzt
vielleicht sagen, „genau, diese Aufgaben kenne ich – das über-
nimmt die Buchführung." Und möglicherweise werden Sie sich
fragen, wieso dieses Teilgebiet dann „Buchführung *und* Bilanzierung" heißt.

---

[1] Zur Kostenrechnung und Planungsrechnung sei als Lektüre empfohlen: Jossé, G., Basiswissen Kostenrechnung, München 1998.

[2] Als Einführung in die Betriebsstatistik vgl. Jossé, G., Rechnungswesen für Hotellerie und Gastronomie, Darmstadt 1996, S. 357 ff.

In der Tat sind beide nicht leicht voneinander abzugrenzen, da sie letztlich eng verwoben sind: Die Bilanzierung baut zum einen auf die Buchführung auf, zum anderen werden im Rahmen der Bilanzierung nochmals Buchungen erforderlich.

Schauen wir uns dieses Teilgebiet genauer an. Demnach besteht „Buchführung und Bilanzierung" aus mehreren Unterbereichen:

- Die **Buchführung** (oder Finanzbuchhaltung) zeichnet lückenlos sämtliche Geschäftsvorfälle auf.[1]
- Die **Inventur** ist eine Erfassung aller Vermögensgegenstände und Schulden einer Unternehmung. (⇨ Kap. B 1.5.1)
- Der **Jahresabschluß**, wozu insbesondere das ordnungsgemäße Erstellen einer Bilanz gehört.
- **Sonderbilanzen**, die bei Bedarf oder aus besonderem Anlaß erstellt werden.

Die Buchführung ist vor allem eine Aufgabe *während* des Geschäftsjahres. Unter 'Jahresabschluß' sind alle Maßnahmen zu verstehen, die sich *zum Ende* eines Geschäftsjahres anschließen. Dazu dient u.a. die Inventur. Sonderbilanzen werden aus besonderem Anlaß erstellt und haben damit ebenfalls eher einmaligen Charakter.

Die Zusammenhänge zwischen den Unterbereichen und ihre zeitliche Dimension zeigt diese Grafik:

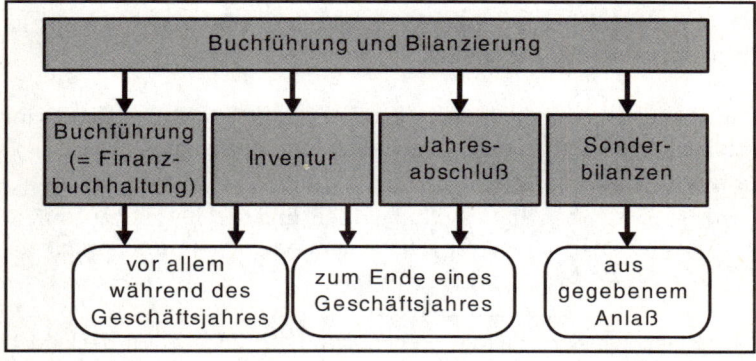

---

[1] Vgl. hierzu ausführlich den in der gleichen Reihe erschienenen Band: Jossé, G., Buchführung – aber locker! (⇨ Titelinfo im Anhang).

Wie der Name dieses Buches „Bilanzen – aber locker!" zeigt, geht es uns also um Bilanzen, genauer gesagt, um den *Jahresabschluß* einer Unternehmung. Woraus ein solcher Jahresabschluß besteht und was bei seiner Erstellung alles zu beachten ist, wird Ihnen Schritt für Schritt erklärt.

Sie werden aber auch die Inventur kennenlernen (⇨ Kap. B 1.5.1), sowie verschiedene Sonderbilanzen (⇨ Kap. B 1.6.2).

☞   *Bilanz und Jahresabschluß sind also nicht dasselbe?*

◢   Richtig, die Bilanz ist nur ein Teil des kompletten Jahresabschlusses, wenn auch der umfangreichste. Deshalb wird oft verkürzend von der Bilanz gesprochen, selbst wenn der ganze Jahresabschluß gemeint ist. (⇨ Kap. B 2.4)

☞   *Und wozu dient denn jetzt so eine Bilanz bzw. der Jahresabschluß?*

◢   Das werden Sie gleich im nächsten Kapitel sehen.

1.2   Aufgaben einer Bilanz

Während die Buchführung vor allem *Veränderungen* während des Jahres erfaßt, soll die Bilanz (bzw. der Jahresabschluß) zum Ende eines Geschäftsjahres Informationen über die *Lage der Unternehmung* liefern. Diesen Zeitpunkt nennt man 'Stichtag' – für uns ist dies immer der 31. Dezember.[1]

Die Frage ist, wer denn da informiert werden soll. Der Jahresabschluß richtet sich an unterschiedliche Gruppierungen:

- An **interne Adressaten**, vor allem die Geschäftsleitung selbst, die diese Daten benötigt, um zukünftige Entscheidungen zu treffen. Man spricht in diesem Zusammenhang von der *Dispositionsaufgabe* der Bilanzierung.

---

[1] Das Geschäftsjahr beträgt grundsätzlich 12 Monate. Es deckt sich i.d.R. mit dem Kalenderjahr. Ein abweichendes Geschäftsjahr ist möglich für Gewerbetreibende, die ins Handelsregister eingetragen sind oder falls dies per Gesetz oder Verordnung so geregelt ist, wie z.B. für die Landwirtschaft; vgl. S. 9.

- An **externe Adressaten**, die ein Interesse haben, Näheres über die Unternehmung zu erfahren. Dazu zählen vor allem das Finanzamt sowie die Arbeitnehmer, (potentielle) Anteilseigner, sonstige Kapitalgeber (z.B. Banken) und Gläubiger (z.B. Lieferanten), außerdem die „interessierte Öffentlichkeit", z.B. Wirtschaftsverbände.

Diese Personenkreise wollen zum Ende eines Geschäftsjahres über die Lage der Unternehmung informiert werden. Der Begriff 'Lage' bezieht sich dabei auf vier Bereiche:[1]

- **Vermögenslage**, also über das vorhandene Anlagevermögen (AV) und Umlaufvermögen (UV). Dazu müssen die einzelnen Vermögensgegenstände aufgelistet werden.
- **Finanzlage** oder Kapitallage, d.h., es muß gezeigt werden, wie sich die Unternehmung finanziert, z.B. mit welchem Eigenkapital sie arbeitet und mit welchen Fremdkapitalien.
- **Erfolgslage**, also, welcher Erfolg[2] erzielt wurde, d.h., welcher *Gewinn* oder *Verlust*. In der Bilanz selbst wird der Erfolg nur *summarisch* ausgewiesen, während in der Gewinn- und Verlustrechnung (GuV) detailliert aufgeführt wird, wie es zu diesem Erfolg kam. Dazu werden sämtliche Aufwendungen und Erträge gegenübergestellt.[3]
- **Liquiditätslage**, also inwieweit eine Unternehmung in der Lage ist (= liquide ist), seinen Zahlungsverbindlichkeiten nachzukommen.

Bevor wir uns der Frage widmen, wer überhaupt eine Bilanz erstellt, schauen wir uns kurz einmal an, wie diese aufgebaut ist:

1.3 Grundschema einer Bilanz

Eine kleine Definition gefällig? Die Bilanz ist eine *Gegenüberstellung* von Vermögen und Kapital einer Unternehmung zu einem bestimmten Zeitpunkt.

---

[1] Die Pflicht zur Erstellung eines Jahresabschlusses, worin die Lage dargelegt wird, ergibt sich für Kaufleute aus § 242 HGB.

[2] 'Erfolg' ist ein neutraler Begriff. Seine positive Ausprägung heißt 'Gewinn', die negative 'Verlust'.

[3] Mit der GuV kennen Sie jetzt – neben der Bilanz – einen weiteren Bestandteil des Jahresabschlusses.

Vermögen sind alle Wirtschaftsgüter, die der Unternehmung dienen:
- entweder **langfristig** (= **Anlagevermögen**; AV), z.B. Maschinen, Fuhrpark oder Betriebs- und Geschäftsausstattung oder eher
- **kurzfristig** (= **Umlaufvermögen**; UV), wozu sämtliche Vorräte zählen (z.B. Rohstoffe), Forderungen (z.B. an Kunden) und die Zahlungsmittel (z.B. Kasse oder Bankguthaben).

Genauso kann man das **Kapital** unterscheiden:
- **Eigenkapital**, also die Einlagen der Gesellschafter, hat ebenfalls eine längere Fristigkeit.
- **Fremdkapital** ist alle Finanzierung durch Gläubiger. Dazu zählen so unterschiedliche Finanzierungsarten wie selbst herausgegebene Anleihen, bei der Bank aufgenommene Darlehen (beide eher langfristig), Lieferantenschulden oder überzogenes Girokonto (eher kurzfristig).

Daß wir den *Zeitaspekt* eben so betonten, geschah nicht ohne Grund: Alle *Vermögensposten* einer Bilanz sind nach *Flüssigkeit* geordnet, also nach dem Aspekt, wie schnell sie zu Geld gemacht werden können. Demnach werden die am wenigsten flüssigen Güter zuerst genannt (z.B. Gebäude), die flüssigsten (z.B. Kasse) als letztes.

Ähnlich verhält es sich mit dem *Kapital*. Es wird nach *Fristigkeit* geordnet, also nach dem Aspekt, wie bald das Kapital zurückgezahlt werden muß: Das (langfristige) Eigenkapital wird zuerst aufgeführt, dann folgen langfristiges Fremdkapital (z.B. Darlehen) und schließlich das kurzfristige Fremdkapital (z.B. Verbindlichkeiten).

Hier sehen Sie nun das Grundschema einer Bilanz:

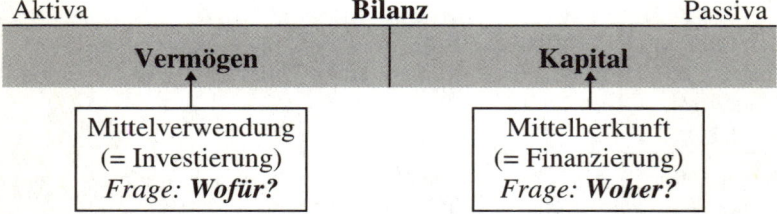

Aktiva   **Bilanz**   Passiva

Vermögen	**Kapital**
Mittelverwendung (= Investierung) *Frage: **Wofür?***	Mittelherkunft (= Finanzierung) *Frage: **Woher?***

Wahrscheinlich wissen Sie schon, daß das Wort 'Bilanz' aus dem italienischen 'bilancia' (= Waage) abgeleitet ist. Dies deutet an, daß eine Bilanz aus zwei gleich großen Seiten besteht:

- **Links** stehen die sog. **Aktiva**, d.h. alle Vermögensposten, und
- **rechts** die **Passiva**, also die einzelnen Kapitalarten.

Die Passiva zeigen also, *woher* das Kapital stammt, d.h. die einzelnen Finanzierungsarten. Die Aktiva hingegen zeigen, *wofür* das Kapital verwendet wurde, mit anderen Worten, in was es investiert wurde.

Nachdem Sie einen ersten Eindruck gewonnen haben, ergänzen wir die vorherige Grafik etwas. Eine Grobgliederung sieht wie folgt aus:

Aktiva   **Bilanz**   Passiva

Anlagevermögen:
• **Immaterielles AV**
  (z.B. Lizenzen)
• **Sachanlagen** (z.B.
  Gebäude oder Maschinen)
• **Finanzanlagen**
  (z.B. Beteiligungen)
	Eigenkapital
	(inkl. Gewinn)

Umlaufvermögen:
• **Vorräte**
  (z.B. Rohstoffe oder Waren)
• **Forderungen u.ä.**
  (Forderungen an Kunden)
• **Wertpapiere**
  (z.B. Aktien)
• **Flüssige Mittel**
  (z.B. Schecks, Bank, Kasse)
	Fremdkapital:
	• **langfristig**
	  (z.B. Darlehen oder
	  Pensionsrückstellungen)
	• **kurzfristig**
	  (z.B. Verbindlichkeiten an Liefe-
	  ranten, überzogenes Girokonto)

☞ *Die Aktiva stehen also links und sind von oben nach unten nach Flüssigkeit geordnet, die Passiva stehen rechts und sind nach Fristigkeit geordnet, d.h., wie schnell sie zurückgezahlt werden müssen. Ist das so?*

◢ Das stimmt genau.

☞ *Sind das alle Posten, die in einer Bilanz aufgeführt werden?*

◢ Nein, es gibt noch mehr. Für den ersten Überblick reicht das aber. Falls Sie neugierig sind, schauen Sie schon mal auf Seite 40 nach – dort steht die komplette Bilanzgliederung.

☞   *Ich habe noch ein Problem mit den Begriffen 'Bilanz' und 'Jahresabschluß'. Wodurch unterscheiden sich die beiden genau?*

◢   'Jahresabschluß' ist der *Oberbegriff*. Er besteht mindestens aus Bilanz und Gewinn- und Verlustrechnung. Evtl. ist er noch zu erweitern – doch dazu später mehr (⇨ Kap. B 2.4).

☞   *Und was heißt dann 'bilanzieren'?*

◢   Schauen Sie sich zunächst die folgende Grafik an:

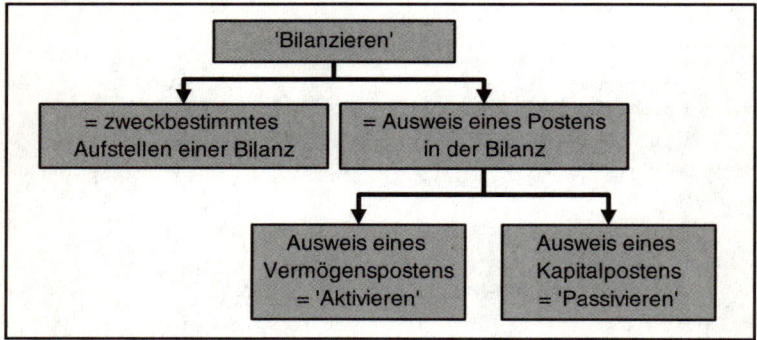

Sie sehen, 'bilanzieren' hat mehrere Bedeutungen:[1]

- Zum einen bedeutet es das *zweckbestimmte Erstellen einer Bilanz* (bzw. eines Jahresabschlusses). Daraus folgt, daß es *nicht eine* Bilanz schlechthin gibt, sondern je nach Aufgabe und Adressat unterschiedliche Bilanzen erstellt werden. So mag z.B. die Bilanz fürs Finanzamt anders aussehen, als die für eine Bank (⇨ Kap. B 1.6).

- Zum anderen drückt 'bilanzieren' aus, ob ein Posten überhaupt in der Bilanz erscheint. Als Unterform meint '**Aktivieren**', daß der Posten auf der Aktivseite ausgewiesen wird, und '**Passivieren**', daß er auf der Passivseite erscheint (⇨ Kap. C 1.3).

Sie haben jetzt eine ungefähre Ahnung vom Aufbau einer Bilanz. Als nächstes klären wir, wann und wie oft eine Bilanz erstellt wird.

---

[1] 'Bilanzieren' heißt auch, daß jemand eine Bilanz erstellt – und nicht nur eine Überschußrechnung; vgl. S. 22 ff.

1.4   Wann wird eine Bilanz erstellt?

Eine Bilanz (bzw. der komplette Jahresabschluß) muß bei drei
Gelegenheiten erstellt werden:

- bei **Gründung** oder Kauf der Unternehmung,
- bei **Erlöschen** (= Liquidation) oder Verkauf der Unternehmung,
- zum **Ende eines jeden Geschäftsjahres**.

Darüber hinaus können Sie bei Bedarf *Sonderbilanzen* aufstellen,
z.B. wenn Ihre Bank von Ihnen eine monatliche Bilanz verlangt.
In diesem Buch betrachten wir vor allem die Bilanz, die regelmäßig zum Ende eines Geschäftsjahres erstellt wird (⇨ Kap. B 1.6).

☞   *Dauert so ein Geschäftsjahr immer genau ein Jahr?*

◢   Grundsätzlich ja, allerdings gibt es auch Ausnahmen:

Im Jahr der *Eröffnung* oder *Aufgabe* Ihres Geschäfts darf das Geschäftsjahr auch kürzer sein. Gleiches gilt, wenn Ihre Unternehmung von einer anderen übernommen wird und bei letzterer ein
abweichendes Geschäftsjahr besteht. Ihr *erstes* Geschäftsjahr darf
aber auch länger dauern, max. aber 18 Monate.

Sie bekommen das noch einmal zusammengefaßt:

Dauer des Geschäftsjahres	
grundsätzlich:	• 12 Monate
Bei Eröffnung / erstes Jahr:	• evtl. länger, max. 18 Monate
	• evtl. kürzer
Bei Aufgabe / letztes Jahr:	• evtl. kürzer

1.5   Worauf basiert eine Bilanz?

Grundlage der Bilanz ist dabei eine **Inventur**, also eine *Bestands-
aufnahme* aller Vermögens- und Schuldenposten.
Nachdem alle Posten erfaßt sind, wird daraus ein ausführliches
Verzeichnis erstellt, nämlich das **Inventar**. Dieses verzeichnet

jeden einzelnen Posten nach Art, Menge und Wert – im Klartext heißt es z.B. 3 Schreibtische, Modell X, Wert je 300 DM; 5 Schreibtische, Modell Y, Wert je 400 DM usw. Sie merken schon, daß das Inventar auf diese Weise locker ganze Bände füllen kann.

Deshalb wird daraus eine weitere Übersicht abgeleitet, nämlich die **Bilanz**. In dieser sind Gruppen von Vermögens- und Schuldenposten stark zusammengefaßt (z.B. nicht nur alle Schreibtische, sondern die komplette Betriebs- und Geschäftsausstattung, kurz BGA, wird als ein *einziger* Posten ausgewiesen, und zwar nur mit dem gesamten DM-Betrag).

Da wir nachfolgend vor allem die Bilanz zugrunde legen, die zum Stichtag erstellt wird, gilt also zum **Ende eines Geschäftsjahres** immer diese Reihenfolge von Arbeiten:

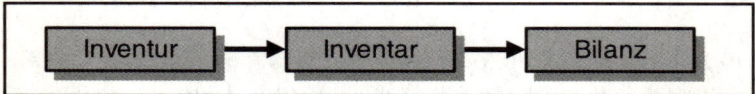

☞   Wenn Ihnen 'Inventur' und 'Inventar' geläufige Begriffe sind, springen Sie doch direkt weiter zum Kapitel B 1.6 (auf S. 15).

1.5.1 Die Inventur

Zum **Ende eines Geschäftsjahres** (Sie erinnern sich? Stichtag ist für uns der 31. Dez.) muß jeder, der zur doppelten Buchführung verpflichtet ist, eine **Bestandsaufnahme** (Inventur) seiner Vermögens- und Schuldenwerte durchführen; diese werden nach *Art* (z.B. Schrauben, Typ M3, Nirosta), *Menge* (Stückzahl, Liter, Gewicht, Länge) und ihrem *Wert* (in DM) erfaßt. Wenn möglich, erfolgt eine *körperliche* Inventur (z.B. Zählen der Vorräte im Regal), ansonsten eine *Buchinventur* (von immateriellen Gütern und Schulden).

✎   *Wenn möglich, gehe ich also richtig durch meinen Betrieb und zähle z.B. die Einrichtung oder die Vorräte?*

◢   Ja, neben Zählen kommt auch Wiegen oder Messen und – ersatzweise – Schätzen in Betracht.

F   *Die Inventur muß ich jedes Jahr machen?*

A   Grundsätzlich ja. Außerdem bei Gründung bzw. Übernahme und bei Auflösung bzw. Verkauf des Unternehmens.

F   *Das klingt nach ganz schön viel Arbeit - die soll an einem Tag bewältigt werden? Das kann ich mir kaum vorstellen.*

A   Da haben Sie recht: bei einem Großbetrieb wäre das kaum zu bewältigen. Der Gesetzgeber erlaubt deshalb gewisse Vereinfachungen, u.a., daß die Inventur nicht an einem Tag durchgeführt werden muß.

F   *Unser Supermarkt hat immer am 30. Dez. einen halben Tag lang „wegen Inventur geschlossen". Das ist also zulässig?*

A   Genau, an dem Tag werden die Bestände in den Regalen erfaßt, vielleicht eine Woche später die Büroeinrichtungen und der Fuhrpark, und wieder zu einem anderen Zeitpunkt z.B. die Schulden. Das schauen wir uns jetzt genauer an:

Inventurverfahren	Beschreibung
• Stichtags- inventur	• +/– 10 Tage um den Stichtag • Veränderung zwischen Stichtag und Inventur werden mit Menge *und* DM-Betrag festgehalten
• verlegte Inventur	• 3 Monate *vor* bis 2 Monate *nach* dem Stichtag • Veränderungen in der Zwischenzeit werden nur mit den DM-Beträgen notiert (s.u.)
• permanente Inventur	• laufende Inventur, d.h., jeder einzelne Zugang und Abgang wird sofort in der Lagerbuchhaltung festgehalten • Einmal jährlich wird zu einem beliebigen Zeitpunkt der so ermittelte Bestand lt. Büchern (Buchbestand) körperlich überprüft • Gilt nur für Vorräte
• Inventur mittels mathematisch- statistischer Verfahren	• Dazu werden für verschiedene Güter Stichproben genommen und hochgerechnet • Voraussetzung: Lagerbuchhaltung • Gilt nur für Vorräte

Wie das mit den Veränderungen zwischen Inventurtag und Stichtag funktioniert, sei anhand der verlegten Inventur dargestellt.
Demnach müssen die DM-Werte seit der Inventur bis zum Stichtag
fortgeschrieben (= Zugänge addieren, Abgänge subtrahieren) bzw.
zwischen Stichtag und Inventur zurückgerechnet (= Zugänge subtrahieren, Abgänge addieren) werden:

Beispiel 1: Am 15. Dezember führten Sie die Inventur Ihrer Waren durch. Sie ergab einen Bestand von 15.000 DM.
Wenn Sie nun am 20. Dez. weitere Waren im Wert von
3.000 DM kaufen, müssen Sie diese zu Ihrem ermittelten Bestand addieren. Der Stichtagsbestand beträgt daher 18.000 DM.
Entnehmen Sie dem Lager am 27.12. Waren im Wert
von 2.000 DM, so beträgt der Stichtagsbestand noch
16.000 DM.

Beispiel 2: Diesmal führten Sie die Inventur *nach* dem Stichtag
durch, z.B. am 28. Januar. Diese ergab einen Waren-
bestand von 14.000 DM.
Dies ist aber nicht der Stichtagsbestand, da Sie am 08.
Jan. Waren im Wert von 5.000 DM bezogen hatten.
Diesen Wert müssen Sie daher vom Inventurbestand
abziehen. Das Ergebnis (9.000 DM) stimmt, da Sie
zum 31. Dez. Waren im Wert von 9.000 DM hatten.
Hätten Sie am 12. Jan. Waren im Wert von 1.000 DM
entnommen, müßten Sie diese addieren (weil sie am
31. Dez. noch am Lager waren). Es ergäbe sich dann
ein Stichtagsbestand von 10.000 DM.

Beide Beispiele wollen wir uns in einer Übersicht noch einmal
anschauen:

Wertfortschreibung		Wertrückrechnung	
Inventur (15.12.)	15.000	Inventur (28.01.)	14.000
+ Zugang (20.12.)	3.000	– Zugang (15.01.)	5.000
– Abgang (27.12.)	2.000	+ Abgang (12.01.)	1.000
= Stichtag (31.12.)	16.000	= Stichtag (31.12.)	10.000

1.5.2 Das Inventar

Als nächster Schritt werden die per Inventur ermittelten Bestände in ein eigenes **Verzeichnis** eingetragen, das Inventar. Es führt *jeden einzelnen* Vermögens- oder Schuldenposten auf. Das Inventar ist in 3 Teile gegliedert:

A. Vermögen
Es wird nach seiner *Flüssigkeit geordnet*; die weniger flüssigen Vermögenswerte stehen oben, unten die flüssigen Mittel. Außerdem wird das Vermögen in 2 Gruppen unterteilt:

I. Anlagevermögen (AV):
Es steht dem Unternehmen längerfristig zur Verfügung. Dazu zählen z.B. Grundstücke, Gebäude, Maschinen, Fuhrpark oder Betriebs- und Geschäftsausstattung (BGA).

II. Umlaufvermögen (UV):
Es dient dem Unternehmen nur vorübergehend, insbesondere zählen dazu die Rohstoffe und sonstigen Vorräte, Forderungen an Kunden sowie die Geldmittel (Kasse, Bank, Postbank).

B. Schulden
Auch sie werden nach einem Zeitaspekt gegliedert, und zwar nach ihrer *Fälligkeit*: Demnach wird das langfristig fällige Kapital zuerst genannt, das in Kürze fällige Kapital als letztes.

I. langfristige Schulden:
Dazu zählen vor allem Hypotheken- und Darlehensschulden.

II. kurzfristige Schulden:
Beispiele sind Verbindlichkeiten gegenüber Lieferanten, vom Kunden erhaltene Anzahlungen, überzogenes Bankkonto usw.

C. Reinvermögen (= Eigenkapital)
Es ergibt sich, indem man die Schulden von der Summe des Vermögens abzieht. Diese Differenz zeigt, wieviel des Vermögens eigenfinanziert ist (d.h. nicht mit Schulden finanziert ist).

Ein Inventar umfaßt – je nach Unternehmensgröße – Seiten und gar ganze Bücher. Auf der Folgeseite sehen Sie ein sehr gerafftes Muster eines Inventars. Gibt es zu einem Posten nur einen Gegen-

stand, so schreibt man ihn in die rechte Spalte, werden Posten
weiter aufgegliedert (z.B. Forderungen), so erscheinen sie in der
linken Spalte. Deren Summe wird dann in die rechte Spalte übertragen (vgl. die Forderungen im nachstehenden Beispiel).

Inventar der „Profi"-Elektrogroßhandels-GmbH für den 31. Dez.		
A. Vermögen	DM	DM
I. Anlagevermögen		
1. Grundstücke		130.000,00
2. Gebäude:		
Geschäftsgebäude	220.000,00	
Lagerhaus	80.000,00	300.000,00
3. Fuhrpark lt. Verzeichnis		140.000,00
4. BGA lt. Verzeichnis		70.000,00
II. Umlaufvermögen		
1. Warenvorräte lt. Verzeichnis		230.000,00
2. Forderungen a. LL:		
- an Fa. Heckmann	20.000,00	
- an Fa. Hübner	30.000,00	50.000,00
3. Kassenbestand		10.000,00
4. Bankguthaben		60.000,00
Summe des Vermögens		**990.000,00**
B. Schulden		
I. Langfristige Schulden		
1. Hypotheken		290.000,00
2. Darlehensschulden		90.000,00
II. Kurzfristige Schulden		
Verbindlichkeiten a. LL:		
- Kabel-Meier	70.000,00	
- „Relax-Relais"	10.000,00	80.000,00
Summe der Schulden		**460.000,00**
C. Reinvermögen		
Vermögen		990.000,00
− Schulden		460.000,00
= Reinvermögen		**530.000,00**

Im nächsten Schritt wird aus dem Inventar eine Bilanz abgeleitet. Diese ist eine kurzgefaßte *Gegenüberstellung*, wie Sie bereits wissen. In unserem Fall sähe sie so aus:

Aktiva		Bilanz zum 31. Dez.	Passiva
I. Anlagevermögen		**I. Eigenkapital**	530.000
1. Grundstücke	130.000		
2. Gebäude	300.000	**II. Fremdkapital**	
3. Fuhrpark	140.000	1. Hypotheken	290.000
4. BGA	70.000	2. Darlehen	90.000
II. Umlaufvermögen		3. Verbindlichktn.	80.000
1. Warenvorräte	230.000		
2. Forderungen	50.000		
3. Kassenbestand	10.000		
4. Bankguthaben	60.000		
	990.000		990.000

Das Eigenkapital wird auch hier durch **Saldieren** der beiden Seiten ermittelt: von 990 TDM Vermögen werden alle Schulden von zus. 460 TDM abgezogen, ergibt 530 TDM Eigenkapital (EK).

☛ *Das Eigenkapital wird doch als letztes ermittelt. Warum wird es dann auf der Passivseite als erstes genannt?*

◢ Tja, das mag Sie etwas stören, aber es gibt einen vernünftigen Grund dafür: Das Eigenkapital steht dem Unternehmen am längsten zur Verfügung und wird deshalb als erstes aufgeführt.

Nach diesem Ausflug zu Inventur und Inventar wollen Sie bestimmt wissen, welche Bilanzarten es gibt. Dazu kommen wir jetzt.

1.6 Arten von Bilanzen

Sie wissen bereits, daß es nicht nur *die* Bilanz gibt, sondern je nach Zweck unterschiedliche. Diese lassen sich nach verschiedenen Kriterien unterteilen, wie die nachfolgende Übersicht zeigt. Im

übrigen: Keine Angst, wenn Sie den einen oder anderen Begriff
nicht verstehen – Sie benötigen auch nicht alle.

☞ Im übrigen werden die einzelnen Bilanzarten im Glossar ab
   Seite 208 erklärt. Schauen Sie ruhig einmal nach!

Kriterium	Bilanzart
• Aussagezweck:	• **Vermögensbilanz** • Erfolgsbilanz • Liquiditätsbilanz • Bewegungsbilanz
• Informationsbereiche:	• **interne Bilanz** • **externe Bilanz**
• Anlaß: • Perioden- bilanz:	• **Jahresbilanz** • Halbjahresbilanz • Monatsbilanz etc.
• Sonder- bilanz:	• Gründungsbilanz • Umwandlungsbilanz • Auseinandersetzungsbilanz • Fusionsbilanz • Sanierungsbilanz • Liquidationsbilanz • Konkursbilanz • Vergleichsbilanz • Kapitalerhöhungsbilanz • Währungsumstellungsbilanz
• Zusammenfassung:	• **Einzelbilanz** • General- = Gemeinschaftsbilanz • Konzernbilanz: • Inlandsbilanz • Weltbilanz
• Rechtsnorm:	• **Handelsbilanz** • **Steuerbilanz**
• Regelmäßigkeit:	• **ordentliche Bilanz** • außerordentliche Bilanz
• Zeitaspekt:	• **vergangenheitsorientierte Bilanz** • zukunftsorientierte Bilanz

Anmerkung: die **fett** gedruckten Begriffe kennzeichnen, was Sie
nachfolgend im Detail kennenlernen werden, also die regelmäßig

erstellte Jahresbilanz, im nachhinein von einer Unternehmung erstellt, um deren Vermögens- und Schuldenlage darzustellen.

Trotzdem wollen wir an dieser Stelle die wichtigsten Bilanzarten genauer unter die Lupe nehmen:

1.6.1 Handels- und Steuerbilanz

Das Handelsrecht (dazu zählt u.a. das HGB, vgl. Kap. B 2.1) fordert, daß ein *Kaufmann* eine Bilanz erstellt. Das Steuerrecht baut darauf auf. Man sagt, daß die Handelsbilanz „maßgeblich"[1] ist für die Steuerbilanz. Insofern können sich beide gleichen.

Allerdings verfolgen beide unterschiedliche Zwecke – und deshalb kann es durchaus zu unterschiedlichen Bilanzen kommen:

- Die **Steuerbilanz** wird für das Finanzamt erstellt und ist damit Grundlage für eine möglichst gerechte Besteuerung.
- Die **Handelsbilanz** hingegen informiert z.B. Anteilseigner über die Unternehmenslage. Hierbei bestehen größere Ermessensspielräume, mit welchem Wert ein bestimmter Posten anzusetzen ist. Letztlich darf dabei der Gewinn durchaus geringer ausfallen als in der Steuerbilanz.

Würde die Steuerbilanz ebenso große Spielräume ermöglichen, käme es zu ungerechter Besteuerung. Wenn also nachfolgend die Bewertung der einzelnen Posten Schritt für Schritt vorgestellt wird, gelten diese grundsätzlich für die Handelsbilanz. Steuerrechtliche Aspekte werden dabei erwähnt, sofern sie von Bedeutung sind.

 Dann muß ich also immer 2 Bilanzen erstellen?

 Nein, wenn die Bilanz nicht veröffentlicht[2] wird, stimmen beide überein. Im Klartext: Dann erstellen Sie nur *eine* Bilanz. Ansonsten können Sie die Ansätze so wählen, daß sie beiden Zwecken genügen. Gerade große Kapitalgesellschaften (z.B. eine börsennotierte AG) erstellen aber i.d.R. 2 unterschiedliche Bilanzen – eine Handels- und eine Steuerbilanz.

---

[1] Vgl. S. 53.
[2] Zur Veröffentlichung vgl. S. 35.

F *Die Spielräume in der Handelsbilanz: worin bestehen die?*

A Handelsrechtlich können Sie z.B. zwischen mehr Abschreibungsmethoden wählen (und je höher der Abschreibungs-
aufwand desto niedriger ist schließlich der Gewinn).
Andere Beispiele sind die Ansätze für Herstellungskosten
(also für selbst erstellte Anlagegüter) oder für Pensionsrückstellungen – doch dazu kommen wir später im Detail.

1.6.2 Sonderbilanzen

Darunter versteht man Bilanzen, die *nicht regelmäßig* erstellt werden, also nur zu einem bestimmten Anlaß. Der Vollständigkeit
halber werden wir die wichtigsten kurz anschauen.
Wenn Sie nur an der *Jahresbilanz* interessiert sind, können Sie
dieses Kapitel auch übergehen.

- **Gründungsbilanz:** Wird erstellt bei Neugründung oder Kauf
  einer Unternehmung.

- **Umwandlungsbilanz:** Bei Änderung der Rechtsform, z.B.
  wenn eine GmbH in eine AG umgewandelt wird (um die Kapi-
  talbasis zu erhöhen).

- **Auseinandersetzungsbilanz:** Beim Ausscheiden eines Gesell-
  schafters (durch dessen Tod, Kündigung oder Konkurs) aus einer Personengesellschaft[1] oder GmbH.

- **Fusionsbilanz:** Bei Verschmelzung zweier Unternehmen, d.h.
  aus zwei vorher rechtlich selbständigen Unternehmen wird *eine*
  neue Rechtseinheit geschaffen.

- **Liquidationsbilanz:** Beim freiwilligen Auflösen der Unternehmung, z.B. wenn der Eigentümer in den Ruhestand geht.

- **Sanierungsbilanz:** Nach der Durchführung finanzieller Sanierungsmaßnahmen, z.B. Kapitalherabsetzung.[2]

---

[1] Zu den Personengesellschaften vgl. Kap. B 2.3.1.

[2] Da beide Seiten einer Bilanz gleich groß sind, ist mit einer Herabsetzung des Passivpostens Eigenkapitals eine Neubewertung des Vermögens verbunden. Die Bilanzsumme sinkt.

- **Konkursbilanz:** Konkurs ist die zwangsweise Auflösung der Unternehmung wegen Zahlungsunfähigkeit bzw. Überschuldung (Überschuldungsbilanz).

- **Vergleichsbilanz:** Beim Vergleich bleibt die Unternehmung trotz Zahlungsproblemen bestehen, wenn die Gläubiger auf einen Teil ihrer Forderungen verzichten.

- **Kapitalerhöhungsbilanz:** Bei Aufstockung des Eigenkapitals, z.B. durch Ausgabe zusätzlicher Aktien. Das gedankliche Gegenstück ist die Kapitalherabsetzungsbilanz (siehe oben).

- **Währungsumstellungsbilanz:** Normalerweise stimmen die Schlußbilanz eines Jahres und die Anfangsbilanz des Folgejahres überein.[1] Abweichungen ergeben sich, wenn eine andere Währung als Recheneinheit eingeführt wird. Dies war z.B. 1948 in der alten Bundesrepublik der Fall und zum 01. Juli 1990 im Gebiet der ehemaligen DDR. Bei Einführung des Euro werden demnächst ebenfalls Währungsumstellungsbilanzen erstellt.

1.6.3 Sonstige Bilanzen

- **Generalbilanz:** kann von rechtlich und wirtschaftlich selbständigen Unternehmen gemeinsam erstellt werden (z.B. bei einer Interessengemeinschaft = IG).

- **Konzernbilanz:** Die gemeinsame Bilanz aller Konzerntöchter und deren Mutter, also rechtlich selbständiger, aber wirtschaftlich voneinander abhängiger Unternehmen. Man spricht auch von 'konsolidierter Bilanz', da die Konzernbilanz nicht die Summe aller Einzelbilanzen ist, sondern um gegenseitige Geschäfte bereinigt (= konsolidiert) wird.
Pflicht ist die *Inlandsbilanz*, also aller Konzernteile im Inland, freiwillig kann die *Weltbilanz* erstellt werden.

- **Erfolgsbilanz:** anderer Ausdruck für die Gewinn- und Verlustrechnung.[2]

---

[1] Vgl. S. 48.

[2] Vielleicht kennen Sie diesen Begriff aus der Betriebsübersicht? Vgl. Jossé, Buchführung – aber locker!, a.a.O., S. 187 ff.

- **Bewegungsbilanz:** Statt der Bestände werden nur die *Veränderungen* an Vermögen und Kapital gegenübergestellt: Links stehen z.B. die Aktivazuwächse und die Passivaabnahmen,[1] rechts werden die Passivazuwächse und die Aktivaabnahmen aufgeführt.[2]

- **interne Bilanz:** Damit ist eine Bilanz gemeint, die für interne Zwecke erstellt wird, z.B. eine Monatsbilanz zur unterjährigen Kontrolle.

- **externe Bilanz:** Das Gegenstück dazu, also eine Bilanz, die nach außen gerichtet ist, wie z.B. die Steuerbilanz oder die beim Handelsregister eingereichte Handelsbilanz.

- **Planbilanz:** Im Gegensatz z.B. zu der Jahresbilanz, die vergangenheitsorientiert ist, sind (freiwillige) Planbilanzen zukunftsgerichtet.

Nachdem Sie nun wissen, wie eine Bilanz aussieht, welche Arten es gibt und wann sie erstellt wird, kommen wir nun zu einer entscheidenden Frage:

2   Wer erstellt überhaupt eine Bilanz?

In Deutschland[3] verpflichten Steuergesetze und das Handelsgesetzbuch (HGB) bestimmte Personengruppen zur (doppelten) Buchführung. Im Anschluß daran muß ein Jahresabschluß erstellt werden – so fordert es das HGB in den §§ 238 bis 242. Demnach muß **jeder Kaufmann** u.a. Bücher führen, außerdem zu Beginn seines Handelsgewerbes und zum Ende jedes Geschäftsjahres ein Inventar sowie einen Jahresabschluß erstellen.[4]

---

[1] Frage: Wo flossen die Mittel hin? Um Vermögen zu kaufen oder um Schulden zu tilgen?

[2] Frage: Woher stammen die Mittel? Wurde dazu Kapital aufgenommen oder Vermögen abgegeben?

[3] Für Österreich gelten die nachfolgenden Bestimmungen weitgehend identisch: Auch dort gibt es ein HGB und ein EStG mit ähnlichen Inhalten.

[4] Vgl. Kap. B 1.5.

2.1 Rechtshintergrund: Vom HGB über das EStG zur AO

Wer einen Jahresabschluß zu erstellen und wie dies zu geschehen hat, steht in einer Reihe von Gesetzen. Zum Teil gelten diese für die Handelsbilanz, zum Teil für die Steuerbilanz. Manche gelten auch für beide Bilanzarten zusammen.[1]

Zunächst mal eine Auflistung der wichtigsten Gesetze und Verordnungen![2] Aus dem Bereich des **Handelsrechts** sollten Sie die folgenden Gesetze dem Wesen nach kennen:

- Das **Handelsgesetzbuch (HGB)** regelt die Beziehungen von Kaufleuten. Bedeutsam ist sein Drittes Buch, wo ab § 238 die Vorschriften zur Buchführung, Inventur und zum Jahresabschluß zu finden sind. Darin gilt der Erste Abschnitt *für alle Kaufleute*, der Zweite zusätzlich für *Kapitalgesellschaften* und der Dritte für *Genossenschaften* (eG). Für uns sind vor allem der Erste und Zweite Abschnitt des Dritten Buches wichtig.[3]

- Das **GmbH-Gesetz** gilt ergänzend für Gesellschaften dieser Rechtsform.

- Das **Aktiengesetz** gibt analog für die Aktiengesellschaft (AG) sowie die Kommanditgesellschaft auf Aktien (KGaA).

- Wichtig ist außerdem das **Publizitätsgesetz**, in welchem geregelt ist, welche Unternehmung ihren Jahresabschluß in welcher Form zu veröffentlichen (= publizieren) hat.

Ziel des Handelsrechts ist vor allem der *Gläubigerschutz*, d.h., daß Unternehmen ihre Lage eher etwas negativer darstellen (wodurch sich im übrigen der Gewinn mindert). Dadurch sollen Gläubiger vor riskanten Verträgen und potentielle Anleger vor gewagten Beteiligungen geschützt werden.[4]

---

[1] Sie wissen ja: Die HB ist maßgeblich für die StB.

[2] Gesetze werden von der Legislative gemacht, Verordnungen von der Exekutive. Daneben gibt es noch die höchstrichterliche Rechtsprechung, also Urteile des Bundesfinanzhofes (in München).

[3] Wenn Sie der Gesetzestext interessiert, blättern Sie ruhig mal im HGB. Schauen Sie sich dort die §§ 238 bis 289 an.

[4] Vgl. S. 50 ff.

Das **Steuerrecht** hingegen zielt auf eine hohe Steuergerechtigkeit, wozu die einzelnen Gesetze und Verordnungen dienen:

- Die **Abgabenordnung (AO)** ist eine Art 'Steuergrundgesetz', in dem vor allem Verfahrensweisen geregelt werden, die für alle anderen Steuergesetze gelten.

- Das Einkommensteuerrecht ist im **Einkommensteuergesetz (EStG)**, in den dazugehörigen **Richtlinien (EStR)** sowie in der **Einkommensteuer-Durchführungsverordnung (EStDV)** geregelt. Als Einkommen gelten die (um z.B. Freibeträge gekürzten) nachfolgenden *7 Einkunftsarten*:
  1. Einkünfte aus Land- und Forstwirtschaft
  2. Einkünfte aus Gewerbebetrieb
  3. Einkünfte aus selbständiger Arbeit
  4. Einkünfte aus nichtselbständiger Arbeit
  5. Einkünfte aus Kapitalvermögen
  6. Einkünfte aus Vermietung und Verpachtung
  7. Sonstige Einkünfte (z.B. aus Spekulationsgewinnen)

Als *steuerbare Einkünfte* in diesem Sinne wird der jeweils erzielte *Gewinn* angesehen, der auf bestimmte Art und Weise ermittelt wird. Für uns sind vor allem die Einkünfte Nr. 2 und 3 bedeutsam, wie im nächsten Kapitel noch dargestellt wird.

- Die Einkommensteuer der Kapitalgesellschaften (und anderer juristischer Personen[1]) heißt *Körperschaftsteuer*. Insofern gelten für sie die vorgenannten Rechtsquellen ebenso. Zur Ergänzung gelten **das Körperschaftsteuergesetz (KStG)**, die dazugehörigen **Richtlinien (KStR)** und die **Körperschaftsteuer-Durchführungsverordnung (KStDV)**.

2.2   Die Gewinnermittlung
2.2.1 Personenkreise

Grundlage für die Besteuerung ist der Gewinn. Nun erhebt sich die Frage, wie dieser ermittelt wird. Wenn Sie Vorkenntnisse aus der

---

[1] Juristische Personen werden als Körperschaften bezeichnet. Dazu zählen u.a. Vereine, Genossenschaften und die Kapitalgesellschaften; vgl. hierzu Kap. B 2.3.2.

Buchführung haben, werden Sie jetzt sicherlich denken, „ist doch klar, indem die Aufwendungen von den Erträgen abgezogen werden." Damit haben Sie zwar recht, aber nur soweit es sich um Personen handelt, die eine doppelte Buchführung haben und eine Bilanz erstellen. Dies trifft aber nicht auf jeden **Selbständigen** zu – und um die geht es nachfolgend.

Zunächst unterscheiden wir sie einmal:

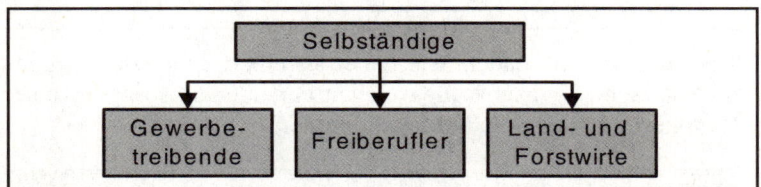

- **Gewerbetreibende** sind alle Selbständigen, ausgenommen Land- und Forstwirte sowie Angehörige der freien Berufe. Dazu zählen z.B. Spediteure, Banken und Einzelhändler sowie Personen, die sich mit der Be- und Verarbeitung von Stoffen beschäftigen (also Handwerker oder Industriebetriebe). Gewerbetreibende können Kaufleute sein oder nicht:

  - Für **Vollkaufleute** (z.B. OHG oder GmbH) gilt das HGB im vollen Umfang. Sie üben ein *Handelsgewerbe* gemäß HGB aus.

  - **Kleingewerbetreibende (Minderkaufleute)** üben zwar ebenfalls ein Handelsgewerbe aus, aber in sehr geringem Maße[1] (z.B. Kleinhandwerker, Kioskbesitzer oder fahrende Händler). Da für sie das HGB nicht gilt, müssen sie auch keine Bilanz erstellen.

- **Land- und Forstwirte** nehmen eine Sonderstellung ein: Sie sind Selbständige, die einen eigenen land- oder forstwirtschaftlichen Betrieb haben, z.B. einen Bauernhof.

- **Freiberufler** sind alle restlichen Selbständigen, wie z.B. Steuerberater, Rechtsanwälte, Unternehmensberater, nichtangestellte Künstler, Architekten, freiberufliche Lehrer usw.[2]

---

[1] Vgl. die Grenzdaten auf S. 32.
[2] Wer alles zu den Selbständigen zählt, wird in § 18 EStG aufgelistet.

Für die genannten Personengruppen gibt es 3 Arten der ordentlichen **Gewinnermittlung**. Diese sind im EStG geregelt:[1]

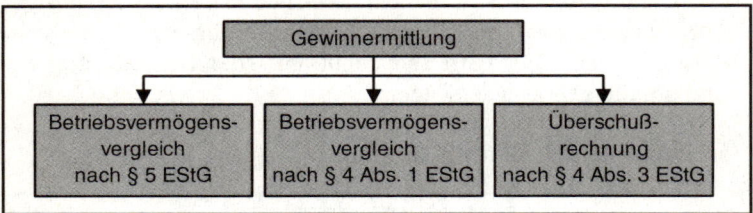

Bevor wir uns anschauen, *wie* dabei jeweils der Gewinn ermittelt wird, betrachten wir uns, für welchen Personenkreis die einzelnen Gewinnermittlungsarten in Frage kommen:[2]

Gewinn-ermitt-lungsart	Personenkreis
Betriebs-vermögens-vergleich nach § 5 EStG	• **Vollkaufleute** • **Gewerbetreibende**, die nur steuerrechtlich zur Buchführung verpflichtet sind (nach §§ 140 f. AO) • Kleingewerbetreibende und Minderkaufleute, die freiwillig Bücher führen und Abschlüsse machen
Betriebs-vermögens-vergleich nach § 4 Abs. 1 EStG	• evtl. Land- und Forstwirte (die zur Buchführung verpflichtet sind oder freiwillig Bücher führen und Abschlüsse machen) • Freiberufler, die freiwillig Bücher führen und Abschlüsse machen (nach Abschn. 142 Abs. 2 EStR)
Überschuß-rechnung nach § 4 Abs. 3 EStG	• **Kleingewerbetreibende** und **Minderkaufleute**, die nicht zur Buchführung verpflichtet sind und dies auch nicht freiwillig tun • **Freiberufler**, die nicht freiwillig Bücher führen • **Land- und Forstwirte** (Grundfall)

---

[1] Lassen Sie sich durch die angegebenen §§ nicht entmutigen. Sie sind nur genannt, damit Sie ggf. den Gesetzestext nachschlagen können.

[2] Vgl. Kresse, Die neue Schule des Bilanzbuchhalters, Band 1, 5. Auflage, Stuttgart 1990, S. 123.

Das verwirrt Sie alles noch etwas? Dann probieren wir es einmal
so:
**Wer weder zur Buchführung verpflichtet ist, noch freiwillig
Bücher führt, muß auch keine Bilanz erstellen.**

Alle anderen hingegen müssen einen Abschluß in Form einer Bilanz vorlegen. *Handelsrechtlich* trifft dies nur auf **Vollkaufleute**
zu – dazu später mehr. Nach dem *Steuerrecht* müssen außerdem
jene Gewerbetreibende und Land- und Forstwirte Bücher führen
und Abschlüsse erstellen, wenn gilt:

- **Umsätze** > 500.000 DM/Jahr oder
- **Betriebsvermögen** > 125.000 DM oder
- **Gewinn** aus Gewerbebetrieb bzw. aus land-/forstwirtschaft-
  lichem Betrieb > 48.000 DM/Jahr oder
- land-/forstwirtschaftliche **Fläche** mit einem Wert > 40.000 DM

Liegen bei einem Kaufmann die Werte darunter, handelt es sich
um einen *Minder*kaufmann. Vereinfachend kann man deshalb für
alle Gewerbetreibende und Land- und Forstwirte zusammenfassen:
**Liegen die Werte unter den genannten Grenzen, wird keine
Bilanz erstellt, darüber ist sie Pflicht.**

Als nächstes wollen wir uns die einzelnen *Gewinnermittlungsarten*
kurz ansehen:

2.2.2 Betriebsvermögensvergleich

Sie wissen, daß beide Seiten einer Bilanz gleich groß sind. Damit
gilt die folgende Gleichung:

$$\text{Aktiva = Passiva} \quad \text{bzw.} \quad \text{Vermögen = Kapital}$$

Da das Kapital aus EK und FK besteht, kann man auch sagen:

$$\text{Vermögen = Eigenkapital + Fremdkapital}$$

Das **Betriebsvermögen** ist identisch mit dem **Eigenkapital** bzw.
dem Reinvermögen (aus dem Inventar). Sie ermitteln es, indem Sie
vom Vermögen die Schulden (= Fremdkapital) abziehen. Grafisch
sieht das so aus:

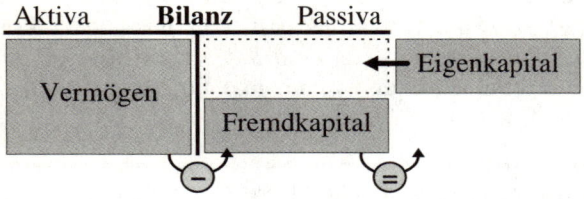

Wenn Sie die letzte Gleichung umformen, haben Sie passend zur
Grafik die Gleichung:

Vermögen – Fremdkapital = Eigenkapital

Ist innerhalb eines Jahres das Eigenkapital gestiegen, so wurde ein
Gewinn erwirtschaftet – allerdings nur, wenn der EK-Anstieg nicht
auf zusätzlichen **Einlagen** der Gesellschafter beruht. Erfolgte
Einlagen müssen daher von der errechneten EK-Mehrung abgezogen werden.
Umgekehrt haben **Entnahmen** das Eigenkapital gemindert, ohne
daß diese Minderung auf betriebliche Tätigkeit zurückzuführen ist.
Daher müssen Entnahmen zur ermittelten EK-Mehrung addiert
werden.

Das Ganze noch mal Schritt für Schritt. Sie ersehen einen Gewinn,
indem Sie den EK-Anstieg betrachten. Dazu vergleichen Sie Ihr
EK zum Ende eines Geschäftsjahres mit dem zu Beginn:

Eigenkapital (= Betriebsvermögen) zum Ende des Gj. – Eigenkapital (= Betriebsvermögen) zu Beginn des Gj. = **Eigenkapitalmehrung (Gewinn)**

Wie gesagt, gilt diese Rechnung nur, sofern keine Einlagen und
Entnahmen stattfanden. Falls doch, muß die Rechnung wie folgt
ergänzt werden:

> Eigenkapital (= Betriebsvermögen) zum Ende des Gj.
> – Eigenkapital (= Betriebsvermögen) zu Beginn des Gj.
> = Eigenkapitalmehrung
> – Einlagen der Gesellschafter
> + Entnahmen der Gesellschafter
> = **Eigenkapitalmehrung (Gewinn)**

F *Und wenn ein Verlust erwirtschaftet wurde?*

A Dann wäre das EK zum Ende des Geschäftsjahres kleiner als zu Beginn. In obiger Rechnung würde es in diesem Fall 'EK-Minderung' heißen.

F *Könnte ich dazu ein Zahlenbeispiel haben, damit das für mich griffiger wird?*

A O.k., das bekommen Sie sofort:

Beispiel: Zwei Großhändler A und B ermitteln ihren Erfolg. Ohne Berücksichtigung von Einlagen und Entnahmen ergeben sich folgende Werte:[1]

	Händler A	Händler B
EK zum 31. Dez. 01 (Schlußbestand)	340.000	295.000
– EK zum 01. Jan. 01 (Anfangsbestand)	380.000	240.000
= EK-Mehrung (**Gewinn**)		**55.000**
bzw. EK-Minderung (**Verlust**)	**– 40.000**	

Nun hatten aber beide Händler sowohl Einlagen[2] als auch Entnahmen[3] getätigt. Insofern ergibt sich nun folgendes Bild:

---

[1] Das Beispiel ist entnommen aus Jossé, Buchführung – aber locker!, a.a.O., S. 51 f.

[2] Eine Einlage kann in Form von Geld oder Sachmitteln erfolgen. Da hier eine Aktiv-Passiv-Mehrung vorliegt, erhöht sich gleichzeitig das Eigenkapital. Beispiel: Der Inhaber führt seinen privaten PKW mit einem Wert von 20.000 DM ins Geschäftsvermögen über. Die Aktivseite steigt; sie zeigt, in was investiert wurde (nämlich der Posten 'Fuhrpark'). Die Passivseite steigt ebenfalls und zeigt, womit die 20.000 DM finanziert sind (nämlich durch EK).

	Händler A	Händler B
EK zum 31. Dez. 01 (Schlußbestand)	340.000	295.000
− EK zum 01. Jan. 01 (Anfangsbestand)	380.000	240.000
= EK-Mehrung bzw. -Minderung	**− 40.000**	**55.000**
+ Privatentnahmen	25.000	35.000
− Privateinlagen	10.000	20.000
= **Gewinn**		**70.000**
bzw. **Verlust**	**− 25.000**	

Weil bei beiden Händlern die (Privat-)Entnahmen überwogen, ist der eigentliche Erfolg etwas besser, als die ersten Daten vermuten ließen: Bei Händler A wird der Verlust von zunächst 40 TDM etwas abgeschwächt auf 25 TDM, bei Händler B wird der Gewinn von zunächst 55 TDM auf 70 TDM erhöht.

Sie haben nun deutlich gesehen, daß man durch Eigenkapitalvergleich den **Erfolg** einer Unternehmung ermitteln kann. Natürlich sieht man den Erfolg auch in der GuV, dort sogar noch deutlicher.[1] Damit bestehen 2 Möglichkeiten zur Erfolgsermittlung – auch das beinhaltet der Begriff 'Doppik' oder 'doppelte Buchführung'.[2]

☞   *Gut, das habe ich jetzt so einigermaßen kapiert. Worin unterscheiden sich aber die beiden Formen des Betriebsvermögensvergleichs – einmal nach § 4 Abs. 1 EStG und einmal nach § 5 EStG?*

◣   Richtig, das müssen wir noch klären. Beide Formen ermitteln den Gewinn auf dieselbe Art und Weise. Allerdings gibt es ein paar Unterschiede:

---

[3] Oft heißt es auch 'Privatentnahmen'. Sie entstehen, wenn der Inhaber bzw. die (vollhaftenden) Gesellschafter Geld, Sachmittel oder Leistungen für private Zwecke entnehmen oder betriebliche Einrichtungen privat nutzen.

[1] Vgl. ausführlich in Kap. E.

[2] Nur der Ergänzung halber: 'Doppelte Buchführung' heißt auch, daß mit jeder Buchung mindestens 2 Konten berührt werden, also jeder Geschäftsvorfall doppelt gebucht wird.

Beim Betriebsvermögensvergleich nach **§ 4 Abs. 1 EStG**, der für Land- und Forstwirte sowie Freiberufler in Frage kommen kann,[1] gelten im Unterschied zum § 5 EStG diese beiden Aspekte:[2]

- Es wird zwar ebenfalls eine Bilanz erstellt, allerdings nur für steuerliche Zwecke – also *keine Handelsbilanz*!
- Es muß *keine doppelte Buchführung* erfolgen.

Alle späteren Ausführungen zur Bilanz und überhaupt zum Jahresabschluß sind spezielle Erläuterungen zur Gewinnermittlung per Betriebsvermögensvergleich, und zwar speziell nach **§ 5 EStG**. In diesem Sinne betrachten wir zukünftig vor allem **Gewerbetreibende**, die zur doppelten Buchführung und zum Jahresabschluß verpflichtet sind.[3]

Bezüglich der *Steuerbilanz* gelten die Ausführungen aber auch für die Gewinnermittlung nach § 4 Abs. 1 EStG, also für Freiberufler und Land- und Forstwirte, die einen Jahresabschluß erstellen.

Bevor wir uns jedoch dem Jahresabschluß intensiv widmen, soll noch ein kleiner Einblick in die 3. Gewinnermittlungsart erfolgen, nämlich die Überschußrechnung:

2.2.3 Überschußrechnung

Die Einnahmen-Ausgaben-Rechnung oder kurz 'Überschußrechnung' ermittelt den Gewinn nach einem anderen Schema:

Betriebseinnahmen
– Betriebsausgaben
= **Gewinn**

 So ein ähnliches Schema kenne ich von der GuV. Dort wird der Gewinn ermittelt, indem man die Aufwendungen von den Erträgen abzieht. Ist das identisch?

---

[1] Vgl. S. 24.
[2] Vgl. Kresse, a.a.O., S. 123.
[3] Vgl. S. 25.

◢   Nicht ganz – aber eine gewisse Ähnlichkeit besteht: Zu den
    Betriebsausgaben zählen auch die meisten Aufwendungen,
    während alle vereinnahmten Erträge zu den Betriebsein-
    nahmen gehören. Dazu etwas mehr:

Betriebsausgaben sind Ausgaben, die durch den Betrieb eines
Steuerpflichtigen veranlaßt sind.[1] Dazu zählen insbesondere:

• Aufwendungen, die mit einer Ausgabe verbunden sind,[2] und
• Anschaffungen von Vorräten und anderem UV.

Betriebseinnahmen sind umgekehrt alle Einnahmen,[3] die durch
den Betrieb veranlaßt sind. Dazu zählen insbesondere Umsatzerlöse auf Ziel[4] oder gegen bar, daneben z.B. erhaltene Provisionen.

In der Überschußrechnung dürfen Sie insbesondere die folgenden
Fälle *nicht* als Betriebsausgaben oder Betriebseinnahmen ansetzen:

• Ausgaben, die nicht für betriebliche Zwecke anfallen, wie z.B.
  beim Kauf von Wertpapieren.

• Kauf von Anlagegütern: Gebäude und bewegliches AV darf nur
  insofern als Betriebsausgabe geltend gemacht werden, als die Abschreibungen darauf jährlich angesetzt werden – nicht aber der
  Kaufpreis (bzw. die Anschaffungskosten).[5]

• Kauf von Grundstücken: Da diese nicht abgeschrieben werden
  dürfen, können die Anschaffungskosten erst beim Weiterverkauf
  als Betriebsausgabe geltend gemacht werden.

---

[1] Ausgenommen sind sog. nichtabzugsfähige Betriebsausgaben, z.B.
Geschenke über 75 DM. In § 4 Abs. 5 EStG finden Sie weitere Ausnahmen.

[2] Also z.B. die Eingangsrechnung einer Reparaturwerkstatt oder der
Barkauf von Büromaterial, nicht aber z.B. Abschreibungen auf Forderungen oder Rückstellungsaufwand.

[3] Einnahmen sind Zahlungsmittelzuflüsse (= Einzahlungen) sowie z.B.
Forderungszugänge.

[4] 'Ziel' im Verkauf bedeutet, daß Sie eine Rechnung schreiben und
den Betrag erst später erhalten. Damit entsteht eine Forderung gegenüber dem Kunden.

[5] Gleiches gilt für die *Herstellungskosten*, d.h., daß Sie ein Anlagegut
selbst erstellt haben. Beispiel: Ihre Betriebsschreinerei fertigt ein Regal fürs Lager.

- Durchlaufende Posten, wie z.B. vom Arbeitnehmer einbehaltene (und an die Krankenkasse abzuführende) Sozialversicherungsbeiträge.

- Rechnungsabgrenzungsposten (z.B. ARA oder Disagio)[1]

- Wertberichtigungen auf Forderungen (⇨ S. 110 ff.)

- Rückstellungen (⇨ S. 134 ff.)

- sämtliche Einlagen und Entnahmen

- Kreditaufnahme und Kreditrückzahlung

Unter Berücksichtigung der genannten Einschränkungen ermittelt also z.B. ein Minderkaufmann oder ein Freiberufler üblicherweise seinen Gewinn.

☞ *Da kamen jetzt aber viele Begriffe vor, die ich noch nicht kenne – mir brummt schon der Kopf!*

◢ Keine Angst: Die Überschußrechnung war nur ein kleiner Exkurs der Vollständigkeit halber. Die einzelnen Begriffe wie z.B. 'Rückstellungen' oder 'Wertberichtigungen' werden Sie noch genau kennenlernen, wenn wir die Bilanz Schritt für Schritt durchsprechen.

☞ *Gut, dann gedulde ich mich noch ein wenig. Die Überschußrechnung ist also die Gewinnermittlungsart für jene Personen, die keinen Jahresabschluß machen, z.B. Minderkaufleute und Freiberufler, die nicht freiwillig Bücher führen?*

◢ Genauso ist es. Da Sie aber die Bilanz und den kompletten Jahresabschluß kennenlernen wollen, wie ihn die genannten Personen freiwillig machen können und Kaufleute machen müssen, legen wir zukünftig die Gewinnermittlung per Betriebsvermögensvergleich nach § 5 EStG zugrunde, wie er vor allem für Vollkaufleute gilt.

... und den (Voll-)Kaufmann schauen wir uns jetzt im Detail an! Zuvor machen Sie sich vielleicht noch eine Tasse Tee oder Kaffee?

---

[1] Vgl. S. 114 ff. Disagio ist das Abgeld bei der Aufnahme eines Darlehens; vgl. S. 137 ff.

2.3   Der Kaufmann

Das Handelsgesetzbuch wurde schon mehrfach erwähnt. Es richtet sich an Kaufleute, womit Personen gemeint sind, die ein **'Handelsgewerbe'** ausüben. Allerdings ist damit nicht nur der reine Handel gemeint (also Groß- und Einzelhandel), sondern z.B. auch Industriebetriebe, Handwerker oder Bergbaubetriebe.

Sie merken schon, 'Kaufmann' ist ein weit gefaßter Begriff. In einer Übersicht bekommen Sie zunächst die einzelnen Kaufleute:[1]

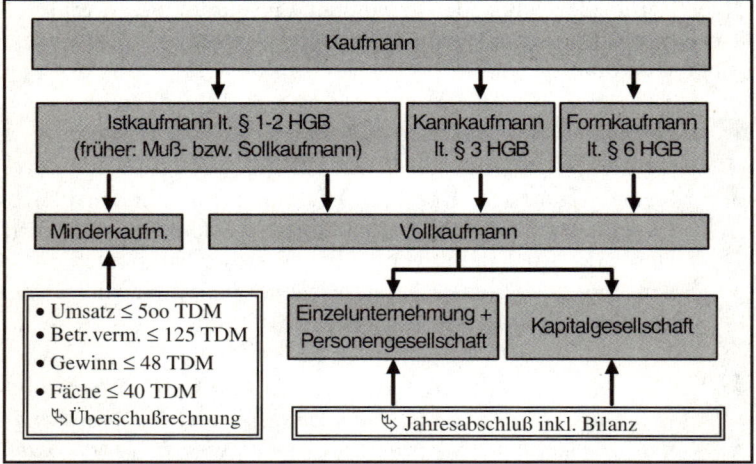

Gehen wir doch die einzelnen Kaufleute der Reihe nach durch:

- Der **Istkaufmann** betreibt ein *Handelsgewerbe* im Sinne des HGB. Damit ist jeder Gewerbebetrieb gemeint, der nach Art und Umfang einen kaufmännisch eingerichteten Geschäftsbetrieb benötigt. Beispiele dafür sind:

---

[1] Seit 01. Juli 1998 ist der Kaufmann neu definiert. Statt der früheren Unterscheidung in Muß- und Sollkaufmann ist nun lt. § 1 *jeder* Gewerbetreibende Kaufmann, sofern das Gewerbe nicht nur in geringem Umfang ausgeübt wird. Nach § 2 kann sich darüber hinaus auch jeder andere Gewerbetreibende als Kaufmann ins Handelsregister eintragen lassen.

- Handelsbetriebe (Einzel-, Groß- und Außenhandel)
- Industriebetriebe und entsprechend große Handwerksbetriebe
- Versicherungen und Banken
- Personenbeförderer, Speditionen und Lagerhalter
- Handelsvertreter, Handelsmakler[1] und Kommissionäre
- Druckereien, Buchverlage sowie Buch- und Kunsthandel
- Großhotels und Sanatorien
- Ziegeleien usw.

Die genannten Kaufleute sind üblicherweise *Vollkaufleute*. Falls ihre Daten unter den o.a. Grenzen liegen, werden sie als *Minderkaufleute* oder *Kleingewerbetreibende* angesehen, so daß sie u.a. keine Bilanz erstellen müssen.

Alle anderen Kaufleute gibt es nur in der Version 'Vollkaufmann'. Dazu zählen:

- Der **Kannkaufmann** kann freiwillig die Kaufmannseigenschaft erwerben,[2] wenn er in der Land- oder Forstwirtschaft oder in deren Nebengewerbe tätig ist. Zu letzterem zählen:
  - Mühle
  - Molkerei
  - Mälzerei
  - Brauerei
  - Brennerei
  - Gasthof

- Der **Formkaufmann** ist Kaufmann kraft Rechtsform, d.h., weil er eine bestimmte Rechtsform hat. Dazu zählen vor allem:
  - GmbH[3]
  - Aktiengesellschaft (AG)
  - Genossenschaft (eG)

---

[1] Ehemakler sind *keine* Kaufleute.

[2] Erst mit dem Eintrag ins HR zählt der Betreffende als Kaufmann.

[3] Die GmbH muß keinem Handelsgewerbe nachgehen. Gegenstand der GmbH kann auch z.B. Lehre, Forschung oder Kunst sein – denken Sie z.B. an eine private Schule oder ein privates Theater, die als GmbH geführt werden.

Der HR-Eintrag eines Kaufmanns gemäß § 1 HGB ist *deklarato-risch*, d.h. er ist auch vor dem Eintrag bereits Kaufmann. Anders bei den übrigen Kaufleuten: Dort ist der Eintrag *konstitutiv*, d.h., erst durch den Eintrag wird die Kaufmannseigenschaft begründet.[1]

☞ *Das ist alles ziemlich logisch. Wie ordne ich da aber eine OHG ein? Ist die auch Kaufmann?*

✒ Ja, sowohl die offene Handelsgesellschaft (OHG) als auch die Kommanditgesellschaft (KG) sind Kaufleute. Beide kommen in Frage, wenn mehrere Gesellschafter gemeinsam ein Handelsgewerbe ausüben wollen.

☞ *Ein Kaufmann führt als Bücher und erstellt zum Jahresende einen Abschluß (inkl. Bilanz). Gibt es dabei Unterschiede zwischen den einzelnen Kaufleuten?*

✒ Zwischen den einzelnen Vollkaufleuten grundsätzlich nicht. Allerdings muß strikt zwischen Einzelunternehmung und Personengesellschaften einerseits sowie Kapitalgesellschaften andererseits unterschieden werden. Die Abschlüsse zwischen beiden Gruppen können deutlich voneinander abweichen, was wir uns gleich mal genauer anschauen:

2.3.1 Einzelunternehmung und Personengesellschaften

Eine **Einzelunternehmung** oder ein Einzelkaufmann liegt vor, wenn *eine* natürliche Person alleine als Kaufmann ein Handelsgewerbe betreibt (= „eingetragener Kaufmann bzw. Kauffrau").

Im Falle, daß dieses von mehreren Personen gemeinsam betrieben wird, liegt eine **Personengesellschaft** vor. Dazu gehören die bereits erwähnte OHG und die KG.[2]

---

[1] Bis zum HR-Eintrag zählt die GmbH als BGB-Gesellschaft, bei der die Gesellschafter – wie bei der OHG – voll haften.

[2] Die Gesellschaft bürgerlichen Rechts (BGB-Gesellschaft) ist zwar ebenfalls eine Personengesellschaft, deren Zweck allerdings *nicht* auf den Betrieb eines Handelsgewerbes ausgerichtet ist. Von daher finden die Vorschriften des HGB hier keine Anwendung.

In allen Fällen handelt es sich um einen Vollkaufmann, der Bücher führen und einen Abschluß erstellen muß.[1]

Der **Jahresabschluß** einer Personengesellschaft (oder eines Einzelkaufmanns) besteht aus 2 Teilen:

- Bilanz
- Gewinn- und Verlustrechnung (GuV)

Für Personengesellschaften gibt es keine expliziten **Gliederungsvorschriften**, also darüber, wie die Bilanz oder die GuV aufgebaut sein müssen. Allerdings müssen nicht nur die Bücher, sondern auch der Jahresabschluß übersichtlich und für „sachverständige Dritte" nachvollziehbar sein, weshalb beide Bestandteile des Abschlusses logisch gegliedert sein müssen. Im Zweifelsfall orientiert man sich dazu an den detaillierten Gliederungsvorschriften, die für Kapitalgesellschaften gelten.

Personengesellschaften müssen ihren Jahresabschluß nicht **veröffentlichen**,[2] es sei denn, in 3 aufeinanderfolgenden Jahren treffen 2 der genannten 3 Merkmale zu:

Merkmal	Schwellenwert
• Bilanzsumme	> 125 Mio. DM
• Umsatzerlöse	> 250 Mio. DM
• Ø Beschäftigtenzahl	> 5000 Arbeitnehmer

Nur in diesen Fällen, sind (ganz große) Personengesellschaften verpflichtet, ihren Jahresabschluß prüfen zu lassen und zu veröffentlichen.[3]

Warum das so ist? Nun, als Gesellschafter einer Personengesellschaft haben Sie die Möglichkeit, Einblick in die Bücher zu neh-

---

[1] Insofern wird nachfolgend die Einzelunternehmung unter dem Begriff 'Personengesellschaft' subsumiert. Im übrigen: Die KGaA zählt *nicht* zu den Personengesellschaften!

[2] Was es mit der Veröffentlichung auf sich hat, erfahren Sie gleich im Zusammenhang mit den Kapitalgesellschaften.

[3] Das steht im übrigen im Publizitätsgesetz (PublG).

men – selbst als Teilhafter[1] einer KG steht Ihnen dieses Recht
einmal im Jahr zu.

2.3.2 Kapitalgesellschaften

Zu den Kapitalgesellschaften zählen die folgenden Formkaufleute:

- **GmbH** (Gesellschaft mit beschränkter Haftung)
- **AG** (Aktiengesellschaft)
- **KGaA** (Kommanditgesellschaft auf Aktien)[2]

Bei einer Kapitalgesellschaft liegt die Sache anders: Dort haben
Sie als Gesellschafter *keine* Möglichkeit, in die Bücher der Unternehmung hineinzuschauen. Da aber z.B. auch Ihre Interessen als
Anteilseigner geschützt werden müssen, gelten für eine Kapitalgesellschaft strengere Vorschriften, wie sie ihre Bücher führen muß
und wie ihr Jahresabschluß zu erstellen ist. Damit Sie auch die
Sicherheit haben, daß diese Vorschriften eingehalten werden, muß
der Jahresabschluß anschließend von einem neutralen Dritten (z.B.
einem Wirtschaftsprüfer) geprüft werden. Dieser bestätigt entweder die Korrektheit oder er verweigert seinen Prüfungsvermerk.

☛   *Warum kann ich als Gesellschafter einer Personengesell-*
schaft Einblick in die Bücher nehmen, bei einer Kapitalge-
sellschaft aber nicht?

◭   Nun, eine Personengesellschaft ist i.d.R. kleiner und Sie als
Gesellschafter sind viel „näher dran", z.B., indem Sie als
Vollhafter an der Geschäftsführung beteiligt sind.
Anders bei einer Kapitalgesellschaft: Stellen Sie sich vor,
Ihnen gehört 1 Aktie der BMW Aktiengesellschaft und –
wie Sie – würde nun jeder Aktionär Einblick in die Bücher

---

[1] Der Teilhafter oder Kommanditist ist nicht an der Geschäftsführung
beteiligt. Diese steht ausschließlich den Vollhaftern (= Komplementä-
re) zu. Die Gesellschafter einer OHG haften allesamt voll, womit deutlich wird, daß die KG im Prinzip eine um Teilhafter ergänzte OHG ist.

[2] Die KGaA wird nachfolgend nicht weiter berücksichtigt, da es in
Deutschland nur ganz wenige davon gibt. Das Besondere an ihr ist,
daß sie eine KG ist, deren Teilhafter per Aktien beteiligt sind.

von BMW verlangen! Das geht natürlich nicht, deshalb müssen die Bücher auf bestimmte Weise korrekt geführt und der Jahresabschluß geprüft und veröffentlicht werden.

Um die Transparenz der Kapitalgesellschaft zusätzlich zu erhöhen, besteht der **Jahresabschluß** aus mehr Teilen als bei der Personengesellschaft: Außer der Bilanz und der GuV wird er um einen sog. **Anhang** erweitert. Dieser erklärt u.a. die verschiedenen Bewertungsmethoden, z.B., mittels welcher Methoden abgeschrieben wurde.[1] Gleichberechtigt *neben* dem dreiteiligen Jahresabschluß ist ein sog. **Lagebericht** zu erstellen, in dem die Entwicklung im Abschlußjahr aber auch zukünftige Entwicklungen (z.B. wichtige Forschungsergebnisse) dargestellt werden.

Für eine Kapitalgesellschaft erstreckt sich die *Offenlegungspflicht* damit auf folgende Teile:[2]

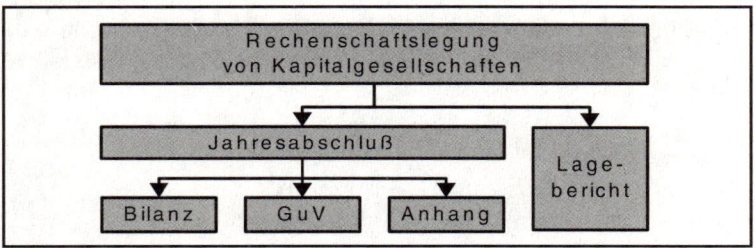

Nicht jede Kapitalgesellschaft muß dabei sämtliche Teile in vollem Umfang erstellen bzw. veröffentlichen. Dabei gilt der Grundsatz, daß kleinere Unternehmungen weniger Rechenschaft ablegen müssen als größere.

Kapitalgesellschaften werden *nach ihrer Größe* in 3 Kategorien eingeteilt:
* *kleine* Kapitalgesellschaften,
* *mittelgroße* Kapitalgesellschaften und
* *große* Kapitalgesellschaften.

---

[1] Zu den Abschreibungsmethoden vgl. Kap. D 1.3.

[2] Je nach Größe der Kapitalgesellschaft muß nicht alles in gleicher Ausführlichkeit dargelegt werden; dazu gleich mehr.

Wo die jeweiligen Grenzen liegen, sehen Sie in dieser Übersicht:

Größenkategorien von Kapitalgesellschaften			
	klein	**mittelgroß**	**groß**
Bilanzsumme:	< 5,31 Mio.	≤ 21,24 Mio.	> 21,24 Mio.
Umsatzerlöse:	< 10,62 Mio.	≤ 42,48 Mio.	> 42,48 Mio.
∅ Arbeitnehmer:	< 50	≤ 250	> 250

Dabei gilt die Regel, daß 2 von den aufgeführten 3 Merkmalen in 2 aufeinanderfolgenden Jahren erfüllt sein müssen.[1]

Beispiel 1: Von einer Aktiengesellschaft liegen die Daten vor:
- Bilanzsumme = 9 Mio. DM
- Umsatzerlöse = 9 Mio. DM
- ∅ Arbeitnehmerzahl = 90

Damit handelt es sich um eine *mittelgroße* Kapitalgesellschaft, da sie in allen 3 Merkmalen die Kriterien für diese Größenklasse erfüllt.

Beispiel 2: Von einer GmbH liegen die Daten vor:
- Bilanzsumme = 4 Mio. DM
- Umsatzerlöse = 20 Mio. DM
- ∅ Arbeitnehmerzahl = 280

Hier ist die Zuordnung nicht ganz so offensichtlich: Von der Bilanzsumme her wäre es eine kleine Kapitalgesellschaft, von den Umsatzerlösen her eine mittelgroße und von der Arbeitnehmerzahl eine große. Da hiermit 2 Merkmale für die mittelgroße Kapitalgesellschaft *mindestens* erfüllt sind (nämlich Umsatzerlöse und Arbeitnehmer), ist sie als *mittelgroße* Kapitalgesellschaft einzustufen.

Nachdem Sie nun wissen, welche Größenklassen es gibt, möchten Sie sicher erfahren, worin sich die Rechenschaft der einzelnen Kapitalgesellschaften unterscheidet. Dazu wieder eine Übersicht:

---

[1] Abweichend gilt eine Kapitalgesellschaft immer als große, wenn ihre Aktien an einer EU-Börse gehandelt werden oder die Zulassung zum Handel beantragt ist.

Rechnungslegungspflichten von Kapitalgesellschaften			
	klein	**mittelgroß**	**groß**
Bestandteile:			
Bilanz: • erstellen	verkürzt[1]	vollständig[2]	vollständig
• publizieren	verkürzt	verkürzt	vollständig
GuV: • erstellen	verkürzt	verkürzt	vollständig
• publizieren	nein	verkürzt	vollständig
Anhang: • erstellen	verkürzt	ausführlicher	vollständig
• publizieren	verkürzt	ausführlicher	vollständig
Lage-bericht: • erstellen	ja	ja	ja
• publizieren	nein	ja	ja
Prüfung:	nein	ja: vBp. reicht[3]	ja: WP Pflicht[4]
Fristen: • aufstellen:	6 Monate[5]	3 Monate	3 Monate
• publizieren:	12 Monate	9 Monate	9 Monate
Veröffentlichung im:	HR[6]	HR[6]	BA + HR

Sie sehen schon, für die großen Kapitalgesellschaften gelten umfassende Pflichten zur Rechnungslegung. *Erleichterungen* gelten bereits für die mittelgroße und erst recht für die kleine Kapitalgesellschaft. So muß letztere zwar ihre GuV und den Lagebericht erstellen, aber nicht veröffentlichen – dadurch erhält z.B. die Konkurrenz deutlich weniger Information!

---

[1] Das verkürzte Bilanzschema finden Sie auf S. 41.

[2] Das vollständige Bilanzschema ist auf S. 40 abgebildet.

[3] 'vBp.' bedeutet 'vereidigter Buchprüfer'. Dieser reicht zur Prüfung aus.

[4] WP = Wirtschaftsprüfer. Bei der großen Kapitalgesellschaft muß ein solcher den Abschluß prüfen und die Korrektheit bestätigen.

[5] Die angegebenen Fristen beziehen sich jeweils auf die Monate nach Ende des Geschäftsjahres.

[6] HR = Handelsregister, BA = Bundesanzeiger. Kleine und mittelgroße Kapitalgesellschaften veröffentlichen nur im HR; im BA erfolgt lediglich ein Hinweis, in welchem HR der Abschluß veröffentlicht wurde.

Sicher fragen Sie sich jetzt, worin sich denn eine verkürzte Bilanz bzw. GuV und eine vollständige unterscheiden. Zunächst einmal die *vollständige* Bilanz, wie sie mittelgroße und große Kapitalgesellschaft aufstellen und die großen auch veröffentlichen müssen:

Aktiva	Gliederung der Jahresbilanz	Passiva

A. Anlagevermögen
I. Immaterielles AV:
   1. Konzessionen, Lizenzen u.ä.
   2. Geschäfts- oder Firmenwert
   3. geleistete Anzahlungen
II. Sachanlagen:
   1. Grundstücke und Bauten
   2. TA und Maschinen
   3. Fuhrpark, BGA u.a.
   4. geleistete Anzahlungen
III. Finanzanlagen:
   1. Anteile an verbund. Untern.
   2. Ausleihungen an verb. Unt.
   3. Beteiligungen
   4. Ausleih. an beteiligte Untern.
   5. Wertpapiere des AV
   6. Sonstige Ausleihungen
B. Umlaufvermögen
I. Vorräte:
   1. Roh-, Hilfs-, Betriebsstoffe
   2. unfertige Erzeugnisse
   3. Fertigerzeugnisse und Waren
   4. geleistete Anzahlungen
II. Forderungen + sonstige Vermögensgegenstände:
   1. Forderungen a. LL
   2. Ford. gegen verbund. Untern.
   3. Ford. gg. beteiligte Untern.
   4. sonstige Vermögensgegenst.
III. Wertpapiere:
   1. Anteile an verbund. Untern.
   2. eigene Anteile
   3. sonstige Wertpapiere
IV. Flüssige Mittel: Schecks, Kasse, Guthaben bei Banken
C. Akt. Rechnungsabgrenzung

A. Eigenkapital
I. Gezeichnetes Kapital
II. Kapitalrücklage
III. Gewinnrücklagen:
   1. gesetzliche Rücklage
   2. Rücklage für eigene Anteile
   3. satzungsmäßige Rücklage
   4. andere Gewinnrücklagen
IV. Gewinn-/Verlustvortrag
V. Jahresüberschuß/-fehlbetrag
bzw.
IV. Bilanzgewinn/-verlust

B. Rückstellungen
   1. Pensionsrückstellungen u.ä.
   2. Steuerrückstellungen
   3. sonstige Rückstellungen

C. Verbindlichkeiten
   1. Anleihen [davon konvertibel]
   2. Verb. gg. Kreditinstituten
   3. erhaltene Anzahlungen
   4. Verbindlichkeiten a. LL
   5. Wechselverbindlichkeiten
   6. Verb. gg. verbund. Untern.
   7. Verb. gg. beteiligte Untern.
   8. sonstige Verbindlichkeiten,
     - davon aus Steuern,
     - davon im Rahmen der soz. Sicherheit

D. Pass. Rechnungsabgrenzung

Na, haben Sie das Grundschema von S. 7 wieder erkannt? Im übrigen gilt: Ist ein Posten nicht vorhanden, bleibt er weg.

☛ *Da werden aber einige Posten genannt, von denen ich noch nie etwas gehört habe! Was z.B. versteht man unter 'Verbindlichkeiten im Rahmen der sozialen Sicherheit'?*

⚖ Dabei handelt es sich um Sozialversicherungsbeiträge (also Kranken-, Pflege-, Renten- und Arbeitslosenversicherung), die Sie noch an die zuständige Krankenkasse abführen müssen.

Aber keine Panik: Alle wichtigen Posten werden Ihnen im Laufe der Zeit noch erklärt! Jetzt sollen Sie zunächst nur einen ersten Eindruck gewinnen, wie die vollständige Bilanz aussieht, und worin sie sich von der verkürzten unterscheidet.[1] Letztere zeigen wir Ihnen sofort:

Aktiva	Verkürzte Jahresbilanz	Passiva
A. Anlagevermögen I. Immaterielles AV II. Sachanlagen III. Finanzanlagen **B. Umlaufvermögen** I. Vorräte II. Forderungen + sonstige Vermögensgegenstände III. Wertpapiere IV. Flüssige Mittel: Schecks, Kasse, Guthaben bei Banken **C. Akt. Rechnungsabgrenzung**		**A. Eigenkapital** I. Gezeichnetes Kapital II. Kapitalrücklage III. Gewinnrücklagen IV. Gewinn-/Verlustvortrag V. Jahresüberschuß/-fehlbetrag *bzw.* IV. Bilanzgewinn/-verlust **B. Rückstellungen** **C. Verbindlichkeiten** **D. Pass. Rechnungsabgrenzung**

Sie sehen den Unterschied? Die verkürzte Bilanz verzichtet auf die detaillierte Auflistung der mit *arabischen* Ziffern versehenen Posten. Statt dessen werden nur die mit Buchstaben und *römischen* Zahlen bezeichneten, zusammengefaßten Posten genannt.

---

[1] An dieser Stelle wird nur die Bilanz exemplarisch dargestellt. Zur vollständigen bzw. verkürzten GuV vgl. S. 155 ff.

Dazu ein Beispiel: Während in der vollständigen Bilanz unter dem Passivposten C verschiedene Verbindlichkeiten einzeln aufgeführt werden (z.B. 1. Anleihen, 2. gegenüber Kreditinstituten, 3. erhaltene Anzahlungen usw.), sind diese in der verkürzten Bilanz zu einem *einzigen* Posten 'Verbindlichkeiten' und damit zu einem *einzigen* Wert zusammengefaßt.

Sie sehen daraus, daß die große Kapitalgesellschaft ihre Vermögens- und Schuldenlage deutlich genauer darstellen muß als z.B. die kleine Kapitalgesellschaft.[1]

☞   *Das leuchtet mir ziemlich ein. Jetzt interessiert mich: was ist denn das genau, ein Anhang? Und was ist ein Lagebericht?*

◢   Gut, dann wollen wir uns das mal kurz vornehmen:

2.4   Bestandteile des Jahresabschlusses

Sie wissen, ein Jahresabschluß besteht aus Bilanz und GuV, evtl. ergänzt um einen Anhang. Außerdem muß ggf. ein Lagebericht erstellt werden. Um diese zu erläutern, legen wir nachfolgend die offenlegungspflichtige Kapitalgesellschaft zugrunde:

Die **Bilanz** ist eine *Gegenüberstellung aller Vermögens- und aller Kapitalposten* – wie Sie das bereits kennen. Zusätzlich erfolgen folgende Angaben:

*   Zu allen Posten werden die *Vorjahresbeträge* genannt, damit bereits erste Rückschlüsse gezogen werden können.

*   Es werden alle *Forderungen* gesondert ausgewiesen, deren Laufzeit *über 1 Jahr* beträgt. Grund: Diese Forderungen werden nicht so bald in flüssige Mittel umgewandelt werden.

*   Umgekehrt müssen alle *Verbindlichkeiten* mit einer Laufzeit *bis zu einem Jahr* extra ausgewiesen werden. Grund: Diese bald fälligen Schulden belasten die Zahlungsfähigkeit (= Liquidität) besonders.

---

[1] Deshalb auch die Vorschrift, wonach EU-notierte Aktiengesellschaften immer wie eine große Kapitalgesellschaft anzusehen sind: Um den Anleger zu schützen, der kaufmännisch nicht bewandert ist.

- Es müssen alle sog. *Eventualverbindlichkeiten* genannt werden. Dazu gehören insbesondere weitergegebene Wechsel, übernommene Bürgschaften und Gewährleistungsverträge. Das ist etwas Neues: In allen Fällen liegt momentan kein Posten mit Verbindlichkeitscharakter vor – es könnte aber durchaus sein, daß die Unternehmung z.B. im Folgejahr im Rahmen ihrer Bürgschaftpflicht für anderer Schulden eintreten muß.

Die **GuV-Rechnung** – kurz: 'GuV' – stellt *alle Aufwendungen und Erträge gegenüber*.[1] Per Saldo ergibt sich daraus der Gewinn (oder der Verlust). Zusätzlich muß angegeben werden:

- *Der Vorjahresbetrag* zu jedem Posten, um eine erste Vergleichsmöglichkeit über die Entwicklung von Aufwendungen und Erträgen zu haben.

Der **Anhang** ist eine Ergänzung zu Bilanz und GuV gemäß HGB.[2] Darin geben Sie weitere Auskünfte, insbesondere erläutern Sie Posten der Bilanz und der GuV:

- Angaben über die *Bewertung*, z.B. die Berechnung der *Herstellungskosten*,[3] über
- die *Bewertung der Vorräte*[4],
- zugrundegelegte *Wechselkurse* bei Forderungen und Verbindlichkeiten sowie
- die gewählten *Abschreibungsmethoden*[5].

Außerdem nennen Sie beispielsweise:

- die durchschnittliche *Beschäftigtenzahl* im Abschlußjahr,
- eine *Aufgliederung der Umsatzerlöse* nach verschiedenen Produktbereichen und Märkten.

---

[1] Personengesellschaften dürfen ihre GuV in der Ihnen aus der Buchführung bekannten Kontenform aufstellen. Für Kapitalgesellschaften gilt grundsätzliche eine andere Darstellung der GuV, nämlich in Staffelform, d.h. untereinander; vgl. Kap. E 3.1.

[2] Sie finden die Regelungen bezüglich des Anhangs in den §§ 284 ff.

[3] Vgl. S. 60 ff.

[4] Vgl. S. 91 ff.

[5] Vgl. S. 68 ff.

Entweder unter der Bilanz *oder* im Anhang fügen Sie bei:

- einen *Anlagenspiegel* [1] sowie
- einen *Verbindlichkeitenspiegel.*

Diese beiden zeigen ausführlich, wie sich Ihr Anlagevermögen bzw. die Verbindlichkeiten entwickelt haben.

Der **Lagebericht** gibt zusätzliche Informationen über die Entwicklung der Unternehmung im Abschlußjahr als auch in der nahen Zukunft. Darin stehen z.B.:

- *der Geschäftsverlauf im Abschlußjahr*: besondere Ereignisse wie z.B. gewonnene Neukunden, außergewöhnliche Maßnahmen usw.
- *besondere Ereignisse nach dem Stichtag*, wie Auftragsverluste. Konkurs von bedeutenden Schuldnern, Streiks, politische Veränderungen in wichtigen Exportländern usw.
- wichtige Ergebnisse des Bereichs *'Forschung + Entwicklung'* [2]
- die *voraussichtliche Entwicklung* der Unternehmung in der Zukunft

So, nun wissen Sie, welcher Kaufmann welchen Abschluß erstellt, und worin diese sich unterscheiden. Bevor wir die einzelnen Bestandteile der Reihe nach durchsprechen,[3] müssen wir noch einen Blick auf ein generelles Thema werfen, nämlich welche Grundsätze zu beachten sind, damit ein Jahresabschluß (und speziell die Bilanz) korrekt erstellt wird.

Davor aber wird es erst mal Zeit für ein Päuschen – entspannen Sie sich erst einmal!

---

[1] Vgl. S. 117.

[2] Stellen Sie sich vor, ein Pharmakonzern ist kurz vor Serienreife eines Antikrebsmittels. Dies wäre eine Information, die im Jahresabschluß nicht enthalten ist, die allerdings von größtem Interesse ist. Sie wird im Lagebericht enthalten sein.

[3] Die Bilanz finden Sie in Kap. D, die GuV in E, den Anhang in F und den Lagebericht in G.

C   Bilanzierungsgrundsätze

☞ Selbst wenn Sie an der Theorie nicht so sehr interessiert sind, sollten Sie die nächsten paar Seiten (zumindest Kap. C 2) trotzdem durchlesen, da wir später immer wieder auf diesen theoretischen Hintergrund zu sprechen kommen.

1   Ordnungsmäßige Buchführung, Inventur und Bilanz

Als Hintergrund eines ordnungsmäßig erstellten Jahresabschlusses müssen Sie verschiedene Grundsätze beachten, die Ihnen jetzt kurz vorgestellt werden. Und versprochen: Wir machen's kurz!

1.1   Grundsätze ordnungsmäßiger Buchführung

Sie wissen bereits aus der Buchführung, daß diese nach bestimmten Ordnungsprinzipien gestaltet sein muß. Dazu gehört u.a., [1] daß die Bücher in einer lebenden Sprache und in DM geführt werden. [2]

Ergänzend soll hier erwähnt werden, daß Rechnungen und alle weiteren Belege 6 Jahre lang aufzubewahren sind, und zwar ab Ende des abgelaufenen Geschäftsjahres. Die Bücher hingegen sind 10 Jahre lang aufzubewahren – dazu zählen neben Grund-, Haupt- und Nebenbüchern auch z.B. Inventar(buch), Bilanz(buch) sowie die restlichen Teile des Jahresabschlusses.

1.2   Grundsätze ordnungsmäßiger Inventur

Zur Wiederholung: Inventur ist die mengen- und wertmäßige Aufnahme aller Vermögens- und Schuldenbestände zu einem bestimmten Zeitpunkt. Bei der Durchführung der Inventur sind die folgenden Grundsätze zu beachten: [3]

---

[1] Vgl. ausführlich in: Jossé, Buchführung – aber locker!, a.a.O., S. 17.

[2] Aber Bilanz und kompletter JA werden in deutscher Sprache erstellt!

[3] Die einzelnen Inventurmethoden haben Sie bereits auf S. 11 kennengelernt.

- **Grundsatz der Vollständigkeit und Richtigkeit:**
  Sämtliche Bestände müssen aufgenommen werden und mit den richtigen Werten ins Inventar.

- **Grundsatz der Wirtschaftlichkeit und Wesentlichkeit:**
  Falls unzumutbar, dürfen bestimmte Güter zusammengefaßt und ggf. geschätzt werden (⇨ S. 92 ff.).

- **Grundsatz der Klarheit und Nachprüfbarkeit:**
  Alle Posten müssen eindeutig bezeichnet sein. Da bereits am nächsten Tag z.B. Vorräte verbraucht sein können, muß die Inventur so korrekt erfolgen, daß sie die später nicht mehr mögliche Besichtigung der Vorräte ersetzt.

1.3   Grundsätze ordnungsmäßiger Bilanzierung

'Bilanzierung' bedeutet u.a. das Ansetzen eines Postens in der Bilanz. Dabei sind grundsätzlich zu überlegen:

- **Formeller Bilanzansatz**, d.h., welche Posten kommen überhaupt in die Bilanz? Beispiele: erworbener Firmenwert ja, selbst geschaffener Firmenwert nein. Die Frage nach dem formellen Bilanzansatz stellt sich auch bei diversen Wahlrechten, z.B. bei manchen Rückstellungen[1] oder einem Disagio.[2]

- **Materieller Bilanzansatz:** Wurde geklärt, daß ein Posten in der Bilanz erscheint, erhebt sich nunmehr die Frage, mit welchem Wert? Bilanziert man einen bestimmten PKW z.B. mit seinem derzeitigen Buchwert oder dem aktuellen Tageswert zum Stichtag?[3]

☞   *Das ist soweit klar – erst schaue ich, ob ein Posten überhaupt in die Bilanz aufgenommen wird, dann überlege ich, mit welchem Wert. Aber eine Frage: Ob ich einen Posten in der Bilanz (formell) ansetzen kann, das hängt doch davon ab, ob er sich in meinem Eigentum befindet, oder?*

---

[1] Vgl. S. 134 ff.

[2] Disagio ist ein Abschlag, z.B. bei Aufnahme eines Darlehens; vgl. S. 117 ff. und S. 137 ff.

[3] Die Antworten auf diese Frage finden Sie auf S. 50 ff.

◢ Da sprechen Sie einen interessanten Aspekt an! Die Antwort lautet: „So ähnlich." Ausgangspunkt für den formellen Bilanzansatz ist schon der Eigentumsbegriff des BGB.[1]
Gelegentlich kommt es auch vor, daß Sie einen geleasten Gegenstand in der Bilanz ansetzen können, der sich nur in Ihrem *Besitz* befindet, nicht aber in Ihrem *Eigentum*. Für die Bilanz zählt insofern das sog. *wirtschaftliche Eigentum*.[2]

Bei der Erstellung sind folgende Grundsätze zu beachten:[3]

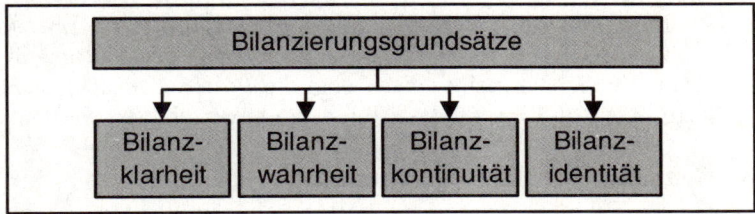

- **Grundsatz der Bilanzklarheit:**
Das bedeutet daß die Bilanz klar und übersichtlich gestaltet sein muß. Die Gliederungsvorschriften des HGB sind zu befolgen.[4] Außerdem dienen der Klarheit folgende Aspekte:

  - Das *Saldierungsverbot* (oder Bruttoprinzip) muß eingehalten werden. Das bedeutet, daß wesensgleiche Posten nicht miteinander verrechnet werden dürfen. Beispiele hierfür sind Forderungen und Verbindlichkeiten, Mietaufwendungen und -erträge oder Zinsaufwendungen und -erträge. Der Grund: Eine Saldierung dieser Posten würde die tatsächliche Lage der Unternehmung verfälschen.[5]

---

[1] Vgl. §§ 903 ff. BGB (Bürgerliches Gesetzbuch).

[2] Wirtschaftliches Eigentum sind z.B. beim Erwerber unter Eigentumsvorbehalt erhaltene Waren. Zum Leasing vgl. Kap. D 1.2.

[3] Diese gelten nicht nur für die Bilanz, sondern genauso für die GuV.

[4] In § 266 finden Sie die Gliederungsvorschriften für die Bilanz, in § 275 für die GuV.

[5] Eine Ausnahme hierzu stellen z.B. die Verrechnung der Vorsteuer mit der Umsatzsteuer dar oder Nachlässe, die mit dem jeweiligen Gut bzw. Erlös verrechnet werden. Weitere Ausnahmen werden Sie noch kennenlernen.

* Zu jedem Posten sind die *Vorjahresbeträge* anzugeben.[1]
* Bilanz und GuV müssen in *deutscher Sprache* erstellt werden.
* Alle Werte müssen auf *Deutsche Mark* lauten. Fremde Währungen sind umzurechnen.

* **Grundsatz der Bilanzwahrheit:**
Dies bedeutet, daß in der Bilanz die wahren Werte, vollständig und richtig angesetzt werden. Damit entsteht allerdings ein Problem, denn: welcher Wert ist wahr? Wenn Sie z.B. einen PKW im 1. Jahr degressiv oder statt dessen linear abschreiben, kommen Sie zu unterschiedlichen Bilanzansätzen.[2] Ebenso problematisch ist dieser Grundsatz aufgrund des kaufmännischen Vorsichtsprinzips,[3] nach dem die Posten eher schlechter anzusetzen sind, womit die wahren Werte verschleiert werden.

* **Grundsatz der Bilanzkontinuität:**
Um die Bilanzen untereinander vergleichen zu können, müssen sie immer wieder in derselben Form erstellt werden. Abweichungen sind zu begründen. Aspekte der Bilanzkontinuität sind:

* gleicher *Stichtag*
* gleicher *Aufbau* von Bilanz, GuV und Anhang
* gleiche *Postenbezeichnungen*
* gleiche *Postenzusammenfassungen*
* Bewertungsmethoden *nicht willkürlich ändern*

* **Grundsatz der Bilanzidentität:**
Die Schlußbilanz eines Jahres und die Eröffnungsbilanz des Folgejahres müssen identisch sein, also übereinstimmen. Dies macht aus folgendem Grund Sinn: Die SB zeigt die Verhältnisse zum 31.12. um 24.00 Uhr, die EB die Unternehmenslage zum 01.01. um 0.00 Uhr. Beide Zeitpunkte sind identisch[4] – es kann also zwischen beiden Bilanzen keine Veränderung stattgefunden haben. Ausnahmen gibt es bei Währungsumstellung.

---

[1] Gilt ebenfalls für Bilanz und GuV.
[2] Vgl. Kap. D 1.3.
[3] Mehr darüber finden Sie im nächsten Kapitel.
[4] Man nennt das die 'logische Sekunde'.

☞ *Das hab' ich alles kapiert. Und wie sieht's aus, wenn man gegen diese Grundsätze verstößt, z.B. wenn man Bilanzen fälscht?*

◢ Das ist strafbar! Aber wenn Sie schon danach fragen, sehen wir uns doch kurz die möglichen Verstöße an:

Es gibt 3 Stufen von Bilanzverstößen:

- Von **Bilanzfrisur** spricht man, wenn die Angaben von den realen Gegebenheiten abweichen, z.B. wenn Sie 1 PKW als 'Fuhrpark' bezeichnen.

- **Bilanzverschleierung** meint eine unklare, undurchsichtige Darstellung, z.B. wenn Forderungen mit Verbindlichkeiten verrechnet würden – in diesem Fall wäre also unzulässigerweise gegen das Saldierungsverbot verstoßen. In solchen Fällen kann der Wirtschaftsprüfer sein Testat verweigern oder einschränken, worauf eine neue, korrekte Bilanz aufgestellt werden muß.

- **Bilanzfälschung** ist der schwerwiegendste Verstoß: Damit ist gemeint, daß Bilanzposten entweder weggelassen oder dazuerfunden oder daß eindeutig falsche Werte angesetzt werden. Folge werden u.a. Sonderprüfungen sein.

2   Bewertungsprinzipien

Zunächst eine Übersicht über die verschiedenen Prinzipien:

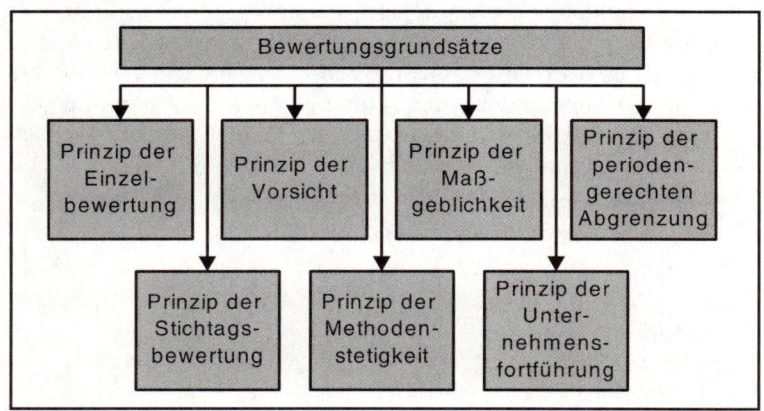

Wenn wir vorhin vom „materiellen Bilanzansatz" sprachen, bezog sich das auf die Tatsache, daß für einen Vermögens- oder Schuldenposten manchmal mehrere Wertansätze in Frage kommen. Bevor wir diese im Kapitel D ausführlich vorstellen, muß geklärt werden, welche Prinzipien dabei zu beachten sind:

- Das **Prinzip der Einzelbewertung** heißt nichts Anderes, als daß jedes Wirtschaftsgut (also sämtliche Aktiva und Passiva) einzeln für sich bewertet werden. Warum? Wegen der Klarheit und Übersichtlichkeit, wie Sie sicher richtig vermuten.
  Es gibt allerdings ein paar Ausnahmen, wenn es unzumutbar wäre, Posten tatsächlich einzeln zu bewerten. Dazu zählen:
  - *Gruppenbewertung* bei Vorräten[1]
  - *Pauschalwertberichtigung* (PWB) bei Forderungen[2]
  - *Pauschalrückstellungen*, z.B. für Garantieleistungen[3]
  - *Festbewertung* bei AV, welches sich selten verändert (z.B. Gleisanlagen der Deutschen Bahn AG)[4]

  Ansonsten müssen Sie alle Güter einzeln bewerten, z.B. jeden PKW gesondert betrachten und überlegen, mit welchem Wert Sie ihn ansetzen.

- Das **Vorsichtsprinzip** (oder Prinzip der kaufmännischen Vorsicht) soll vor allem Gläubiger und mögliche Anleger schützen. Dies wird erreicht, indem die Unternehmung ihre Vermögens- und Schuldenlage eher negativ darstellt – und insofern vom Grundsatz der Bilanzwahrheit abweicht. Ein derart tendentiell schlechtes Bild wird erreicht, wenn *Aktiva niedriger* und *Passiva höher* angesetzt werden. Die eigentliche Substanz der Unternehmung ist damit höher, als der erste Eindruck – gerade auch für den Laien – vermuten läßt.

  Seinen Ausdruck findet das Vorsichtsprinzip in 2 Unterprinzipien. Auch hierzu zunächst eine Grafik:

---

[1] Vgl. Kap. D 2.1.
[2] Vgl. Kap. D 2.2.
[3] Vgl. Kap. D 5.3.
[4] Vgl. Kap. D 2.1.3

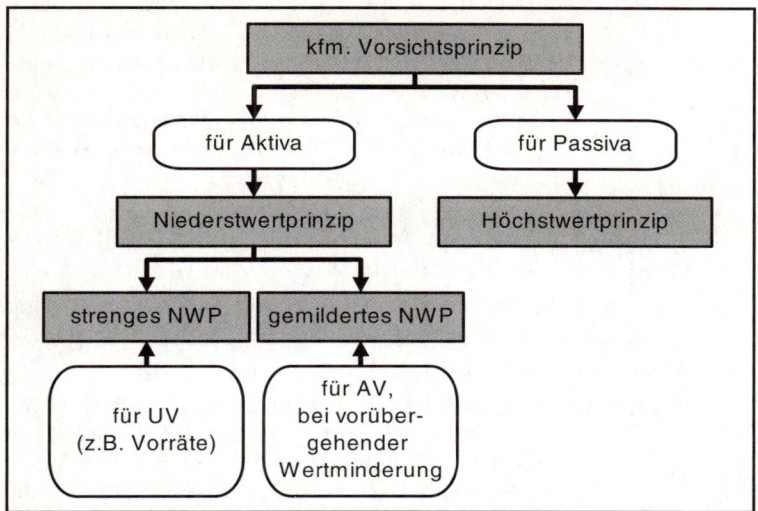

- Das **Höchstwertprinzip** (HWP) gilt für *Passiva*. Diese sind mit einem evtl. höheren Wert anzusetzen. Ein Beispiel dafür sind Verbindlichkeiten, die auf ausländische Währung lauten: Ist der Kurs dieser Währung zum Stichtag gestiegen, so muß die Verbindlichkeit höher bewertet werden.[1]

- Für *Aktiva* gilt analog das **Niederstwertprinzip** (NWP). Demnach muß von 2 in Frage kommenden Werten der niedrigere angesetzt werden.

  Beispiel: Der Buchwert eines PKW beträgt (nach Abschreibung) 20.000 DM, während sich sein momentaner Marktwert auf 24.000 DM beläuft.
  Der PKW wird mit 20.000 DM angesetzt.

  Zum NWP gibt es 2 Unterformen, nämlich das *strenge* **NWP**, welches grundsätzlich für alles UV gilt (z.B. Vorräte). Das *gemilderte* **NWP** gilt für AV und besagt, daß bei vorübergehend niedrigerem Wert ausnahmsweise der höhere beibehalten werden darf.[2]

---

[1] Vgl. S. 136 f.
[2] Für Kapitalgesellschaften gilt das gemilderte NWP nur für Finanzanlagen.

Beispiel: Sie haben Aktien (= Wertpapiere des AV), deren Kurs üblicherweise zwischen 210 DM und 230 DM pendelt, für 218 DM erworben. Am Stichtag notieren die Aktien mit 213 DM.

Aufgrund des gemilderten NWP müssen Sie nicht auf den niedrigeren Wertansatz übergehen, sondern können sie mit 218 DM ansetzen.

Eng verbunden mit dem Vorsichtsprinzip sind das Realisationsprinzip und das Imparitätsprinzip. Was das ist? Sehen Sie:

♦ Das **Realisationsprinzip** verlangt, daß ein Wert erst dann bilanziert wird, wenn er auch tatsächlich erreicht wurde. Dies zielt insbesondere auf Gewinne und Verluste.

Beispiel: Ein Grundstück, dessen Buchwert 300.000 DM beträgt, dürften Sie erst dann mit seinem aktuellen Marktwert von 4 Mio. DM ausweisen, wenn Sie es verkaufen (und damit sicher wissen, daß Sie die 4 Mio. DM bekommen).

♦ Das **Imparitätsprinzip** verlangt, daß Aktiva und Passiva ungleich[1] behandelt werden.[2] Statt dessen kann man es auch auf Gewinne und Verluste beziehen: Demnach sind Gewinne erst dann zu erfassen, wenn sie realisiert werden (siehe das Grundstücksbeispiel zuvor). Verluste hingegen müssen schon dann ausgewiesen werden, wenn sie noch nicht realisiert, aber bereits bekannt sind.[3]

Beispiel: Sie müssen eine auf US-$ lautende Rechnung noch bezahlen. Zum Stichtag steigt der $-Kurs, so daß Sie mit einer höheren Zahlungsbelastung rechnen. Sie weisen die Verbindlichkeit zum höheren Stichtags-

---

[1] 'impar' = ungleich. Sie erinnern sich an Ihr letztes Roulettespiel? Dort gibt es die beiden Felder 'pair' und 'impair' – die französischen Bezeichnungen für 'gerade' und 'ungerade' (Zahlen).

[2] Insofern stimmen das Imparitätsprinzip und das Vorsichtsprinzip überein: Aktiva werden nach dem NWP und damit *anders* als die Passiva (nach dem HWP) behandelt.

[3] Weil Verluste vorweggenommen (= antizipiert) werden sollen, besteht insofern ein Verstoß gegen das Realisationsprinzip als auch das Prinzip der Bilanzwahrheit.

wert aus – obwohl der Kurs bis zur Überweisung im neuen Jahr vielleicht doch wieder sinken mag.

Die wesentlichen Aussagen des Imparitätsprinzips fassen wir noch einmal zusammen:

Nichtrealisierte Verluste *müssen* ausgewiesen werden, **nichtrealisierte Gewinne** *dürfen nicht* ausgewiesen werden.

Daraus folgt:

Aktiva ⇨ **NWP** und **Passiva** ⇨ **HWP**

- Das **Prinzip der Maßgeblichkeit** besagt, daß die Steuerbilanz aus der Handelsbilanz abgeleitet wird (auch wenn in der StB teilweise engere Spielräume gelten).
  Gelegentlich wird dies auch umgekehrt, so daß ein Bewertungsansatz in der Steuerbilanz nur dann angesetzt werden darf, wenn er so auch in der Handelsbilanz zu finden ist. Dies nennt man dann das *Prinzip der umgekehrten Maßgeblichkeit*. In § 5 Abs. 1 EStG heißt es dazu: „Steuerrechtliche Wahlrechte bei der Gewinnermittlung sind in Übereinstimmung mit der handelsrechtlichen Jahresbilanz auszuüben."
  Aha! Der Einfachheit halber gehen wir zukünftig vor allem von 2 Fällen aus:
  1. Handels- und steuerrechtlicher Bewertungsansatz stimmen überein, bzw.
  2. auf Basis des weiteren handelsrechtlichen Spielraum wird gelegentlich ein engerer steuerrechtlicher Ansatz gefunden.

- Das **Prinzip der periodengerechten Abgrenzung** hat folgenden Grund: Der Erfolg soll immer *jahresgenau* ermittelt werden, also müssen z.B. Aufwendungen und Erträge herausgerechnet werden, die zwar schon gebucht wurden, aber ein anderes Jahr betreffen. Umgekehrt müssen jene Erfolgsvorgänge berücksichtigt werden, die noch nicht gebucht sind, aber durchaus dem Abschlußjahr wirtschaftlich zuzurechnen sind.
  Dieses Prinzip wird u.a. in den folgenden Fällen umgesetzt, die im Rahmen der Jahresabschlußarbeiten gebucht werden:

> ◆ *Aktive Rechnungsabgrenzung* (ARA) (⇨ Kap. D 3)
>
> ◆ *Passive Rechnungsabgrenzung* (PRA) (⇨ Kap. D 6)
>
> ◆ *Sonstige Forderungen* (⇨ Kap. D 6)
>
> ◆ *Sonstige Verbindlichkeiten* (⇨ Kap. D 6)
>
> ◆ *Rückstellungen* (⇨ Kap. D 5.3)

Beispiel gefällig? Wenn Sie im Abschlußjahr etwas verkaufen und daraus im Folgejahr ein Garantiefall wird, gehört der Aufwand ursächlich ins Abschlußjahr. Oder: Wenn Sie Ihre Miete für den Monat Dezember erst im Januar überweisen, so handelt es sich trotzdem um einen Aufwand des Abschlußjahres.

- Das **Stichtagsprinzip** besagt, daß die Vermögens- und Schuldenverhältnisse immer zum gleichen Stichtag bewertet werden.[1]

- Das **Prinzip der Stetigkeit der Bewertungsmethoden** kennen Sie auch schon: Ohne triftigen Grund darf von den einmal gewählten Bewertungsmethoden (z.B. bei der Abschreibung oder bei der Vorratsbewertung) nicht abgewichen werden.

- Das **Prinzip der Unternehmensfortführung** (= 'Going concern-Prinzip') besagt, daß Sie die einzelnen Güter so bewerten, als ob die Unternehmung fortgeführt wird. Grund: Ohne Fortführung wären einige Güter plötzlich deutlich weniger Wert.[2]

So, jetzt haben Sie doch einiges an Theorie mitgemacht! Damit ist es nun vorbei. Als nächstes kommen wir zu den einzelnen *Bewertungsmöglichkeiten* in der Bilanz. Davor empfehle ich Ihnen etwas Entspannung: Wie wär's mit einem erholsamen Spaziergang?

☞ Gerade zum Kapitel C 2 sollten Sie gelegentlich noch 'mal zurückblättern. Es enthält doch viele Aspekte, die die Basis für die nachfolgend beschriebenen Bewertungsansätze bilden.

---

[1] Vgl. S. 9.

[2] Stellen Sie sich z.B. eine Spezialmaschine vor, die für Sie eigentlich noch einen Wert von 60.000 DM hat. Bei Aufgabe Ihrer Unternehmung fänden Sie möglicherweise keinen Käufer für die Maschine, wodurch sie zu niedrig angesetzt würde.

D   Die Bilanz

In diesem Kapitel bekommen Sie die wichtigsten Posten der Bilanz Stück für Stück erklärt und die wesentlichen Bewertungsprobleme dargestellt. Dabei beginnen wir links oben mit dem AV, fahren mit dem UV fort und gehen mit dem EK über zu den Passiva. Unsere 'Reiseroute' sieht demnach so aus:[1]

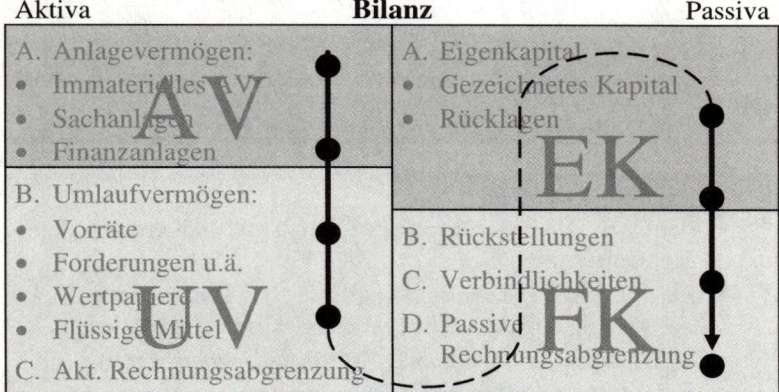

Wie Sie bereits wissen, muß für jeden Posten überlegt werden, ob er überhaupt in die Bilanz kommt, und falls ja, mit welchem Wert.[2] Um den letzten Punkt geht es auf den nachfolgenden Seiten, und damit um 2 Fragen:

• Wie wird ein Wert für einen Bilanzposten ermittelt?
• Falls es mehrere Werte gibt: welcher kommt in die Bilanz?

Nehmen wir uns also zunächst die **Aktiva** vor!

Zu den Aktiva zählen alle Vermögensposten, die Ihrer Unternehmung entweder längerfristig (AV; ⇨ Kap. D 1) oder eher kurzfristig (UV; ⇨ Kap. D 2) dienen.

---

[1] Vgl. Sie die 'Landkarte' auf S. IX.
[2] Vgl. S. 46.

Aktivierung – ja oder nein? Als erstes wollen wir klären, ob ein Vermögensposten überhaupt aktiviert werden darf bzw. muß oder nicht. Es besteht ein...

- **Aktivierungsgebot** für:
  - ◆ alle *materiellen* Vermögensgegenstände, z.B. Maschinen oder Rohstoffe,
  - ◆ alle *immateriellen* Vermögensposten *des UV*, z.B. Computerprogramme,
  - ◆ *entgeltlich erworbenes immaterielles AV*, z.B. käuflich erworbene Patente, und
  - ◆ Aktive Rechnungsabgrenzungsposten.

- **Aktivierungswahlrecht** für:
  - ◆ den *derivativen Firmenwert*, d.h. den käuflich erworbenen Kundenstamm o.ä.,
  - ◆ *Disagio*, d.h. der Zinsaufwand, der bei Darlehensaufnahme vorweg den Auszahlungsbetrag mindert, sowie
  - ◆ sog. *„Bilanzierungshilfen"*, z.B. für die Ingangsetzung und Erweiterung des Geschäftsbetriebs.

- **Aktivierungsverbot** für:
  - ◆ den *originären Firmenwert*, z.B. die selbst erstellte Kundenkartei, und
  - ◆ *nicht entgeltlich erworbene immaterielles AV*, z.B. eigene Patente.

So, jetzt sind Sie schon einmal auf die unterschiedlichen Vermögensposten eingestimmt, so daß wir jetzt loslegen können mit dem Anlagevermögen.

1   Das Anlagevermögen

Damit klar ist, worüber wir jetzt sprechen, zunächst eine Übersicht über das AV:

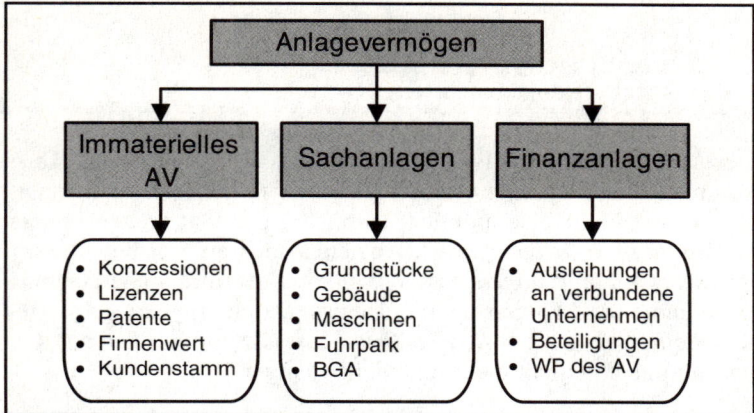

1.1   Wertansätze beim Anlagevermögen

Grundsätzlich gibt es fürs AV 2 Alternativen, woher sie es haben: Entweder haben Sie es von außen bezogen (i.d.R. gekauft) oder Sie haben es selbst hergestellt. Damit haben Sie 2 Wertansätze, mit denen Sie den Zugang des Wirtschaftsgutes erfassen:

- **Anschaffungskosten** (bei Fremdbezug)
- **Herstellungskosten** (bei Eigenfertigung)

☞   *Das ist soweit klar. Und wenn ich ein Anlagegut geschenkt bekomme?*

◢   Dann nehmen Sie die *fiktiven* Anschaffungskosten, also den Preis, den Sie normalerweise dafür hätten bezahlen müssen.

Zurück zu den **Anschaffungskosten**! Sie werden ganz einfach ermittelt:[1]

---

[1] Dieses Schema gilt genauso für Güter des Umlaufvermögens, z.B. beim Kauf von Rohstoffen oder Fremdbauteilen. Zu ersteren zählen in der Automobilindustrie z.B. Bleche, zu letzteren z.B. eine Lichtmaschine. Fremdbauteile sind vorgefertigte Komponenten.

> Anschaffungspreis
> + Anschaffungsnebenkosten
> – Anschaffungskostenminderungen
> = **Anschaffungskosten** (AK)

Der *Anschaffungspreis* ist z.B. der Listen- oder Katalogpreis. Dazu
kommen alle einmaligen Aufwendungen (z.B. Transportkosten),
die notwendigerweise anfallen, damit Sie das Gut nutzen können
(= *Anschaffungsnebenkosten*). Abziehen müssen Sie die *Anschaffungskostenminderungen*, also z.B. Skonti, nachträgliche Nachlässe wegen einer Mängelrüge u.ä. Unterm Strich ergeben sich so die
Anschaffungskosten, also alles, was Sie letztendlich für das Gut
bezahlt haben – nicht mehr und nicht weniger.

☞ *Wenn ich einen PKW kaufe, gehören die Nummernschilder
und die Kfz-Versicherung dann zu den Anschaffungsnebenkosten?*

◢ Die Nummernschilder ja, die Kfz-Versicherung nein. Warum? Die Nummernschilder sind einmalig notwendig, damit
Sie den PKW in einem betriebsbereiten Zustand versetzen
können. Die Kfz-Versicherung, Kfz-Steuer oder Benzin
sind Kosten, die immer wieder anfallen. Sie gehören deshalb *nicht* zu den Anschaffungs(neben)kosten.

☞ *Und wenn ich mir auf den PKW einen Werbeschriftzug an-
bringen oder ihn lackieren lasse?*

◢ In beiden Fällen handelt es sich um Anschaffungsnebenkosten, die damit die Anschaffungskosten erhöhen. Sie dürfen
auch *nachträglich* anfallen (z.B., wenn Sie 2 Jahre später
eine Anhängerkupplung einbauen lassen).

Hier erhalten Sie eine Übersicht, was alles zu den AK zählt:
• Der **Anschaffungspreis** ist der Listen- oder Katalogpreis, gemindert um evtl. Sofortrabatte (z.B. Großabnehmerrabatt).[1]

---

[1] Sofortrabatte mindern den Rechnungsbetrag sofort, beispielsweise,
weil Sie als Großkunde 8% Nachlaß bekommen oder weil Sie auf
einen leicht beschädigten Kühlschrank 15% Rabatt erhalten.

- Zu den **Anschaffungsnebenkosten** zählen – wie gesagt – alle (auch nachträglich angefallenen) Kosten, die nötig sind, um das Anlagegut in einen *betriebsbereiten Zustand* zu versetzen. Abhängig vom jeweiligen Gut sind dies z.B.:

• bei Fahrzeugen:	• Überführungskosten • Zulassungskosten • Nummernschild • Sonderlackierung
• bei TA + Maschinen und BGA:[1]	• Zölle • Transportkosten • Montagekosten • Fundamentierungskosten • Anschlußkosten für Gas o.ä.
• bei Grundstücken und Gebäuden:	• Maklergebühren • Beurkundungskosten • Grunderwerbsteuer • Vermessungskosten • Erschließungskosten

- **Anschaffungskostenminderungen** sind Beträge, die Ihnen *nachträglich* erlassen werden. Dazu zählen insbesondere:
  - ◆ Nachlässe wegen Mängelrüge
  - ◆ Skonti (Nachlaß wegen vorzeitiger Zahlung)
  - ◆ Boni (z.B. Umsatzrückvergütung, weil Sie innerhalb eines Jahres einen bestimmten Gesamtwert bezogen haben)

Beispiel: Wir verdeutlichen uns den Zusammenhang anhand des Kaufs eines Fahrzeugs.[2]

① Sie kaufen einen PKW, der zum 44.000 DM Listenpreis angeboten wird. Der Händler gewährt Ihnen 4.000 DM Sonderrabatt. Der Anschaffungspreis beträgt daher 40.000 DM.

② An Anschaffungsnebenkosten fallen an:
  - ◆ Nummernschilder 60 DM,
  - ◆ Zulassungskosten 40 DM und
  - ◆ Firmenlogo auf dem PKW, 1.000 DM

---

[1] TA = Technische Anlagen; BGA = Betriebs- und Geschäftsausstattung.
[2] Beispiel entnommen aus: Jossé, Buchführung – aber locker!, S. 121 f.

③ Sie bezahlen die Händlerrechnung rechtzeitig unter Abzug von
  2 % Skonto. Die Anschaffungskostenminderung beträgt somit
  40.000 DM · 2% = 800 DM.

Alles klar? Die Tabelle zeigt Ihnen, wie Sie die **Anschaffungskosten** ermitteln:

	Listenpreis...	44.000 DM
–	Sofortrabatt...	4.000 DM
=	**Anschaffungspreis**...	40.000 DM
+	Anschaffungsnebenkosten I (Nummernschild).......	60 DM
+	Anschaffungsnebenkosten II (Zulassung)...............	40 DM
+	Anschaffungsnebenkosten III (Firmenlogo)	1.000 DM
–	Anschaff.kostenminderungen (Skonto)..................	800 DM
=	**Anschaffungskosten**	**40.300 DM**

☞ *Und was ist mit der Mehrwertsteuer, die ich bezahlt habe?*

◀ Die bekommen Sie schließlich vom Finanzamt zurück und
   gehört daher nicht zu den Anschaffungskosten. Diese (und
   alle Daten im obigen Beispiel) sind immer **netto**!

☞ *O.k., und die Anschaffungskosten kommen so in die Bilanz?*

◀ Sie bilden den Wert, zu dem der *Zugang* des Gutes gebucht
   wird. Außerdem sind die Anschaffungskosten die **Bemessungsgrundlage** für die Abschreibung, m.a.W., vom ermittelten Wert aus schreiben Sie im Anschaffungsjahr und in
   den Folgejahren ab. Nur der Restbetrag wird dann in der
   Bilanz angesetzt.[1]

Herstellungskosten sind das logische Gegenstück zu den Anschaffungskosten, wenn Sie ein Gut selbst herstellen.[2] Beispiele
dafür sind:[3]

---

[1] Diese Vorgehensweise gilt so grundsätzlich. Falls Sie statt dessen
  indirekt abschreiben, bleiben die Anschaffungskosten so lange ausgewiesen, wie Sie das Gut haben; vgl. Kap. D 1.3.4.

[2] Herstellungskosten entstehen nicht nur bei selbst erstelltem AV,
  sondern auch bei (un-)fertigen Erzeugnissen. Diese seien hier außen
  vor, da sie zum UV zählen. Die Berechnungsweise ist dieselbe.

- Ihre Schreinerei stellt ein Regal fürs Lager her,
- Sie bauen mit eigenen Arbeitskräften den Dachstuhl Ihres Betriebsgebäudes aus,
- die Mercedes Benz AG stellt einen Dienstwagen für den Vorstandsvorsitzenden her,
- ein PC-Hersteller fertigt einen PC fürs Sekretariat usw.

Um ein selbst erstelltes Gut zu aktivieren, müssen Sie erst einmal wissen, welche Kosten Ihnen dafür entstanden sind. *Bereiche*, die dadurch kostenmäßig berührt werden, sind:

- **Beschaffung** (z.B. Einkauf + Lagerhaltung) ⇨ **Materialkosten**
- **Fertigung** (also die Produktion) ⇨ **Fertigungskosten**
- **Verwaltung** (z.B. Sekretariat, Buchhaltung, Geschäftsführung) ⇨ **Verwaltungskosten**

Nicht ganz einfach ist die Zuordnung der Kosten. Manche können dem Produkt (dem Anlagegut) direkt zugeordnet werden, andere nicht. Erstere nennt man *Einzelkosten* (z.B. Rohstoffe), die anderen *Gemeinkosten* (z.B. Abschreibung des Gabelstaplers).

☛ *Moment! Bei Einzelkosten kann ich also direkt und einfach feststellen, daß sie genau durch dieses oder jenes Produkt verursacht werden?*

◢ Genau. Würde das Produkt nicht gefertigt, würden auch die Einzelkosten nicht anfallen.

☛ *Aha. Und Gemeinkosten? Wofür fallen die an?*

◢ Die fallen für mehrere Produkte gemeinsam (z.B. Deckenbeleuchtung in der Produktionshalle). Sie wissen daher zunächst nicht genau, welches Produkt welchen Anteil an den Gemeinkosten tragen muß.

☛ *O.k., und wie gehe ich dann vor?*

◢ Sie benötigen für die Gemeinkosten eine Kostenstellenrechnung. Diese schlüsselt die entstandenen Gemeinkosten nach

---

[3] Sie dürfen nur solche selbsterstellten Güter aktivieren, die materieller Natur sind. Immaterielle (z.B. Kundenkartei) dürfen Sie nicht aktivieren.

Verursachungsbereichen auf und verteilt sie.[1]

F *Dann gibt es also in jedem Bereich der Unternehmung Einzel- und Gemeinkosten?*

A Nicht ganz: Gemeinkosten gibt es in jedem Bereich, Einzelkosten nur in den Bereichen Material und Fertigung.
In der Fertigung gibt es außerdem noch etwas Besonderes, nämlich die 'Sondereinzelkosten (SEK) der Fertigung'.[2] Diese fallen zwar nicht für ein einzelnes Stück an, aber für eine ganze Reihe desselben Produktes, z.B. Konstruktionszeichnungen, Muster, Formen und Tests. Auch sie werden in die Herstellungskosten eingerechnet.

Schauen wir uns Einzel- und Gemeinkosten 'mal genauer an:

Bereiche	Kosten	Beispiele
Beschaffung	• Materialeinzelkosten (MEK)	• Rohstoffe, • Fremdbauteile
	• Materialgemeinkosten (MGK)	• Lagerarbeiterlohn, • Hilfsstoffe
Fertigung	• Fertigungseinzelkosten (FEK)	• Akkordlohn
	• Fertigungsgemeinkosten (FGK)	• Meistergehalt, • Abschreibung der Maschine
	• Sondereinzelkosten	• Spezialwerkzeug, Formen
Verwaltung	• Verwaltungsgemeinkosten (VwGK)	• Sekretärin, • Büromaterial

Und jetzt erhalten Sie ein **Grundmuster** zur Ermittlung der HK:
Die jeweiligen Einzelkosten sind in ihrer Höhe (in DM) bekannt. Die dazugehörigen Gemeinkosten werden als Prozentsatz ausgedrückt (diese Information erhalten Sie von Ihrer Kostenrechnungsabteilung) und entsprechend aufgeschlagen.

---

[1] Wenn Sie das ausführlich interessiert, so sei Ihnen hierzu empfohlen: Jossé, Basiswissen Kostenrechnung, a.a.O., S. 67 ff.
[2] Es gibt auch SEK des Vertriebs. Die brauchen Sie hier aber nicht.

Das nachfolgende Schema verdeutlicht die Vorgehensweise:

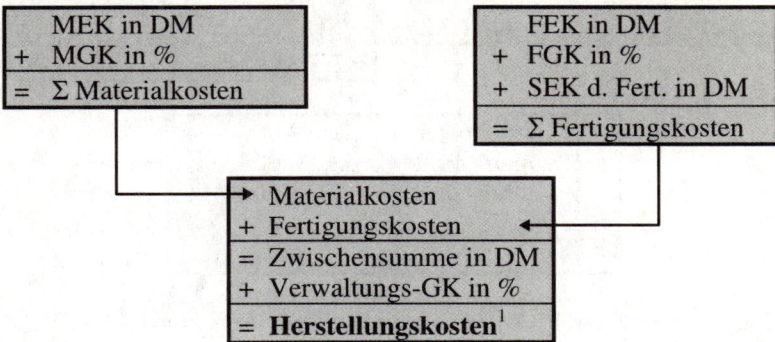

Wenn Sie die gesamten Material- und die gesamten Fertigungskosten errechnet haben, schlagen Sie auf diesen Gesamtwert die (anteiligen)[2] Verwaltungsgemeinkosten auf. Auf diese Weise erhalten Sie die Herstellungskosten eines Produktes.

Dazu ein Zahlenbeispiel:

Für einen selbst erstellten PKW kennen Sie die Einzelkosten:
- Material-EK =............. 8.000 DM
- Fertigungs-EK =......... 2.000 DM
- SEK der Fertigung =...... 400 DM

Ihre Abteilung Kostenrechnung nennt Ihnen die GK-Zuschläge:
- MGK-Zuschlagsatz = ...50% (⇨ 50% von 8.000 = 4.000)
- FGK-Zuschlagssatz = ...180% (⇨ 180% von 2.000 = 3.600)
- VwGK-Zuschlagssatz =.......8% (⇨ 8% von 18.000 = 1.440)

Daraus ermitteln Sie die HK wie folgt:

---

[1] Darauf können Sie ggf. noch die FK-Zinsen (in %) aufschlagen.

[2] Anteilig deshalb, weil Teile der Verwaltungskosten auch für Vertriebszwecke anfallen. Da das Anlagegut aber nicht verkauft wird, dürfen diese nicht berücksichtigt werden. Verwaltungskosten sind im übrigen immer Gemeinkosten.

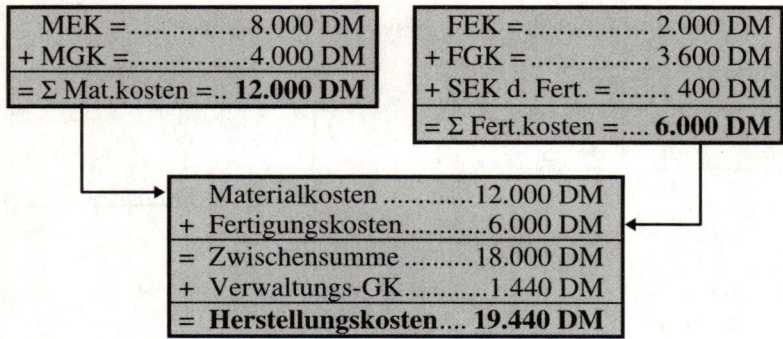

Sie aktivieren den PKW demnach mit einem Wert von 19.440 DM. Dieser Betrag ist gleichzeitig die *Bemessungsgrundlage* für die Abschreibung.

Für die Bilanz müssen Sie nun aber nicht sämtliche Posten einrechnen. Manche sind Pflicht, andere können freiwillig dazugerechnet werden. Für die Steuerbilanz müssen dabei tendentiell mehr Posten addiert werden.

☛ *Wieso denn das? Wenn ich für die Steuerbilanz mehr Kosten einrechne, sinkt doch mein Gewinn – und das ist doch nicht das Ziel der Steuerbilanz, oder?*

◀ Für die Steuerbilanz soll der Gewinn eher höher ausgewiesen werden – das ist richtig. Aber mit den Herstellungskosten ist das etwas komplizierter: Die Aufwendungen für das selbsterstellte Gut haben Sie schließlich längst gebucht – und damit minderten sie den Gewinn bereits. Wenn Sie das Anlagegut nunmehr aktivieren, entsteht dabei ein Ertrag.[1] Je höher dieser ausfällt, um so mehr erhöht sich der Gewinn wieder.

So, und jetzt schauen wir uns an, worin die Unterschiede zwischen den Herstellungskosten für die HB und die StB bestehen:

---

[1] Die Buchung dazu lautet: „Anlagegut *an* aktivierte Eigenleistung". Aktivierte Eigenleistung ist ein Ertragskonto.

Mindest- und Höchstansatz für die Herstellungskosten lt. Handelsrecht und Steuerrecht[1]		
	handelsrechtl. HK	**steuerrechtl. HK**
Pflicht	Material-EK	Material-EK
	+ Fertigungs-EK	+ Material-GK
	+ SEK der Fertigung	+ Fertigungs-EK
	= **Mindest-HK**	+ Fertigungs-GK
Wahlrecht	+ Material-GK	+ SEK der Fertigung
	+ Fertigungs-GK	= **Mindest-HK**
	+ anteil. Verwalt.-GK	+ anteil. Verwalt.-GK
	= **Höchste HK**[2]	= **Höchste HK**[3]

Sie sehen deutlich, daß der Mindestansatz der HK für die Steuerbilanz höher ist als für die Handelsbilanz.

Fassen wir zusammen: Sie kennen nun die beiden *historischen* Werte, mit denen Sie ein Anlagegut *erstmals* aktivieren:

- **Anschaffungskosten**
- **Herstellungskosten**

Für die Bilanz kommen aber noch 2 weitere Werte in Frage:[3]

- Der **Buchwert** (= Restwert) und
- der **Tageswert**.

Der Buchwert ist jener Wert, der sich ergibt, nachdem Sie ein Anlagegut bereits abgeschrieben haben.[4] Er wird ganz einfach ermittelt, indem Sie von den ursprünglichen AK oder HK alle bislang vorgenommenen Abschreibungen abziehen:

AK bzw. HK – Abschreibungen = Restwert

---

[1] Vgl. hierzu § 255, Abs. 2 HGB und Abschn. 33, 7 EStR.

[2] Evtl. dürfen Sie darauf noch die FK-Zinsen zurechnen, die durch dieses Gut entstanden sind.

[3] Diese Werte gelten auch für Umlaufvermögen.

[4] Oder lapidar gesagt: Buchwert ist der Wert, mit dem ein Gut momentan in den Büchern (und damit auch in der Bilanz) erscheint.

Tageswert ist eine 4. Alternative und bezeichnet den Wert, den ein Gut zu einem Zeitpunkt (z.B. Stichtag) hat.[1] Nun erhebt sich die Frage, woher man den Wert eines Gutes erfährt. Dazu müssen wir unterscheiden:

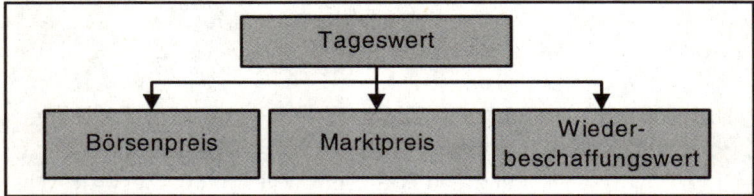

- Der **Börsenpreis** ist der objektivste Wert. Allerdings gibt es beispielsweise keinen Börsenpreis für Maschinen oder Regale. Sie erfahren an der Börse aber durchaus die Preise für manche Rohstoffe oder z.B. für Aktien.[2]

- Der **Marktpreis** ist jener Preis, der an einem bestimmten Handelsplatz für Waren bestimmter Gattung und Güte zu einem Zeitpunkt durchschnittlich bezahlt wird. In der Zeitung finden Sie dazu regelmäßig, welchen Preis Vieh in Ihrer Region erzielt oder wieviel DM der Liter Heizöl dort kostet. Als Beispiel für AV sei die Schwackeliste für Gebrauchtwagen genannt.

- Der **Wiederbeschaffungswert** (oder beizulegender Wert) ist der am schwierigsten zu bestimmende Wertansatz. Dazu können Sie Preislisten Ihrer Lieferanten heranziehen, im Zweifelsfall müßte das Gut von einem Schätzer geschätzt werden.

---

[1] Das Steuerrecht benutzt statt dessen den Begriff 'Teilwert'. Nach § 6, Abs. 1 EStG ist das „der Betrag, den ein Erwerber des ganzen Betriebs im Rahmen des Gesamtkaufpreises für das einzelne Wirtschaftsgut ansetzen würde."

[2] Soweit es sich um Wertpapiere des AV handelt, haben Sie hiermit ein Beispiel für den Börsenpreis eines Anlagegutes. Zur Ermittlung sei auf die Ausführungen in Kap. D 2.3 verwiesen. Weiteres Beispiel: Wenn Sie an einer US-Unternehmung beteiligt sind, spielt der Börsenpreis 2x eine Rolle: 1. Um den derzeitigen Aktienkurs (in $) zu erfahren, und 2. um diesen Wert in DM umzurechnen. Für letzteren wird der Devisenkurs der Frankfurter Börse zum Stichtag zugrunde gelegt (= Tageskurs).

☛ *Börsenpreis, Marktpreis und Wiederbeschaffungswert gel-
    ten also nicht nur für AV, sondern auch für UV?*

◢ Genau. Insofern hatten die Ausführungen zum Tageswert
    grundsätzlichen Charakter.

☛ *Jetzt noch mal langsam: Wann bilanziere ich mein AV mit
    welchem Wert?*

◢ O.k., fassen wir das noch einmal zusammen:

Wertansätze beim Anlagevermögen:

• Wenn Sie ein Anlagegut *kaufen* oder *selbst fertiggestellt* haben,
  aktivieren Sie es mit den **Anschaffungs-** bzw. den **Herstellungskosten.**

• Wenn Sie es *danach* abschreiben, bleibt der **Buchwert** (BW)
  übrig, der statt dessen in der Bilanz erscheint.

• Zusätzlich müssen Sie allerdings das *Niederstwertprinzip* beachten: Ist der **Tageswert** (TW) niedriger, müssen Sie diesen
  ansetzen (und die Differenz abschreiben). Ist der Tageswert
  höher, so bleibt's beim Buchwert, weil der dann der niedrigere
  ist. Sie sehen: So bleiben Sie immer konform mit dem NWP!

Beim Zugang des AV	Zum Stichtag
• Anschaffungskosten bzw. • Herstellungskosten	• BW < TW ⇨ BW • TW < BW ⇨ TW

☛ *Und geleastes Anlagevermögen? Wie wird das bilanziert?*

◢ Das hängt davon ab! Manche Leasinggüter werden beim
    Leasinggeber aktiviert (wie in diesem Kapitel beschrieben),
    andere beim Leasingnehmer.
    Dazu machen wir einen kleinen Ausflug in die Welt des
    Leasing:[1]

---

[1] Da dieser Exkurs schon ziemlich speziell ist, können Sie die nächsten Seiten auch überspringen und direkt zur Abschreibung weiter-
blättern.

1.2   Exkurs: Leasing

Ob ein geleastes Anlagegut beim Leasing*geber* oder beim Leasing*nehmer* bilanziert wird, läßt sich ohne weiteres nur in 2 Fällen eindeutig beantworten:

- Immer beim **Leasingnehmer**, wenn die Grundmietzeit kürzer als 40% oder länger als 90% der betriebsgewöhnlichen Nutzungsdauer[1] beträgt.
- Ebenfalls beim **Leasingnehmer**, wenn es sich um Spezialanlagen handelt, die nur für den Leasingnehmer wirtschaftlich nutzbar sind.

In den anderen Fällen muß dies einzeln entschieden werden. Dabei gilt: Das Gut wird beim **Leasinggeber** aktiviert, wenn die Grundmietzeit zwischen 40% und 90% der betriebsgewöhnlichen Nutzungsdauer beträgt *und...*

- *keine Kauf- oder Mietverlängerungsoption* vereinbart ist oder
- bei einer vereinbarten *Kaufoption* der Kaufpreis mindestens so hoch ist wie der Restwert am Ende der Grundmietzeit (nach linearer Abschreibung) oder
- wenn bei einer *Mietverlängerungsoption* die Anschlußmiete mindestens so hoch ist wie der lineare Abschreibungsbetrag.

Alles klar? Insgesamt gesehen wird ein geleastes Anlagegut eher beim Leasingnehmer bilanziert als beim Leasinggeber.

1.3   Abschreibungen

Sie kennen das: Sie kaufen einen fabrikneuen PKW; wenn Sie ihn wieder verkaufen, bekommen Sie deutlich weniger Geld dafür, selbst wenn Sie keinen Meter damit gefahren sind. Der Grund: der PKW gilt jetzt als „Gebrauchter" und ist deshalb **im Wert gesunken**.
Oder stellen Sie sich den Kauf eines neuen PC vor: Schon nach kurzer Zeit wird ein ähnliches Modell für weniger Geld angeboten, weil es mittlerweile leistungsfähigere Modelle gibt.

---

[1] Zur betriebsgewöhnlichen Nutzungsdauer vgl. S. 73.

Hintergrund: Anlagegüter, also z.B. Gebäude, Maschinen, Fuhrpark und BGA, fließen als Produktionsfaktoren in den Prozeß der betrieblichen Leistungserstellung ein. Natürlich verbrauchen sie sich dabei nicht auf einmal (wie z.B. Vorräte), sondern *verlieren nach und nach an Wert*. Dieser **Wertverlust** wird als **Abschreibung**[1] (= Aufwand) gebucht.

Uns interessiert an dieser Stelle nicht die Buchungstechnik. Mit der Abschreibung verliert das Anlagegut jedenfalls an Wert, sodaß der zu *bilanzierende Buchwert* geringer ausfällt.

Für die **Wertminderung** gibt es unterschiedliche Gründe:[2]

- **Nutzung:** Gebrauch oder Verschleiß; Beispiel: die Maschine oder der PKW werden genutzt
- **Wirtschaftliche Ursachen:** technischer Fortschritt oder Modewechsel; Beispiel: durch Preisverfall oder aufgrund eines neuen Prozessors verliert ein älteres PC-Modell an Wert
- **Außergewöhnliche Ereignisse:** Brand, Unfall oder Katastrophen; Beispiel: durch einen Brand wird ein Kühlschrank zerstört oder aufgrund eines Unfalles zählt ein PKW künftig als Unfallwagen und ist damit weniger wert

---

Da Anlagegüter einem Unternehmen *längerfristig* zur Verfügung stehen (und damit Jahr für Jahr an Wert verlieren), dürfen diese **planmäßig abgeschrieben** werden. Das gilt für:

- **Bewegliche Anlagegüter** (Beispiel: Maschinen oder Fuhrpark)
- **Gebäude** als unbewegliches AV[3]
- Käuflich erworbene **Immaterielle Anlagegüter** (z.B. Software, Patente, Lizenzen oder der derivative Firmenwert[4])

---

[1] Gemeint sind „Abschreibungen auf Anlagegüter" im Unterschied zu anderen Abschreibungen (z.B. auf Vorräte oder auf Forderungen).

[2] Weitere Gründe: rechtliche oder – ganz lapidar – der Zeitablauf.

[3] Achtung! Grundstücke verzehren sich i.d.R. nicht in ihrem Wert und dürfen deshalb *nicht planmäßig* abgeschrieben werden.

[4] Kann nach HR in 5 Jahren linear abgeschrieben werden, der Praxiswert für Freiberufler in 2-5 Jahren, der Praxiswert eines Arztes in 3 Jahren.

Nicht abnutzbares AV darf *nicht planmäßig* abgeschrieben werden. Dies trifft zu auf: Grundstücke, langfristige Forderungen und Beteiligungen.

Aufgrund **außergewöhnlicher Ereignisse** dürfen die vorgenannten Güter sowie Grundstücke und Finanzanlagen auch *außerplanmäßig* abgeschrieben werden. Außerdem gibt es weitere **Abschreibungs-Sonderfälle**. Dazu später mehr.

F *Und wer sagt mir, von welchem Wert ich abschreibe?*

A Die Bemessungsgrundlage für die Abschreibungen sind zunächst die Anschaffungs- bzw. die Herstellungskosten – ggf. abzüglich eines *Schrottwertes* (z.B. bei Schiffen). In den Folgejahren wird evtl. vom Restwert abgeschrieben.

F *Was bedeutet der Begriff 'AfA'?*

A Das ist ein steuerrechtlicher Begriff und meint ebenfalls 'Abschreibung'; er steht für 'Absetzung für Abnutzung'. Daneben gibt es noch die 'AfS' = 'Absetzung für Substanzverringerung', dank derer Abbau-Grundstücke abgeschrieben werden (z.B. im Bergbau, Kiesgrube, Tongrube usw.).

F *Es gibt doch verschiedene Abschreibungsmethoden. Welche davon wähle ich denn?*

A Wenn Sie ein Anlagegut planmäßig abschreiben dürfen, können Sie es immer linear abschreiben – das ist sozusagen die generelle Abschreibungsmethode. Darüber hinaus können Sie bewegliches Anlagevermögen auch z.B. degressiv abschreiben, evtl. auch mittels Leistungsabschreibung.

F *Ich nehme mal an, daß ich mit verschiedenen Methoden auch zu unterschiedlichen Wertansätzen gelange, oder?*

A Genau. Und Sie müssen jetzt entscheiden, ob Sie eher höher abschreiben und dadurch Ihren Gewinn stärker mindern.

F *Aber wenn es darum geht, wähle ich doch immer die Abschreibungsmethode, mit deren Hilfe ich meinen Gewinn am meisten schmälere – schon allein aus steuerlichen Gründen!*

Das ist aber nur *ein* Aspekt. Vielleicht sind Sie aber auch daran interessiert, daß der Gewinn ziemlich hoch ist, z.B. wenn Sie beabsichtigen, Ihre Unternehmung zu verkaufen. Oder Sie sind bestrebt, ungefähr gleich hohe Gewinne zu erwirtschaften (denken Sie an Ihre Aktionäre!). Dabei kann Ihnen helfen, wenn Sie nicht immer maximal abschreiben. Ein letzter Aspekt sei hier genannt: Gerade bei Gründung einer Unternehmung oder in den ersten Jahren sind Sie vielleicht darauf bedacht, daß den noch niedrigen Erträgen auch niedrige Aufwendungen gegenüberstehen. Auch in diesem Fall würden Sie eher weniger abschreiben.[1]

Bevor wir uns die einzelnen Methoden der Reihe nach anschauen, zunächst eine Übersicht:

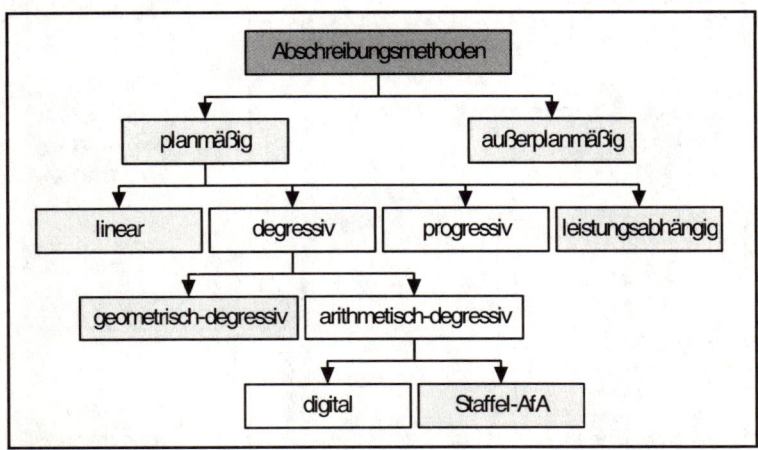

Die *grau gerasterten Methoden* sind auch *steuerrechtlich* erlaubt.[2] Deshalb vernachlässigen wir die anderen Methoden, die nur nach dem Handelsrecht gestattet sind und in der Praxis keine Bedeutung haben.

---

[1] Das war jetzt schon ein bißchen Bilanzpolitik, für die die Abschreibung ein wichtiges Instrument ist. Zur Vertiefung s. Kap. H.

[2] Wenn von der 'degressiven Abschreibung' die Rede ist, ist üblicherweise die 'geometrisch-degressive' gemeint.

Sie werden im nächsten Kapitel kennenlernen:
- Die *lineare* Abschreibung,
- die (geometrisch-)*degressive* Abschreibung,
- die *Leistungsabschreibung* und
- die *Staffelabschreibung*.

☞   *Bevor ich lese, wie die Methoden funktionieren, wüßte ich gerne, für welche Güter die Methoden in Frage kommen!*

◢   In Ordnung. Dann eben noch erst eine Übersicht:[1]

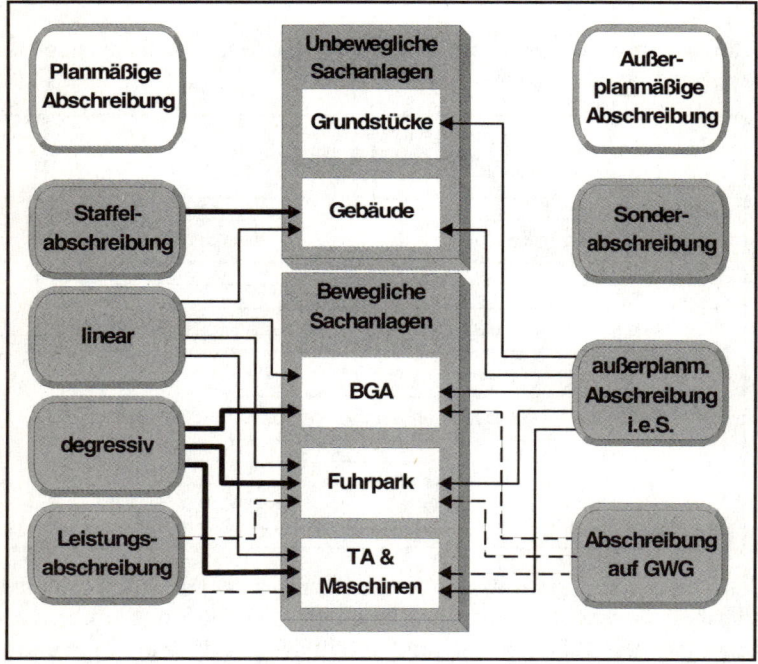

Alles klar? Dann geht's endlich los!

---

[1] Der Sonderabschreibung sind keine Pfeile zugeordnet. Sie wird gelegentlich als Investitionsanreiz erlaubt, z.B., um kleinere Betriebe zu fördern. Sie gilt i.d.R. für bewegliches AV.

1.3.1 Planmäßige Abschreibungen

Nur *abnutzbares* Anlagevermögen kann *planmäßig* abgeschrieben werden, um den Wertverlust auf die Jahre der Nutzung zu verteilen. Diese sog. **betriebsgewöhnliche Nutzungsdauer** (ND) ist für die einzelnen Güter unterschiedlich lang. Beispiele erhalten Sie in der nachstehenden Tabelle:

Anlagegut	Nutzungsdauer in Jahren	linearer AfA-Satz
Geschäftsgebäude	10 - 25	4 - 10 %
Büroeinrichtungen	10	10 %
Büromaschinen	4 - 5	20 - 25 %
LKW, Bus, PKW	4 - 5	20 - 25 %
Maschinen	5 - 10	10 - 20 %
Ladeneinrichtungen	8	12 %
Elektro-Kleingeräte	3	33 %

Der **AfA-Satz** ergibt sich aus der Rechnung:

AfA-Satz = 100% : Nutzungsdauer

☞ *Und wo erhalte ich solche AfA-Tabellen?*

✍ Fragen Sie Ihren Steuerberater, den zuständigen Finanzbeamten oder schlagen Sie in einschlägigen Branchenbüchern nach. Je nach Nutzung und Branche gelten unterschiedliche Nutzungsdauern.[1]

☞ *Kann ich von der betriebsgewöhnlichen ND abweichen?*

✍ Im Einzelfall ja. Sie müssen aber begründen, daß aufgrund der spezifischen Nutzung das Gut schneller an Wert verliert. Sprechen Sie mit Ihrem Steuerberater bzw. dem Finanzamt!

---

[1] Sogar für ein und dasselbe Gut können innerhalb der gleichen Branche (ja sogar im selben Betrieb) unterschiedliche ND in Frage kommen – je nach Einsatzbereich. In einem Hotelrestaurant wird z.B. ein Servierwagen im Restaurant schneller abgeschrieben als der gleiche Wagen im Etagenservice.

☞ Und hier noch ein Tip: Die Buchungstechnik der Abschreibung
sollten Sie im Hinterkopf haben. Im Zweifelsfall ziehen Sie Ihr
Buchführungsbuch zu Rate.[1]

Und nun zu den einzelnen Methoden. Hier sind sie!

Die lineare Abschreibung ist die Standardmethode, die für sämtliche *abnutzbaren Anlagegüter* gilt. Sie geht von einer gleichmäßi-
gen (Ab-)Nutzung aus und verteilt daher die AK bzw. HK gleichmäßig auf die Jahre der Nutzungsdauer. Die Formel dazu lautet:

$$\text{Linearer AfA-Betrag in DM/Jahr} = \frac{\text{Anschaffungskosten}^2}{\text{Nutzungsdauer}}$$

bzw.

$$\text{Linearer AfA-Betrag in DM/Jahr} = \text{AK} \cdot \text{AfA-Satz}$$

Beispiel: Sie kauften einen PKW für netto 40.000 DM. Die Nutzungs-
           dauer beträgt 4 Jahre. Linearer AfA-Betrag pro Jahr also...
           40.000 DM : 4 Jahre = 10.000 DM.
           Oder:
           Der lineare AfA-Satz beträgt 100% : 4 Jahre = 25% (pro
           Jahr). 25% von 40.000 DM = 10.000 DM.

Sie sehen, in beiden Fällen kommt man zum gleichen Ergebnis.[3]

Jahr	AfA-Betrag	Buchwert
Anschaffung	--	40.000
Ende 1. Jahr	(40.000 · 25 % =) 10.000	30.000
Ende 2. Jahr	(40.000 · 25 % =) 10.000	20.000
Ende 3. Jahr	(40.000 · 25 % =) 10.000	10.000
Ende 4. Jahr	(40.000 · 25 % =) 10.000	0

---

[1] Wir empfehlen Ihnen: Jossé, Buchführung – aber locker!, S. 134 ff.

[2] Alles Nachfolgende gilt nicht nur für die Anschaffungskosten, sondern genauso für die Herstellungskosten.

[3] Beispiel aus: Jossé, Buchführung – aber locker!, a.a.O., S. 139.

Grafisch sieht das dann so aus:

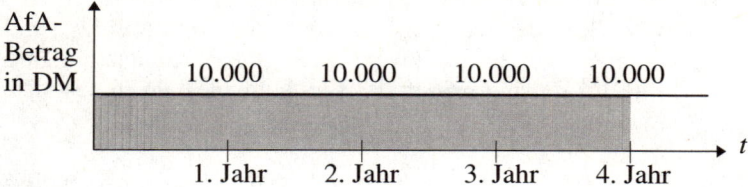

F   *O.k., nun habe ich eine Maschine für 80.000 DM netto gekauft und schaue in der AFA-Tabelle nach. Dort steht für
diese spezielle Maschine eine Nutzungsdauer von 5 Jahren
bzw. ein AfA-Satz von 20 %. Schreibe ich sie dann jedes
Jahr mit 16.000 DM ab?*

A   Genau.

F   *Was passiert, wenn ich die Maschine während des Jahres
kaufe, z.B. im April; darf ich sie dann im ersten Jahr auch
mit 16.000 DM abschreiben?*

A   Sie können Sie nur für die Zeit abschreiben, in der sie zum
wirtschaftlichen Eigentum Ihres Unternehmens zählt. Im
Beispiel wären das die Monate April bis Dezember, also 9
von 12 Monaten. Deshalb dürften Sie sie im Jahr der Anschaffung auch nur zu 9/12 abschreiben (= 12.000 DM).[1]

F   *Aha. Aber das ist doch ziemlich viel Rechnerei. Geht das
nicht einfacher?*

A   Doch. Der Gesetzgeber erlaubt im Jahr der Anschaffung,
daß bei Anschaffung in der *1.* Jahreshälfte der *volle* Jahres-
betrag, bei Anschaffung in der *2.* Jahreshälfte der *halbe* Jah-
resbetrag abgeschrieben werden darf. Diese sog. **Vereinfachungsregel** gilt aber nur für *bewegliches* AV. Gebäude
müssen daher immer *zeitanteilig* (= monatsgenau) abgeschrieben werden.

---

[1]   Im 2. bis 5. Jahr schreiben Sie dann jeweils 16.000 DM ab, im dar-
auffolgenden Jahr die restlichen 4.000 DM.

☞ *Gilt diese Vereinfachungsregel auch, wenn ich die Maschi-*
    ne nach 3 Jahren am 20. Juni verkaufe?

◢ Nein. Scheidet das Gut aus, darf nur **zeitanteilig** abge-
    schrieben werden, und zwar für die *ganzen* Monate der Nut-
    zung. Im Beispiel wären das fürs laufende Jahr die Monate
    Januar bis Mai.

☞ *Was passiert, wenn ich die Maschine am Ende der Nutzungs-*
    dauer komplett abgeschrieben habe und sie noch weiter be-
    nutze? In meiner Bilanz taucht sie dann doch nicht mehr auf.

◢ Eigentlich haben Sie recht. Deshalb wird im letzten Jahr *eine*
    DM weniger abgeschrieben. Mit diesem sog. **Erinnerungs-
    wert** wird sie weiterhin geführt.

Zusammengefaßt gilt:

AV	Beispiel	Abschreibungszeitraum
unbeweg-liches AV	• Grundstücke	⇨ nicht abschreiben!
	• Gebäude	⇨ zeitgenau abschreiben!
beweg-liches AV	• TA + Maschinen	⇨ Beim Zugang: Vereinfachungsregel
	• Fuhrpark	
	• BGA	⇨ Beim Verkauf: zeitgenau!

Die degressive Abschreibung[1] kann nur für bewegliche Anlagegüter in Anspruch genommen werden. Sie geht wie folgt vor:
Jedes Jahr wird *ein bestimmter Prozentsatz* abgeschrieben – im
ersten Jahr von den Anschaffungs- oder Herstellungskosten, in den
Folgejahren vom **Buchwert** (= Restwert). Damit nehmen die Abschreibungsbeträge im Gegensatz zur linearen AfA von Jahr zu
Jahr ab (= degressiv). Dabei ist zu beachten:

• Der **Prozentsatz** beträgt **max. 30 %** bzw.

• das **Dreifache des linearen AfA-Satzes**

Was von beiden *niedriger* ist, wird angesetzt.

─────────────────────

[1] Gemeint ist die geometrisch-degressive Abschreibung. Wir verwenden zukünftig nur die verkürzte Bezeichnung.

Beispiel: Sie hatten die Maschine mit einer Nutzungsdauer von 5
Jahren für 80.000 DM gekauft. Linear würden Sie sie des-
halb mit 20% abschreiben.
Die degressive AfA wäre damit 30% bzw. (3 · 20% =) 60%;
der kleinere Prozentsatz wird genommen, damit schreiben
Sie die Maschine wie folgt ab:

Jahr	AfA-Betrag		Buchwert
Anschaffung	--		80.000
Ende 1. Jahr	(80.000 · 30% =)	24.000	56.000
Ende 2. Jahr	(56.000 · 30% =)	16.800	39.200
Ende 3. Jahr	(39.200 · 30% =)	11.760	27.440
Ende 4. Jahr	(27.440 · 30% =)	8.232	19.208
Ende 5. Jahr	(19.208 · 30% =)	5.762	13.446

Grafisch sieht das dann so aus:

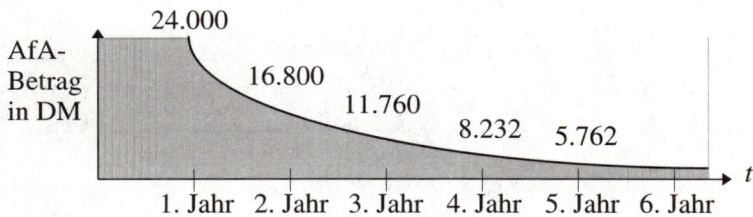

*In der AfA-Tabelle lese ich, daß der AfA-Satz für LKW-
Anhänger 17 % beträgt. Das Dreifache davon ergibt 51%.
Ich darf ihn also nur mit 30% abschreiben?*

Richtig, da der kleinere Wert von beiden zählt (hier 30%
statt 51%). Damit wird eine zu hohe Abschreibung vermie-
den.

*Trotzdem ist die degressive Abschreibung zu Beginn der
Nutzungsdauer viel höher. Was bringt mir das?*

Abschreibung ist ein Aufwand. Je höher die AfA, desto
niedriger ist der ausgewiesene Gewinn und damit die gewinnabhängigen Steuern.

F *Gut, das verstehe ich. Hat die degressive AfA für mich weitere Vorteile?*

A Ja. Die Abschreibungsbeträge sinken von Jahr zu Jahr,
gleichzeitig nehmen die Kosten für Wartung und Reparaturen im Laufe der Zeit zu. Beide Kosten addiert ergeben eine
ungefähr gleichbleibende Kostenbelastung.

F *Wenn ich die Tabelle von S. 77 anschaue, stelle ich fest, daß
ich mit der degressiven AfA nie auf den Wert Null komme.
Das ist doch ungünstig, oder?*

A Stimmt, hier liegt ein **Nachteil** der degressiven AfA.[1] Während Sie die Maschine linear nach 5 Jahren komplett abgeschrieben hätten, weist sie bei der degressiven AfA dann
noch einen Buchwert von 13.446 DM aus. Deshalb dürfen
Sie zu einem beliebigen Zeitpunkt von der degressiven zur
linearen AfA **überwechseln**.
Wir schauen uns das anhand der Maschine mal genauer an:

Jahr	Degressive AfA AfA-Betrag	Degressive AfA Buch-wert	AfA-Betrag bei Wechsel von der degr. zur linea-ren AfA ab diesem Jahr
Anschaffung	--	80.000	--
Ende 1. Jahr	**24.000**	56.000	--
Ende 2. Jahr	**16.800**	39.200	(56.000 : 4 =) 14.000
Ende 3. Jahr	11.760	27.440	(39.200 : 3 =) **13.067**
Ende 4. Jahr	8.232	19.208	(27.440 : 2 =) **13.720**
Ende 5. Jahr	5.762	13.446	(19.208 : 1 =) **19.208**

Die *fettgedruckten* Beträge zeigen an, mit welcher Methode im jeweiligen Jahr höher abgeschrieben wird. Beispiel 2. Jahr: Bei fort-
gesetzter degressiver AfA werden (56.000 · 30 % =) 16.800 DM
abgeschrieben, bei einem Wechsel zur linearen AfA wären es nur
(56.000 : 4 Jahre Rest-ND =) 14.000 DM.
Der Wechsel zur linearen AfA würde demnach im 3. Jahr erfolgen.

---

[1] Ein weiterer Nachteil liegt darin, daß Sie zusätzlich zur degressiven
AfA *nicht außerplanmäßig* abschreiben dürfen. Sie müßten dazu erst
zur linearen AfA überwechseln.

F *Wenn ich also immer maximal abschreiben will, muß ich jedes Jahr errechnen, welche AfA-Methode für mich günstiger ist, oder?*

A Genau. Im Vergleich legen Sie bei der linearen AfA in den Folgejahren aber nicht die Anschaffungskosten zugrunde, sondern müssen die Formel etwas abwandeln:

$$\text{Linearer AfA-Betrag in DM/Jahr} = \frac{\text{Restwert}}{\text{Rest-Nutzungsdauer}}$$

F *Verstanden. Das ist aber viel Rechenaufwand. Geht das nicht einfacher?*

A Doch. Sie können den optimalen Zeitpunkt für einen Wechsel zur linearen AfA auch mit Hilfe dieser **Formel** berechnen (das *aufgerundete* Ergebnis zeigt das Jahr an, in dem gewechselt wird):

$$\text{Nutzungsdauer} + 1 - \frac{100\%}{\text{degr. AfA-Satz}}$$

Im Beispiel ergäbe das: $5 + 1 - (100\% : 30\%) = 6 - 3,3 = 2,7 \approx 3$; Ab dem 3. Jahr sollte also zur linearen AfA gewechselt werden, um immer maximal abzuschreiben.

Es geht sogar **noch einfacher**: Bei einem degressiven AfA-Satz von 30% (d.h. bei einer ND von max. 10 Jahren) ist der optimale Zeitpunkt für den Methodenwechsel *immer im drittletzten Jahr*.
Wieso? Linear würde ab dann mit 33,3% (Restwert : 3 Jahre) abgeschrieben werden, also mehr als bei der degressiven AfA.

F *Ich darf also zu einem beliebigen Zeitpunkt von der degressiven zur linearen AfA wechseln. Geht das auch umgekehrt?*

A Nein, das ist verboten.

F *Die ganze Zeit sprachen wir davon, daß es günstig ist, immer höchstmöglich abzuschreiben. Welche Gründe sprechen eigentlich für eher niedrige Abschreibungsbeträge?*

A Lesen Sie noch mal auf S. 70 f. nach.

☞   *Ich kann bei beweglichen Anlagegütern also frei wählen, ob*
         ich sie linear oder degressiv abschreibe – je nachdem, wie
         ich meine Gewinnsituation gestalten will?

◢   So ist es. Sie können den einen PKW linear abschreiben,
         den nächsten degressiv und den 3. mittels Leistungsab-
         schreibung. Zu dieser Methode kommen wir nun:

Die **Leistungsabschreibung** gilt nur für bewegliche Anlagegüter,
deren Leistung meßbar ist, z.B. als *Fahrleistung* (PKW, LKW,
Bus) oder in *Betriebsstunden* (Baumaschinen). Außerdem muß die
in Anspruch genommene Leistung nachgewiesen werden, z.B. per
Fahrtenbuch.
Im Unterschied zu den anderen Methoden wird der Zeitfaktor hier
nicht berücksichtigt. Statt dessen geht man von der *geschätzten*
Gesamtleistung des Anlagegutes aus. Damit kann in Jahren hoher
Beanspruchung viel, bei niedriger Beanspruchung wenig abge-
schrieben werden.

Die **Formel** lautet:

$$\text{Abschreibungsbetrag je Leistungseinheit in DM} = \frac{\text{Anschaffungskosten}}{\text{geschätzte Gesamtleistung}}$$

Beispiel: Sie kauften einen PKW für netto 45.000 DM. Seine Ge-
         samtleistung wird auf 150 000 km geschätzt. Im ersten Jahr
         fahren Sie damit 60 000 km.

Der Abschreibungsbetrag wird ermittelt:
45.000 DM : 150 000 km = 0,30 DM/km;
AfA-Betrag im 1. Jahr: 60 000 km · 0,30 DM/km = 18.000 DM.

Im 2. Jahr fahren Sie 40 000 km ⇨ Abschreibung = 12.000 DM
Im 3. Jahr fahren Sie 50 000 km ⇨ Abschreibung = 15.000 DM[1]

---

[1] Bzw. 1 DM weniger wegen des Erinnerungswertes. Auch wenn Sie
mehr fahren, schreiben Sie max. 15.000 DM ab, da damit der PKW
komplett abgeschrieben ist: 18 TDM + 12 TDM + 15 TDM = 45 TDM.

Grafisch sieht das dann so aus:

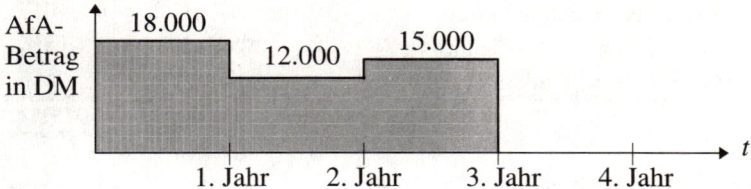

▶ *Dann kann ich also theoretisch ein Fahrzeug in 1-2 Jahren abschreiben, wenn ich in dieser Zeit die geschätzte Gesamtleistung fahre?*

◢ Genau.

Die Staffelabschreibung ist eine Besonderheit für Gebäude. Für Sie erläßt der Bund Staffeln, die sich dadurch auszeichnen, daß immer *eine bestimmte Anzahl von Jahren mit dem gleichen Prozentsatz abgeschrieben* wird. Für die nächsten Jahre danach gilt dann ein anderer, niedriger Prozentsatz usw. Auf diese Weise sinken[1] die Abschreibungsbeträge also nicht Jahr für Jahr, sondern in unregelmäßigen Abständen (gestaffelt).

Um zu entscheiden, welche der möglichen Staffeln zu wählen ist, muß man wissen:

• **Art des Gebäudes:** ob es sich um *Wohn*gebäude handelt oder um *Wirtschafts*gebäude, also sonstige, betrieblich genutzte Gebäude (z.B. Produktionshalle oder Verwaltungsgebäude) und den

• **Zeitpunkt** der Anschaffung bzw. Herstellung des Gebäudes (es zählt das Datum des Bauantrags).

Z.B. gilt für **Wirtschaftsgebäude**, die vor dem 01.01.1994 hergestellt oder angeschafft wurden, z.Zt. folgende Staffel:[2]

---

[1] Damit wird deutlich, daß es sich um eine spezielle degressive Abschreibungsart handelt.

[2] Vgl. § 7 EStG. Das 1. Jahr ist jeweils das Jahr der Fertigstellung.

Staffel	Abschreibungssatz	Σ
• in den ersten 4 Jahren:	jeweils 10%	40%
• in den nächsten 3 Jahren:	jeweils 5%	15%
• in den folgenden 18 Jahren:	jeweils 2,5%	45%
		100%

Grafisch sieht das so aus:

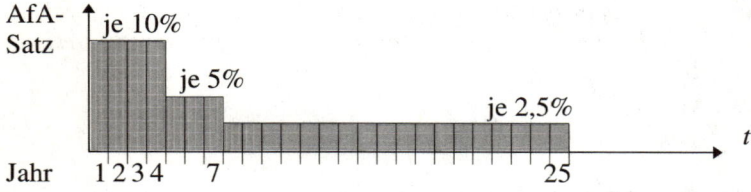

☞ *Aha! Und worin liegt der Vorteil dieser Methode?*

◢ Schauen Sie sich die Nutzungsdauer an: Sie beträgt 25 Jahre. Bei linearer Abschreibung könnten Sie also nur 4% jährlich abschreiben, so aber in den ersten 7 Jahren deutlich mehr: Linear würden Sie nach 7 Jahren nur 28% der AK oder HK abgeschrieben haben, mittels der Staffel-AfA aber immerhin 45%.
Damit können Sie dann wiederum den Gewinn mindern.

Und hier weitere Staffeln:

• Für **Wohngebäude**, die zwischen den 28.02.1989 und vor dem 01.01.1996 hergestellt oder angeschafft wurden:

Staffel	Abschreibungssatz	Σ
• in den ersten 4 Jahren:	jeweils 7%	28%
• in den nächsten 6 Jahren:	jeweils 5%	30%
• in den nächsten 6 Jahren:	jeweils 2%	12%
• in den folgenden 24 Jahren:	jeweils 1,25%	30%
		100%

- Für **Wohngebäude**, die nach dem 31.12.1995 angeschafft oder hergestellt wurden:

Staffel	Abschreibungssatz	Σ
• in den ersten 8 Jahren:	jeweils 5%	40%
• in den nächsten 6 Jahren:	jeweils 2,5%	15%
• in den folgenden 36 Jahren:	jeweils 1,25%	45%
		100%

Sie kennen jetzt die wichtigsten planmäßigen Abschreibungen für abnutzbares Anlagevermögen. Alle gehen davon aus, daß das AV durch die Nutzung *nach und nach* an Wert verliert.

Darüber hinaus gibt es *fallweise Ereignisse*, durch den der Wert eines Gutes zusätzlich sinkt. Dann darf *außerplanmäßig* abgeschrieben werden.

☞   *Zwischendurch 'mal 'ne ganz doofe Frage: Wieso beschäftigen wir uns eigentlich so viel mit Abschreibung? Das gehört doch eigentlich zur Buchführung, oder?*

◢   Für die Bilanz geht es uns um die Wahl des richtigen Wertansatzes. Mit der Abschreibung haben Sie ein wichtiges *bilanzpolitisches Instrument*, um zwischen verschiedenen Wertansätzen so zu wählen, daß der verbliebene Buchwert (den Sie aktivieren) so ist, wie Sie das wollen.

1.3.2 Außerplanmäßige Abschreibungen

Das Problem: Wenn Sie im Frühjahr in der Zeitung lesen, daß ein Hochwasser Schäden in Millionenhöhe angerichtet hat, so ist das ein Grund für eine **außerplanmäßige Abschreibung**: Aufgrund von *außergewöhnlichen Ereignissen* sinkt der Wert Ihres Anlagevermögens. Dazu gehören:

- **Katastrophenverschleiß**, z.B. Brand, Unwetter, Explosion, Unfall, unsachgemäße Bedienung
- außergewöhnliche **wirtschaftliche Ereignisse**, wie z.B. technischer Fortschritt, Wechsel im Käufergeschmack usw.

☛   *Inwiefern ist denn technischer Fortschritt ein Grund für eine außerplanmäßige Abschreibung?*

◢   Stellen Sie sich vor, Sie haben einen PC mit einem bestimmten (Buch-)Wert. Wenn leistungsfähigere Prozessoren auf den Markt kommen, verliert Ihr PC zusätzlich an Wert.

☛   *O.k., und 'Wechsel im Käufergeschmack'?*

◢   Bei UV wäre das z.B. ein Posten Kleider, die aufgrund der neuen Mode nicht mehr nachgefragt werden und jetzt nur noch unter Preis verschleudert werden können. Beim AV wäre das z.B. eine Spezialmaschine zur Fertigung eines bestimmten Produktes. Wird dieses nicht mehr nachgefragt, verliert die Maschine für Sie an Wert.

Außerplanmäßig abschreiben können Sie nicht nur abnutzbare Anlagegüter, sondern auch *Grundstücke* und *Finanzanlagen*[1]. Dabei ist das **Niederstwertprinzip** zu beachten:

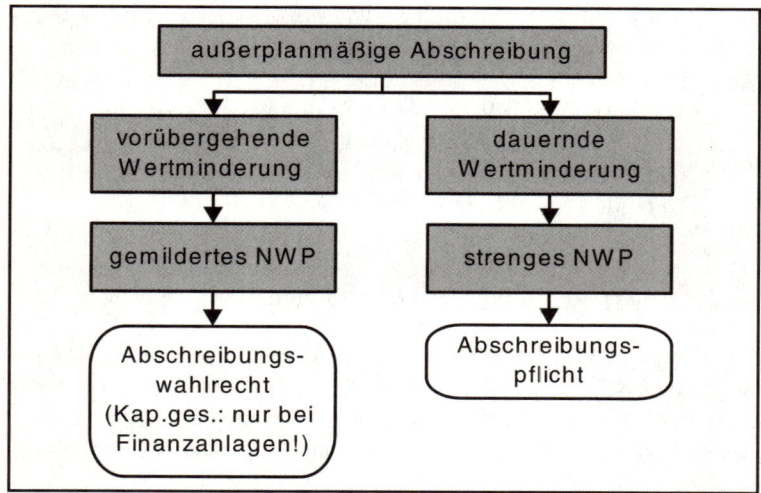

---

[1] Z.B. bei Kursverlust von Aktien einer AG, an der Sie beteiligt sind. Auf S. 52 lernten Sie bereits ein Beispiel für die Anwendung des gemilderten NWP kennen.

<u>Beispiel:</u> Sie hatten ein Grundstück für 300.000 DM erworben. Mit diesem Wert führten Sie es bislang in der Bilanz.
Nun wird festgestellt, daß der Boden kontaminiert ist. Der (geschätzte) Tageswert sinkt deshalb auf 100.000 DM. Neuer Bilanzansatz = 100.000 DM.

Falls der Schaden irgendwann später behoben wird, muß[1] eine **Wertaufholung** erfolgen (per Zuschreibung). Damit wird das Anlagegut wieder mit seinem gestiegen Wert angesetzt, wobei die ursprünglichen Anschaffungs- oder Herstellungskosten *nicht überschritten* werden dürfen!

☛ *Wenn das Grundstück aber mittlerweile z.B. 1 Mio. DM wert ist, muß ich dann nicht diesen höheren Wert ansetzen?*

◢ Nein, Sie dürfen es mit höchstens 300.000 DM führen. Dies ist konform mit 2 Prinzipien:

1. Dem **Niederstwertprinzip**, nach dem Sie die ursprünglichen Anschaffungs- oder Herstellungskosten nicht überschreiten dürfen.
2. Das **Imparitätsprinzip**: in Höhe von 700.000 DM läge hier ein *nichtrealisierter Gewinn* vor, den Sie nicht ausweisen dürfen.[2]

Die außerplanmäßige Abschreibung darf *nicht in Kombination mit der geometrisch-degressiven* Abschreibung erfolgen – ggf. müßten Sie erst zur linearen AfA überwechseln.[3]
In Verbindung mit der linearen Abschreibung müssen Sie nach erfolgter außerplanmäßiger Abschreibung die linearen AfA-Beträge für die restlichen Jahre neu berechnen. Die **Formel** dazu lautet:

$$\text{Linearer AfA-Betrag in DM/Jahr} = \frac{\textbf{Restwert}}{\textbf{Rest-Nutzungsdauer}}$$

---

[1] Personengesellschaften haben hier ein Wahlrecht: Sie können den niedrigeren Wert beibehalten. Kapitalgesellschaften hingegen müssen die Wertaufholung ausweisen.
[2] Vgl. S. 52 f.
[3] Vgl. S. 78.

Beispiel: Sie kauften einen PKW, dessen AK von 60.000 DM auf 4
Jahre ND verteilt werden. Aufgrund eines Unfalls im 2. Jahr
sinkt sein Marktwert auf 26.000 DM.

Die Berechnung ersehen Sie aus nachfolgender Tabelle:

Jahr	Abschreibungen bzw. Bilanzansatz	
1. Jahr:	AK	60.000
	− planmäßige AfA, 25% linear	15.000
	= Bilanzansatz	45.000
2. Jahr:	− planmäßige AfA, 25% linear	15.000
	= Restwert	30.000
	− Außerplanmäßige Abschreibung	4.000
	= Bilanzansatz	26.000
3. Jahr:	− planmäßige AfA, 25% linear[1]	13.000
	= Bilanzansatz	13.000
4. Jahr:	− planmäßige AfA, 25% linear	13.000
	= Bilanzansatz[2]	0

1.3.3 Sonstige Abschreibungen

Geringwertige Wirtschaftsgüter (GWG) sind Anlagegüter, deren AK oder HK max. 800 DM (netto) betragen – und zwar für das
einzelne Gut! Theoretisch könnten Sie diese ebenfalls über die
Jahre der Nutzung abschreiben, was aufgrund der kleinen Abschreibungsbeträge unökonomisch ist.[3] Deshalb erlaubt der Gesetzgeber eine *Vollabschreibung* der GWG im Jahr des Kaufs oder
Herstellung.

Bedingung: GWG müssen selbständig nutzbar (und damit bewert-
bar) sein und in einem eigenständigen *Bestandsverzeichnis* geführt
werden – weil sie schließlich in der Bilanz nicht mehr auftauchen!

---

[1] Buchwert 26.000 DM : 2 Jahre Rest-ND = 13.000 DM pro Jahr.

[2] Bzw. Erinnerungswert = 1 DM.

[3] Ein Regal für 399 DM müßten Sie beispielsweise 10 Jahre lang mit
je 39,90 DM abschreiben. Was für ein Arbeitsaufwand!

GWG bis 100 DM netto dürfen Sie bei der Anschaffung sofort als Aufwand buchen, z.B. über das Aufwandskonto „Büromaterial".

Beispiel: Sie kaufen einen Taschenrechner für 65 DM. Obwohl er Ihnen längerfristig dient, aktivieren Sie ihn nicht, sondern buchen ihn direkt als Aufwand.

Sonderabschreibungen genehmigt der Gesetzgeber von Zeit zu Zeit, um z.B. kleinere Betriebe besonders zu fördern. Als Beispiel sei hier die seit 01.01.1989 geltende Sonderabschreibung lt. § 7g EStG genannt.

Demnach dürfen bewegliche Güter neben der linearen oder degressiven Abschreibung in den ersten 4 Jahren zusätzlich um insgesamt 20% abgeschrieben werden.[1] Diese 20% können Sie frei verteilen – beispielsweise so (ND = 4 Jahre):

Jahr	Abschreibungen bzw. Bilanzansatz	
1. Jahr:	AK	60.000
	– planmäßige AfA, 25% linear	15.000
	– Sonderabschreibung, 10%	6.000
	= Bilanzansatz	39.000
2. Jahr:	– planmäßige AfA, 25% linear[2]	13.000
	– Sonderabschreibung, 5%	3.000
	= Bilanzansatz	23.000
3. Jahr:	– planmäßige AfA, 25% linear[3]	11.500
	– Sonderabschreibung, 5%	3.000
	= Bilanzansatz	8.500
4. Jahr:	– planmäßige AfA, 25% linear	8.500
	= Bilanzansatz[4]	0

---

[1] Natürlich schreiben Sie insgesamt keine 120% ab, sondern wiederum 100%. Der Prozentsatz der Sonderabschreibung bezieht sich immer auf die ursprünglichen AK/HK. Haben Sie die Sonderabschreibung in Anspruch genommen, muß der verbliebene Rest bis 100% durch die restlichen Jahre der ND geteilt werden, um die Abschreibungsbeträge für die restlichen Jahre zu ermitteln.

[2] Buchwert 39.000 DM : 3 Jahre Rest-ND = 13.000 DM pro Jahr.

[3] Buchwert 23.000 DM : 2 Jahre Rest-ND = 11.500 DM pro Jahr.

[4] Bzw. Erinnerungswert = 1 DM.

1.3.4 Indirekte Abschreibung

Bislang haben wir immer die *direkte* Abschreibung zugrunde gelegt, bei der mit jeder Abschreibung der betreffende Anlageposten
niedriger aktiviert wurde.
Bei der *indirekten* Abschreibung wird statt der Wertminderung auf
der Aktivseite der Bilanz auf den passiven Korrekturposten **Wertberichtigungen auf Sachanlagen** gegengebucht.[1] Dieser Posten
erfaßt sämtliche bislang vorgenommenen (planmäßigen und außerplanmäßigen) Abschreibungen.

In der Bilanz stünden sich damit das Anlagegut mit seinen ursprünglichen AK bzw. HK und die Wertberichtigungen gegenüber.[2]

Beispiel: Sie kauften eine Maschine für 90.000 DM, die Sie bei 10
            Jahren ND linear abschreiben.
            Nach Jahren haben Sie bereits 3 · 9.000 DM = 27.000 DM
            abgeschrieben. Der Buchwert beträgt daher 63.000 DM.
            Ihre Bilanz zum Ende des 3. Jahres sieht so aus:

Aktiva		Bilanz	Passiva
TA & Maschinen	90.000	Wertberichtigungen	27.000

Der momentane Buchwert ergibt sich, wenn Sie den Aktivposten
'TA & Maschinen' mit seinem Korrekturposten 'Wertberichtigungen' saldieren (= 63.000 DM). Da dies für Laien nicht nachvollziehbar ist, dürfen *Kapitalgesellschaften* in der zu veröffentlichenden Bilanz *keine Wertberichtigungen* ausweisen.[3] Sie müssen statt
dessen jeden Aktivposten mit dem momentanen Buchwert ausweisen (wie er sich bei der direkten Abschreibung ergibt).

---

[1] Abgekürzt WB bzw. WBaS. Zur Buchungstechnik vgl. Jossé, Buchführung – aber locker!, a.a.O., S. 150 ff.

[2] Im Anlagespiegel werden ebenfalls die kumulierten Abschreibungsbeträge erfaßt; insofern besteht eine gewisse Übereinstimmung zur
indirekten Methode; vgl. S. 117.

[3] In ihrer Buchführung dürfen Kapitalgesellschaften durchaus indirekt
abschreiben.

F   *Und wozu gibt es dann überhaupt die indirekte Methode?*

A   Sie ist übersichtlicher. Sie zeigt den ursprünglichen Wert und stellt diesem die bisher vorgenommenen Abschreibungen gegenüber. Ein Laie würde aber vielleicht nur auf den Aktivposten schauen und denken, daß die Unternehmung über viel AV verfügt, obwohl dieses schon total abgeschrieben und überaltert ist.

F   *Sie sagten, die indirekte AfA sei übersichtlicher. Wieso?*

A   Dazu noch einen Beispielfall: Sie lesen in einer Bilanz (bei *direkter* Abschreibung), daß der Posten 'Fuhrpark' mit 100.000 DM ausgewiesen ist. Was sagt Ihnen das aus?
Eigentlich nicht viel, außer daß dies der aktuelle Wert des Fuhrparks ist. Es könnte sich dabei allerdings um 1 neuen LKW handeln, der gerade gekauft wurde, aber genauso um 20 LKW, die durchschnittlich mal gerade 5.000 DM wert sind.
Da die indirekte AfA die ursprünglichen AK/HK ausweisen würde, könnten Sie auf das durchschnittliche Alter des Fuhrparks schließen: Bei 105.000 DM auf der Aktivseite (und 5.000 DM Wertberichtigungen) würde es sich eher um einen neuen LKW handeln, bei z.B. 800.000 DM aktiviertem Fuhrpark (und 700.000 DM WB) um weitgehend abgeschriebene und damit (vorwiegend) ältere LKW.

So, jetzt sind wir mit dem Anlagevermögen[1] durch. Auf unserer 'Reiseroute' sind wir damit beim Umlaufvermögen angelangt. Doch davor wird's wieder mal Zeit für eine kleine Pause...

---

[1] Wenn Sie noch Fragen zu einzelnen Posten des AV haben, schlagen Sie doch mal im Glossar ab S. 208 nach. Vielleicht finden Sie dort die Antwort, die Sie suchen.

2　Das Umlaufvermögen

Zunächst ein Überblick über das Umlaufvermögen. Es teilt sich in
diese 3 Gruppen auf:[1]

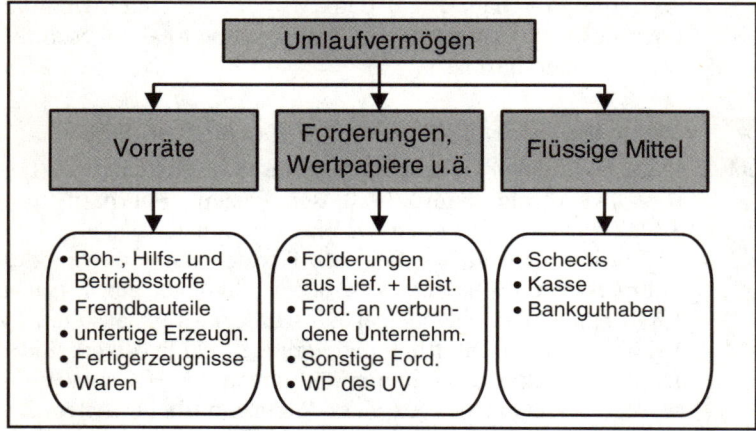

Im Rahmen der Bilanzierung gilt folgendes:

- Die **Vorräte** müssen Sie nach dem *strengen NWP* bewerten. Statt
  der Einzelbewertung sind hier *Vereinfachungen* erlaubt, z.B.
  gleichartige Güter zusammen zu bewerten.

- Die **Forderungen**[2] werden i.d.R. zum Nennwert angesetzt, es sei
  denn, es gibt Gründe für einen niedrigeren Wertansatz, wie z.B.
  Vergleichsantrag eines Gläubigers oder Kursverfall einer auf ausländische Währung lautenden Forderung (⇨ Kap. D 2.2). Für **Wertpapiere** des UV gilt ebenfalls das *strenge NWP* (⇨ Kap. D 2.3)

- **Die flüssigen Mittel** werden mit ihrem *Nennwert* angesetzt, d.h.
  mit dem Wert, den sie z.B. laut Kassenzählung oder Bankauszug
  haben. Ausnahme: Auf ausländische Währung lautende Zahlungsmittel müssen nach dem NWP in DM umgerechnet werden.[3]

---

[1] Forderungen und sonst. Vermögensgegenstände (Posten B II in der
  Bilanz) und Wertpapiere (B III) sind hier zusammengefaßt. Vgl. die
  Bilanz auf Seite 40.

[2] 'Forderungen' ist im allgemeinen Sinne zu verstehen.

[3] Dazu vergleicht man Buch- und Tageswert (Börsenkurs!) – zum
  niedrigeren Wert werden die Zahlungsmittel aktiviert. Vgl. Kap. D 2.4.

Die einzelnen UV-Posten gehen wir nun der Reihe nach durch:

2.1   Bewertung der Vorräte

Das Vorratsvermögen besteht aus allen Waren und Stoffen auf Lager, die für die Produktion oder den Absatz bestimmt sind. Bei seiner Bewertung gelten das *strenge NWP* und das *Imparitätsprinzip*: nicht realisierte Gewinne dürfen nicht ausgewiesen werden!

Entweder wurden die Vorräte von außen bezogen oder selbst hergestellt:

- Soweit die Vorräte *gekauft* wurden (Roh-, Hilfs- und Betriebsstoffe, Fremdbauteile und Waren), sind alle Bezugskosten[1] sowie evtl. Minderungen (z.B. Skonti) zu berücksichtigen. Als max. Bilanzansatz sind insofern die **AK** anzusehen.

- Bei *selbst hergestellten* Vorräten (Unfertige und Fertigerzeugnisse) sind die **HK** Ausgangspunkt der Bewertung. Diese werden grundsätzlich so ermittelt, wie Sie das vom AV her kennen. Da *nichtrealisierte Gewinne* nicht ausgewiesen werden dürfen, dürfen Sie bei Fertigerzeugnissen keinen theoretischen Verkaufspreis zugrunde legen, sondern nur die tatsächlich entstandenen Herstellungskosten.

☞ *Das ist also eigentlich nichts Neues. Den Wert der Vorräte ermittle ich wie ich das vom AV her gewohnt bin – für gekaufte Vorräte die AK und für eigengefertigte die HK. Ist das so?*

◢ Das stimmt soweit. Allerdings gilt hier das *strenge NWP*. Deshalb müssen Sie den so ermittelten Wert immer mit dem *Tageswert* zum Stichtag vergleichen; der niedrigere kommt in die Bilanz. Außerdem dürfen Sie insofern gegen das Einzelbewertungsprinzip verstoßen, als Sie Vorräte *gemeinsam* bewerten dürfen. Von daher gibt's das eine oder andere zu ergänzen:

---

[1] Bezugskosten entsprechen den Anschaffungsnebenkosten beim AV.

Bewertungsvereinfachungen: Es wäre extrem zeitaufwendig und daher unökonomisch, jedes Stück Vorrat einzeln zu bewerten. Deshalb erlaubt der Gesetzgeber für Vorräte vor allem folgende Vereinfachungen:[1]

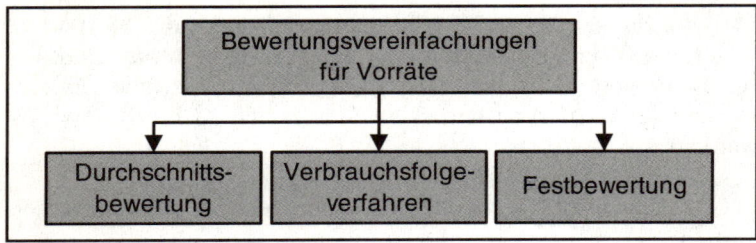

2.1.1 Durchschnittsbewertung

Die Durchschnittsbewertung ist die *Standardmethode* zur Wertbeimessung von Vorräten. Salopp ausgedrückt, ist sie für Vorräte das, was die lineare AfA für AV ist. Sie ist nach Steuerrecht[2] *und* Handelsrecht zulässig.

Bedingungen: Damit Sie die Durchschnittsmethode anwenden dürfen, muß es sich um gleich*artige* oder gleich*wertige* Vorratsgüter handeln:[3]

- **Gleichartige Güter** sind z.B. Herrensocken unterschiedlicher Preislagen in einem Kaufhaus oder unterschiedliche Schrauben in der Industrie.

- **Gleichwertige Güter** sind z.B. Knöpfe, Schnallen oder Bänder zu ähnlichem Preis in der Kurzwarenabteilung. In der Industrie wären das z.B. Bretter unterschiedlichen Zuschnitts, aber mit gleicher Fläche und gleichem Preis.

---

[1] Die Festbewertung ist auch für manche Anlagegüter anwendbar; vgl. Kap. D 2.1.3.

[2] Steuerrechtlich ist sie die gängige Methode.

[3] Die entsprechende Vorschrift finden Sie in § 240, Abs. 4 HGB.

<u>Vorgehensweise:</u> Grundsätzlich wird für den Wertansatz die Methode des *gewogenen Durchschnitts* angewandt. Dabei gibt es 2 Verfahren:

- **Die permanente Durchschnittsbewertung** ist die aufwendigere Methode, da nicht nur jeder Zugang (plus Anfangsbestand!), sondern auch *jeder Abgang* erfaßt wird. Nach jedem Zugang wird ein neuer Durchschnittswert ermittelt.

- **Die periodische Durchschnittsbewertung** ist einfacher: jeder Zugang wird erfaßt, die Abgänge (= Verbrauch) nur summarisch zum Stichtag. Aus der Summe aller Zugänge (+ AB) wird *ein* Durchschnittswert errechnet.

Da beide Verfahren die Durchschnitte anders berechnen, kommt man meist zu unterschiedlichen Werten. Wir schauen uns das einmal genauer an:

<u>Beispiel:</u> Sie hatten einen AB von 500 kg Rohstoffen einer bestimmten Sorte über 2.000 DM. Während des Jahres bezogen Sie weitere Lieferungen, wie aus der Tabelle ersichtlich ist:

	kg	AK je kg	Gesamtwert
01. Jan: AB	500	4,00 DM	2.000 DM
16. Febr.: Zugang	2 000	3,80 DM	7.600 DM
20. Aug.: Zugang	2 100	4,20 DM	8.820 DM

Bei der **permanenten Durchschnittsbewertung** müssen Sie neben den Zugängen *auch jeden Verbrauch erfassen*. Wir führen das Zahlenbeispiel fort (siehe nächste Seite):

Datum + Vorgang	kg	AK je kg	Gesamtwert
01. Jan: AB	500	4,00 DM	2.000 DM
16. Febr.: Zugang	+ 2 000	3,80 DM	7.600 DM
16. Febr.: **Bewertung**	= **2 500**	**3,84 DM**[1]	**9.600 DM**
20. Febr.: Verbrauch	– 700	3,84 DM	2.688 DM
03. Mai: Verbrauch	– 1 200	3,84 DM	4.608 DM
20. Aug.: Bestand	= 600	3,84 DM	2.304 DM
20. Aug.: Zugang	+ 2 100	4,20 DM	8.820 DM
20. Aug.: **Bewertung**	= **2 700**	**4,12 DM**[2]	**11.124 DM**
11. Sept.: Verbrauch	– 2 000	4,12 DM	8.240 DM
31. Dez.: **SB**	= **700**	**4,12 DM**	**2.884 DM**

Erläuterung: Am 16. Februar haben Sie 2 000 kg Rohstoffe zum kg-Preis von 3,80 DM bezogen. Deshalb müssen Sie nun den *neuen Durchschnittswert* berechnen (= 3,84 DM). Zu diesem wird anschließend jeder Verbrauch bewertet, und zwar solange, bis Sie wiederum neue Rohstoffe beziehen (hier: am 20. August). Dann wird wieder ein neuer Durchschnitt gebildet (= 4,12 DM) usw.

Da Sie auf diese Weise jeden Zugang und jeden Verbrauch erfassen, stimmt Ihr Buchbestand mit dem Schlußbestand (= 2.884 DM) überein. Mit diesem Wert würden die Rohstoffe in Ihrer Bilanz aktiviert. Falls hingegen durch Schwund, Diebstahl, Verderb o.ä. Ihre Inventur eine niedrigere Menge ergäbe, würden Sie eben diese mit jeweils 4,12 DM/kg bewerten.

Sie meinen, daß sei ganz schön viel Arbeit – jeden Verbrauch zu erfassen und nach jedem Zugang einen neuen Durchschnitt zu berechnen? Da haben Sie recht.

Einfacher geht's beim **periodischen Verfahren**. Wir schauen uns das *anhand der gleichen Zahlen* an:

---

[1] Den gewogenen Durchschnitt errechnen Sie, indem Sie den Gesamtwert (= 9.600 DM) durch die Gesamtmenge (= 2 500 kg) teilen. Durchschnittspreis damit = 3,84 DM/kg.

[2] Neubewertung: 11.124 DM : 2 700 kg = 4,12 DM/kg.

Datum + Vorgang	kg	AK je kg	Gesamtwert
01. Jan: AB	500	4,00 DM	2.000 DM
16. Febr.: Zugang	+ 2 000	3,80 DM	7.600 DM
20. Aug.: Zugang	+ 2 100	4,20 DM	8.820 DM
31. Dez.: **Buchbestand**	= 4 600	4,00 DM[1]	**18.420 DM**
31. Dez.: **Inv.bestand**	– 700	**4,00 DM**	**2.803 DM**
31. Dez.: Verbrauch	= 3 900	4,00 DM	15.617 DM

Sie sehen deutlich: Dadurch, daß die Neubewertung nach jedem Zugang entfällt, ist der Arbeitsaufwand stark verringert. Zunächst wurden nur der AB und jeder Zugang erfaßt. Erst zum Jahresende werden diese addiert und damit der Buchbestand ermittelt. Dabei ergibt sich als Durchschnittswert der Periode ein Betrag von 4,00[435] DM/kg.

Mit diesem Wert wird die per Inventur ermittelte Menge multipliziert, so daß Sie den Schlußbestand (= 2.803 DM) erhalten. Der Verbrauch ergibt sich anschließend aus der Differenz zwischen Buch- und Inventurbestand.[2]

☞   *Die letzten 2 Zeilen der beiden Tabellen unterscheiden sich: Einmal steht dort der SB in der letzten Zeile, dann in der vorletzten. Wieso?*

✠   Das kommt daher, daß bei der 1. Variante der Verbrauch jedesmal *sofort* erfaßt wurde, so daß sich unterm Strich der SB ergibt (falls nichts entwendet wurde o.ä.). Hingegen ist beim periodischen Verfahren der Verbrauch noch gar nicht bekannt.

Er ergibt sich erst durch den Vergleich des Buchbestandes (was Sie lt. Büchern *hätten*) mit dem Inventurbestand (was Sie tatsächlich *haben*).

---

[1] Bewertung zum Stichtag: 18.420 DM : 4 600 kg = 4,00435 DM/kg. Sie müssen die Mengen mit diesem exakten Wert multiplizieren, um den Inventurbestand (= 2.803 DM) bzw. den Verbrauch (= 15.617 DM) zu erhalten.

[2] Nachteil: Sie wissen nicht, inwieweit der niedrigere Inventurbestand auf Verbrauch oder z.B. Diebstahl zurückzuführen ist. Da aber beides ein Aufwand ist, ist dies für den Bilanzansatz unerheblich.

☛   *Mit dem permanenten Verfahren habe ich 2.884 DM als*
    Schlußbestand ermittelt, mit dem periodischen Verfahren
    aber nur 2.803 DM. Damit komme ich doch zu 2 unter-
    schiedlichen Bilanzansätzen. Geht denn das?

◢   Ja, das ist völlig in Ordnung. Je nachdem, welches Verfah-
    ren Sie wählen, wird das betreffende Vorratsgut mal etwas
    höher, mal etwas niedriger aktiviert (was sich im Laufe der
    Jahre natürlich ausgleicht).
    Im Übrigen haben Sie hiermit ein schönes Beispiel für die
    Bewertungsspielräume beim Bilanzieren. Und darüber hin-
    aus ein Paradebeispiel dafür, daß es mit der Forderung nach
    Bilanzwahrheit so eine Sache ist...

☛   *O.k. Wann wende ich welches der beiden Verfahren an?*

◢   Grundsätzlich können Sie das selbst frei entscheiden. Auf-
    grund der Art eines Gutes mag aber das eine oder andere
    Verfahren vorzuziehen sein: Bei Rohstoffen und höherwer-
    tigen Fremdbauteilen werden Sie sowieso jeden einzelnen
    Verbrauch dokumentieren[1], so daß Sie eher die permanente
    Variante wählen. Für Güter, deren Verbrauch Sie *nicht je-*
    desmal erfassen, bleibt eh nur die periodische Variante. Bei-
    spiele dafür sind Heizöl und andere Betriebsstoffe, dazu
    i.d.R. die Hilfsstoffe wie z.B. Schrauben oder Nägel.[2]

Sie haben eben erfahren, daß der Verbrauch auf unterschiedliche
Weise ermittelt werden kann. Das wollen wir noch kurz vertiefen.
Zur Ermittlung der Verbrauchsmengen gibt es 3 Methoden,
und zwar unabhängig davon, ob Sie die vorgestellten Durchschnittsverfahren wählen oder ein anderes:

- **Skontrationsmethode**
- **Inventurmethode**
- **Retrograde Methode**

---

[1] Per Materialentnahmescheinen. Dies ist eine Aufgabe der Lager-
buchhaltung.
[2] Stellen Sie sich den Arbeitsaufwand vor, wenn Sie deren Verbrauch
jedesmal belegen wollten! Ein weiteres Beispiel aus einer anderen
Branche: Ein Koch wird den Verbrauch von Salz oder Speiseöl sicher nicht permanent, sondern periodisch erfassen.

Die Skontrationsmethode (= Fortschreibungsmethode[1]) ist die genaueste der 3 Verfahren und liegt dem permanenten Durchschnittsverfahren zugrunde. Jeder Zugang und jeder Lagerabgang wird erfaßt, so daß sich am Ende der SB ergibt. Formel:[2]

Verbrauch = Σ aller Entnahmen lt. Materialentnahmescheinen

Die Inventurmethode (= Befundrechnung) haben Sie beim periodischen Verfahren kennengelernt. Der Verbrauch ergibt sich hierbei mittels folgender Rechnung:

Verbrauch = AB + Σ aller Zugänge – SB lt. Inventur

Die retrograde Methode (= Rückrechnung) ist eine weitere Möglichkeit. Dazu werden die Zugänge wie gehabt erfaßt, der Verbrauch jedoch anders ermittelt. Dazu wird der *Sollverbrauch* für jedes unfertige und jedes Fertigerzeugnis anhand von *Stücklisten* ermittelt (und zwangsläufiger Abfall eingerechnet). Der SB ergibt sich wiederum, indem Sie vom Durchschnittswert aller Zugänge den Verbrauch abziehen.

Beispiel: Sie produzieren Lautsprecher. In einem bestimmten Modell sind lt. Stückliste (oder Konstruktionszeichnung) 12 Schrauben eines Typs enthalten.
Da Sie im Abschlußjahr 4.000 dieser Lautsprecher herstellten, müßten Sie 12 · 4.000 = 12.000 Stück verbraucht haben. Da Sie wissen, daß der Ausschuß durchschnittlich 3% beträgt, kommen Sie auf einen Verbrauch von 12.360 St. Diese Menge multiplizieren Sie nun mit dem Stückpreis, den Sie wie in der periodischen Variante ermitteln.

Die retrograde Methode eignet sich damit ebenfalls, um bei der periodischen Durchschnittsbewertung den Verbrauch (und damit den zu aktivierenden Schlußbestand) zu bewerten.

---

[1] D.h., die Lagerbestände werden laufend fortgeschrieben, also mit jedem Zu- *und* Abgang.
[2] Daraus ergibt sich die Gleichung: AB + Zugänge – Verbrauch = SB.

✍   *Eines verstehe ich nicht: Die Erfassung des Verbrauchs ist doch eine Aufgabe der Buchführung. Warum beschäftigen wir uns im Rahmen der Bilanz damit so intensiv?*

◢   Ganz einfach. Sie haben gesehen, daß Verbrauch und Schlußbestand eng miteinander gekoppelt sind. Bewerten Sie z.B. Ihren Verbrauch höher, dann ist zwangsläufig der Schlußbestand niedriger – und umgekehrt. Der Verbrauch wirkt sich also direkt auf Ihren Bilanzansatz aus.

2.1.2 Verbrauchsfolgeverfahren

Den Verbrauchsfolgeverfahren ist gemein, daß sie eine bestimmte Reihenfolge beim Verbrauch der Vorräte unterstellen. Nach § 256 HGB sind sie nur für *gleichartige* Vorräte anwendbar. Wir nehmen die folgenden 3 Varianten unter die Lupe:[1]

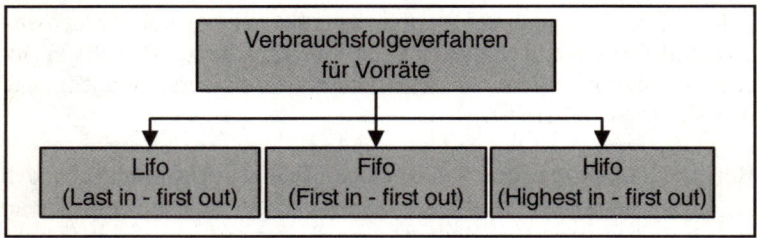

Lifo = last in – first out: Der englische Ausdruck zeigt, daß hier unterstellt wird, daß die zuletzt gekaufte Ware ('in') zuerst verbraucht wird ('out'). Daraus folgt, daß die Bewertung des Schlußbestands zum Preis der zuerst gekauften Güter erfolgt. Um mit dem NWP konform zu sein, müssen die Vorräte im *Preis gestiegen* sein. Dies könnte man in Stichworten so ausdrücken:

> **anfangs = Preis niedrig ⇨ SB, später: Preis hoch ⇨ Verbrauch**

---

[1] Es gibt noch weitere Verbrauchsfolgeverfahren, die wir hier vernachlässigen, z.B. Kifo = „Konzern in – first out".

Diese Methode ist seit 1990 auch steuerrechtlich[1] für *gleichartige* und nahezu gleichwertige Vorräte anerkannt. Davor war sie nur für bestimmte Güter gestattet, z.B., wenn der Verbrauch sich tatsächlich so vollzieht.

Dazu ein Beispiel:
Stellen Sie sich einen aufgeschütteten Kieshaufen vor.
① ist der AB, ② der erste Zugang und ③ der nächste Zugang. Wenn Sie Kies entnehmen, werden Sie eher von der Ladung ③ nehmen als von den anderen Ladungen.

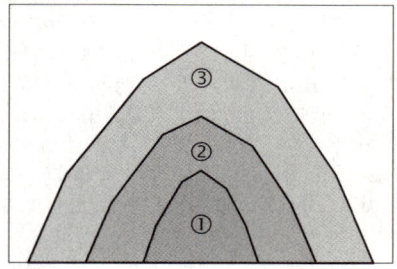

Die Lifo-Methode kann *nicht für verderbliche Vorräte* (z.B. Lebensmittel) angewendet werden ⇨ Verstoß gegen GoB.

Verfahren: Bei der Lifo-Methode gibt es ebenfalls 2 Varianten:

• Eine **permanente**, die viel Arbeitsaufwand bedeutet (analog zur permanenten Durchschnittsbewertung), und

• eine **periodische** Variante. Dazu ein Zahlenbeispiel:

	Menge	Stückpreis	Wert
AB	100	20 DM	2.000 DM
+ 1. Zugang	120	21 DM	2.520 DM
+ 2. Zugang	200	22 DM	4.400 DM
+ 3. Zugang	180	23 DM	4.140 DM
= Buchbestand	① 600	–	② 13.060 DM
– **SB**	200	④ 20,50 DM	③ **4.100 DM**
= Verbrauch	400	⑤ 22,40 DM	8.960 DM

Erläuterung: Sie addieren zunächst die Gesamtmenge und die Gesamtwerte und erhalten ① 600 Stück zu insgesamt ② 13.060 DM

---

[1] Wollen Sie die Lifo-Methode für die Steuerbilanz anwenden, muß sie auch der Handelsbilanz zugrunde liegen (umgekehrte Maßgeblichkeit!). Im übrigen ist eine gewählte Methode beizubehalten. Ein Methodenwechsel zu begründen.

als Buchbestand des Jahres. Als nächstes ermitteln Sie die Inventurmenge (= 200 Stück).

Um den *Wert des Schlußbestandes* zu ermitteln, müssen Sie also die Preise der 200 zuerst gekauften Stück nehmen. Das waren 100 St. à 21 DM (= 2.000 DM) und von der nächsten Lieferung noch 100 Stück à 22 DM (= 2.100 DM).

Die Summe des SB ist damit ③ 4.100 DM. Diesen teilen Sie durch die SB-Menge von 200 Stück und Sie erhalten ④ den Wert eines Stückes (= 20,50 DM). Um den *Verbrauch* zu ermitteln, ziehen Sie den SB ③ vom Buchbestand ④ ab (= 8.960 DM). Diesen Wert, durch die Verbrauchsmenge von 400 St. dividiert, ergibt ⑤ einen Wert für jedes entnommene Stück von 22,40 DM.

So, und jetzt noch mal langsam zum mitschreiben! Und: keine Panik, das ist halb so schwer!

Für den Endbestand addieren Sie die einzelnen Mengen (mit deren jeweiligen Preisen) so lange, bis Sie die Inventurmenge von 200 St. haben. Für den Verbrauch beginnen Sie bei den zuletzt gekauften Vorräten und addieren wiederum solange, bis Sie die Verbrauchsmenge (bewertet) addiert haben. Die 120 St. vom 1. Zugang zählen zu 100 St. beim SB mit und zu 20 St. beim Verbrauch.

In einer Tabelle sehen Sie nochmal, wie die Werte berechnet wurden:

Berechnung des SB:		Berechnung des Verbrauchs:	
100 St. · 20 DM =	2.000 DM	180 St. · 23 DM =	4.140 DM
100 St. · 21 DM =	2.100 DM	200 St. · 22 DM =	4.400 DM
200 St. (Σ SB)	4.100 DM	20 St. · 21 DM =	420 DM
		400 St. (Σ Verbr.)	8.960 DM
4.100 : 200 = 20,50 DM/St.		8.960 : 400 = 22,40 DM/St.	

Ihr Bilanzansatz wäre damit 4.100 DM. Diesen Wert müssen Sie noch mit dem Tageswert zum Stichtag vergleichen. Der niedrigere von beiden kommt in die Bilanz – aufgrund der kontinuierlichen Preissteigerung wird das i.d.R. der Lifo-Wert sein.

☞ *Für gleichartige Vorräte (die nicht verderblich sind), kann ich also entweder die Durchschnittsmethode oder die Lifomethode anwenden?*

▲ Genau. Oder als nächste Alternative die Fifo-Methode:

Die Fifo-Methode ('First in – first out') geht von der Annahme aus, daß die zuerst gekauften Güter ('in') auch zuerst verbraucht werden ('out'). Die Bewertung des SB erfolgt daher zu den Preisen der *zuletzt gekauften* Vorräte. Letztere müssen die am günstigsten bezogenen Vorräte sein, damit nicht gegen das NWP verstoßen wird. Die Fifo-Methode eignet sich (nur handelsrechtlich erlaubt!), wenn die Preise sinken.

Auch hier muß zum Schluß der ermittelte SB-Wert mit dem Tageswert verglichen werden.

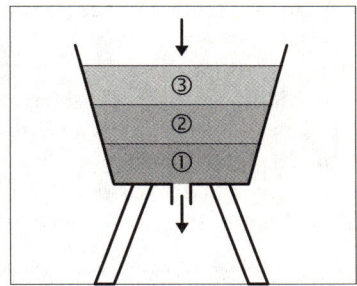

Stellen Sie sich dazu das nebenstehende Silo vor: Zuerst wurde Vorrat ① eingefüllt; dieser wird auch zuerst verbraucht, erst dann wird Vorrat ② verbraucht usw.

Kurz und bündig kann man die Fifo-Methode so charakterisieren:

anfangs = Preis hoch ⇨ Verbrauch, später: Preis niedrig ⇨ SB

Auch zur Fifo-Methode bekommen Sie ein Zahlenbeispiel:

	Menge	Stückpreis	Wert
AB	100	25 DM	2.500 DM
+ 1. Zugang	120	24 DM	2.880 DM
+ 2. Zugang	200	23 DM	4.600 DM
+ 3. Zugang	180	22 DM	3.960 DM
= Buchbestand	600	–	13.940 DM
– **SB**	200	22,10 DM	**4.420 DM**
= Verbrauch	400	23,80 DM	9.520 DM

Die Vorgehensweise ist analog wie bei der Lifo-Methode, nur daß jetzt zur Bewertung des SB die 200 zuletzt (d.h. am günstigsten) gekauften Stücke genommen werden, also:

- 180 St. à 22 DM = 3.960 DM und
- 20 St. (vom 2. Zugang) à 23 DM = 460 DM.

Beider Summe ergibt 4.420 DM. Geteilt durch die SB-Menge von 200 Stück ergibt sich ein Stückpreis von 22,10 DM.

Wie man den Verbrauch ermittelt, wissen Sie jetzt bestimmt. Probieren Sie's aus. Das Ergebnis steht in der Tabelle.[1]

Hifo = Highest in – first out. Es liegt also die Fiktion zugrunde, daß die am teuersten bezogenen Vorräte zuerst verbraucht werden. Die Bewertung des SB erfolgt dann natürlich zu den am günstigsten gekauften Gütern.[2]

Die Methode führt zu einer *extrem vorsichtigen Bewertung* und kann bei *uneinheitlichen Preisen* angewendet werden. Sie ist nur *handelsrechtlich erlaubt.* Auch hier gibt es eine permanente und eine *periodische Variante*, von denen wir uns nur die periodische als Zahlenbeispiel anschauen.

	Menge	**Stückpreis**	**Wert**
AB	100	20 DM	2.000 DM
+ 1. Zugang	120	24 DM	2.880 DM
+ 2. Zugang	160	19 DM	3.040 DM
+ 3. Zugang	220	23 DM	5.060 DM
= Buchbestand	600	–	12.980 DM
– **SB**	200	19,20 DM	**3.840 DM**
= Verbrauch	400	22,85 DM	9.140 DM

Die Berechnung von SB und Verbrauch bekommen Sie auch noch:

---

[1] Verbrauch = 400 Stück: 100 · 25 DM + 120 · 24 DM + 180 · 23 DM. Die 180 Stück sind der Rest vom 2. Zugang.

[2] Letztlich war das bei Lifo und Fifo auch der Fall.

Berechnung des SB:	Berechnung des Verbrauchs:
160 St. · 19 DM = 3.040 DM	120 St. · 24 DM = 2.880 DM
40 St. · 20 DM = 800 DM	220 St. · 23 DM = 5.060 DM
200 St. (Σ SB) 3.840 DM	60 St. · 20 DM = 1.200 DM
	400 St. (Σ Verbr.) 9.140 DM

3.840 : 200 = 19,20 DM/St.	9.140 : 400 = 22,85 DM/St.

Alles klar? Dann bekommen Sie jetzt eine **Zusammenfassung** zu den Verbrauchsfolgeverfahren:

	Lifo	**Fifo**	**Hifo**
Fiktion:	die *zuletzt* gekauften Güter werden zuerst verbraucht	die *zuerst* gekauften Güter werden zuerst verbraucht	die *am teuersten* gekauften Güter werden zuerst verbraucht
Bewertung des SB zu...	*zuerst* gekauften Güter	*zuletzt* gekauften Güter	*am günstigsten* gekauften Güter
konform mit NWP bei...	*steigenden* Preisen	*sinkenden* Preisen	*uneinheitlichen* Preisen
Gültigkeit:	HR + StR	nur HR	nur HR

2.1.3 Festbewertung

Als letzte Bewertungsvereinfachung lernen Sie jetzt die Festbewertung kennen. Nach § 240 Abs. 3 HGB dürfen Güter mit einer gleichbleibenden Menge und einem gleichbleibenden Wert angesetzt werden, wenn sich beide immer nur geringfügig ändern. Im Klartext: Sie müssen keine Inventur durchführen und nehmen als Bilanzansatz einfach den Wert des Vorjahres.

☛ *Was? Ich kann doch nicht einfach den Vorjahreswert nehmen, das wäre doch ein Verstoß gegen die Bilanzwahrheit!*

◢ Nicht, wenn sich Mengen und Wert nur *geringfügig* ändern. Das ist nämlich die Voraussetzung für die Festbewertung.

☞   *Dann spare ich mir eine Menge Inventur- und Bewertungs-
     arbeit. Ist da kein Haken dabei? Und für welche Güter gilt
     diese Methode?*

◢   Der einzige Haken: Sie müssen i.d.R. alle 3 Jahre eine kör-
     perliche Inventur durchführen. Diese zeigt, ob Ihre Werte
     noch stimmen oder angepaßt werden müssen.

Die Festbewertung ist *nicht anwendbar* bei Waren und unfertigen
oder Fertigerzeugnissen. Sie können sie jedoch anwenden bei:

- **Sachanlagen**
- **Roh-, Hilfs- und Betriebsstoffen**

Beispiele:
- Schalbretter einer Bauunternehmung ändern sich in ihrem Be-
  stand wenig: Beschädigte Bretter werden ersetzt, aber insge-
  samt bleibt der Bestand nahezu konstant. Gleiches gilt für Ge-
  rüstteile.
- Gleisanlagen der Deutschen Bahn AG (außer bei zusätzlichen
  Strecken)
- Geschirr, Besteck und Wäsche im Hotelgewerbe
- Beleuchtungsanlagen
- Schrauben und ähnliche Güter in der Industrie, sofern der Be-
  stand nur geringfügig schwankt.

So, jetzt kennen Sie alle wichtigen Bewertungsfragen bei Vorräten. Sie haben gemerkt, daß da im Rahmen der Bilanzierung der
ein oder andere Bewertungsspielraum besteht.
Für alle gilt: Wenn Sie Ihren Verbrauch höher ansetzten, wird der
Bilanzansatz niedriger.

Das und die Folgen schauen wir uns in einer Grafik noch mal an:[1]

---

[1] Diese Gedanken gelten analog zur Abschreibung. Diese stellen –
wie der Vorratsverbrauch – einen Aufwand dar.

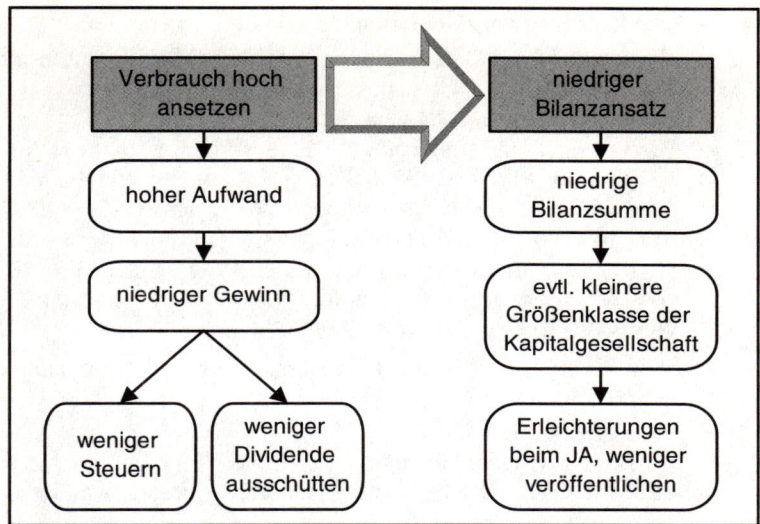

Das ist natürlich nur ein kleiner Teil der möglichen Folgen. Mehr erfahren Sie darüber im Kap. H. Aber vielleicht hat Ihnen die Grafik etwas Appetit gemacht, mehr über Bewertungen zu wissen...?

À propos 'Appetit': Wie wär's jetzt mit 'nem kleinen Imbiß, einem leckeren Eis oder einer gemütlichen Pfeife? Also, erholen Sie sich und gönnen Sie sich was Schönes!
Anschließend geht's mit den Forderungen und deren Bilanzansätzen weiter ...

2.2 Forderungen

Bevor wir uns mit der Bewertung von Forderungen befassen, wollen wir diese erst einmal definieren. 'Forderungen' sind *Ansprüche auf Leistungen*, d.h. sie zielen auf eine Geldzahlung oder auf ein noch nicht erhaltene Lieferung oder Leistung.

Schauen wir uns an, was jeweils dazugehört:

- Auf die **Zahlung von Geld** zielen folgende Forderungen:
    - *Forderungen aus Lieferungen und Leistungen* (= 'Forderungen aLuL'; der Kunde muß noch bezahlen)
    - dto., aber an *verbundene* oder *beteiligte* Unternehmen
    - *Forderungen an Mitarbeiter*, z.B. aufgrund gezahlter Vorschüsse oder vergebener Darlehen an Betriebsangehörige
    - *Forderungen ans Finanzamt*, z.B. die Vorsteuer
    - *Besitzwechsel*, also wechselmäßig verbriefte Forderungen
    - *Sonstige Forderungen:* Im Rahmen der periodengerechten Abgrenzung werden hier Forderungen über Erträge ausgewiesen, für die (noch) keine Rechnung vorliegt.[1]

- Auf die **Erbringung einer Lieferung oder Leistung** zielen diese Forderungen:
    - *Geleistete Anzahlungen*[2]
    - *Aktive Rechnungsabgrenzung* (ARA); diese zielt auf eine noch nicht erhaltene (Dienst-)Leistung, die bereits bezahlt wurde.[3]

Grundsätzlich sind diese Forderungen mit den *Anschaffungskosten* anzusetzen, d.h. mit dem Betrag, mit dem sie entstanden sind. Das ist der *Nennwert* – ggf. inkl. Umsatzsteuer.

☞   *'Anschaffungskosten' im Zusammenhang mit Forderungen? Wir haben die Forderungen doch schließlich nicht gekauft! Heißt das wirklich so?*

◢   Ja. Der Begriff 'Anschaffungskosten' bezeichnet nur den Wert, zum dem ein Bilanzposten *erstmals* erfaßt wurde. Dies trifft nicht nur beim Kauf von Anlagevermögen zu, sondern genauso auf das Entstehen einer Forderung oder sogar einer Verbindlichkeit.

Nachfolgend greifen wir die Forderungen aLuL heraus. Sie sind – wie gesagt – mit ihrem Nennwert zu bilanzieren.[4] Allerdings ist

---

[1] Ansonsten würden sie zu den Forderungen aLuL zählen.

[2] Diese haben Anlagencharakter, soweit sie sich auf AV beziehen.

[3] Vgl. Kap. D 3.

[4] Das gilt für die anderen Forderungsarten ebenso: Z.B. werden die Vorsteuer (= Forderung ans FA) oder die geleistete Anzahlung (= Forderung an den Lieferanten) zum Nennwert bilanziert.

dabei das *strenge NWP* zu beachten! Wenn also Gründe dafür sprechen, daß sie zum Stichtag weniger wert sind, muß dieser niedrigere Wert angesetzt werden. Bei Forderungen[1] sind dies vor allem:

- *Wechselkursänderungen* bei Forderungen, die auf fremde Währung lauten und
- *Unsicherheit der Zahlung* bei sämtlichen Forderungen.

Ist der **Wechselkurs** einer Auslandsforderung zum Stichtag gefallen, so muß die Forderung zu ihrem jetzt niedrigeren Wert bilanziert werden.

Beispiel: Sie haben am 05.12. eine Rechnung an einen ausländischen Kunden geschickt, die in $ fakturiert[2] ist. Sie lautet über 4.000 $, wobei der Anschaffungskurs 1,70 DM je $ betrug. In Ihren Büchern steht die Forderung daher mit einem Wert von 6.800 DM.
Zum Stichtag ist der $-Kurs z.B. auf 1,60 DM gesunken.

Was passiert? Da Sie *nichtrealisierte Verluste* (vielleicht erholt sich der $ bis zur Bezahlung wieder?!) ausweisen müssen, wird die Forderung zum niedrigeren Tageskurs bewertet. Sie wird also mit 4.000 $ · 1,60 DM/$ = 6.400 DM angesetzt. Der nichtrealisierte Verlust beträgt 400 DM.
Falls der Kurs statt dessen steigt, bleibt es beim unveränderten Ansatz zum Anschaffungskurs (der dann der niedrigere ist).

Forderungen (aLuL) unterscheidet man **nach ihrer Sicherheit** in:

- *einwandfreie,*
- *zweifelhafte* und
- *uneinbringliche* Forderungen

Was das jeweils bedeutet? Blättern Sie um!

---

[1] Nachfolgend werden mit der verkürzten Bezeichnung 'Forderungen' jene aus Lieferungen und Leistungen verstanden.
[2] 'fakturieren' = in Rechnung stellen.

Art der Forderung nach der Bonität	Sicherheit des Zahlungseingangs	Bewertung mit...
• einwandfreie	*sicher;* man geht davon aus, daß der Schuldner zahlt	Nennwert (inkl. USt)
• zweifelhafte	*unsicher;* es gibt objektive Gründe dafür, daß der Schuldner nicht (alles) zahlen wird	wahrscheinlichem Wert; Differenz abschreiben
• uneinbringliche	Forderungsausfall steht *endgültig* fest	Null, d.h. voll abschreiben

Die einwandfreien Forderungen aktivieren Sie weiterhin mit den Anschaffungskosten, also dem Nennwert bei Entstehung der Forderung. Sie haben keine konkreten Kenntnisse darüber, daß einer Ihrer Schuldner möglicherweise nicht zahlen wird.

Die zweifelhaften Forderungen zeichnen sich dadurch aus, daß Sie *konkreten* Anlaß zur Vermutung haben, daß Sie auf einen Teil oder die gesamte Forderung verzichten müssen. Dies ist z.B. der Fall, wenn Ihr Kunde Vergleich oder Konkurs[1] anmeldet oder Ihnen ernsthaft mitteilt, daß er die Zahlung verweigert. Da Sie das strenge NWP beachten müssen, wird die Forderung zum *niedrigeren Tageswert* angesetzt. Dazu wird die Forderung in Höhe des vermuteten Ausfalls abgeschrieben.[2]

Aber Achtung! Für den Ausfall muß es *objektive* Anhaltspunkte geben, z.B. erfahren Sie, daß der Kunde Vergleichsantrag gestellt hat oder Ihnen erzählt ein Geschäftsfreund, daß bei demselben Kunden fruchtlos gepfändet wurde.

Dazu ein weiteres Problem: Die Frage ist nämlich, *wann* Ihnen diese objektiven Gründe bekannt werden, bzw. wann sie eintreten. Dabei sind **3 Zeithorizonte** zu unterscheiden, die wir anhand einer Konkursanmeldung beispielhaft darstellen:

---

[1] Was das ist? Schlagen Sie im Glossar nach...

[2] Dazu gleich mehr. Wie die Abschreibung auf Forderungen im Detail funktioniert, ist ausführlich dargestellt in: Jossé, Buchführung – aber locker!, a.a.O., S. 156 ff.

1. Sie erhalten im *alten* Jahr die Nachricht, daß Ihr Kunde (im *alten* Jahr) Konkurs angemeldet hat. ⇨ Folge: Sie schätzen Ihre Forderung niedriger ein. Bezüglich der Ausfallhöhe informieren Sie sich beim Konkursverwalter.

2. Sie erhalten erst im *neuen* Jahr die Information, daß Ihr Kunde noch im *alten* Jahr Konkurs angemeldet hat. ⇨ Folge: Sie schätzen Ihre Forderung ebenfalls niedriger ein, denn es handelt sich hierbei um eine sog. *wertaufhellende* Tatsache, deren Ursache im Abschlußjahr liegt, wenn sie Ihnen auch erst danach bekannt wird. Wertaufhellende Tatsachen berücksichtigen Sie genauso wie Informationen, die Ihnen bereits im Abschlußjahr zugehen.

3. Sie erfahren im *neuen* Jahr, daß Ihr Kunde erst im *neuen* Jahr Konkurs angemeldet hat. Dies ist eine *wertbeeinflussende* Tatsache, die in der Bilanz des Abschlußjahres nichts zu suchen hat. ⇨ Folge: Sie schreiben die Forderung im alten Jahr *nicht* ab (Falls es sich um einen Großkunden handelt, mögen Sie die Information evtl. im Lagebericht festhalten).

Merken Sie was? In der Bilanz sollen nur jene Einflüsse berücksichtigt werden, die *ursächlich* dem Abschlußjahr zuzurechnen sind – selbst wenn sie Ihnen erst später bekannt werden.

Doch zurück zur Einteilung der Forderungen nach ihrer Bonität! Es fehlen uns noch die **uneinbringlichen Forderungen**. Bei diesen steht der teilweise oder völlige Forderungsausfall *endgültig fest*, z.B. weil:

- das Konkursverfahren beendet ist,
- der Vergleich beendet ist,
- Ihre Forderung verjährt ist,
- Ihr Schuldner fruchtlos gepfändet wurde oder
- Ihr Schuldner ohne Erbmasse verstorben ist.

Uneinbringliche Forderungen werden *komplett abgeschrieben* und werden daher in der Bilanz nicht mehr ausgewiesen.

Fassen wir kurz zusammen:
Abhängig von der *Sicherheit* der Forderung werden diese zum Bilanzstichtag unterschiedlich behandelt (s. Tabelle auf S. 108):

Uneinbringliche tauchen in der Bilanz nicht mehr auf, da sie bereits abgeschrieben wurden. Von daher müssen wir uns nur den anderen Forderungen widmen. Wie gehen Sie nun jeweils vor?

Es gibt folgende **Bewertungsverfahren** für Forderungen:[1]

- Die **Einzelbewertung** für das *spezielle Ausfallrisiko*[2], z.B. beim Vergleichsantrag eines bestimmten Kunden. Nach dem Einzelbewertungsgrundsatz bewerten Sie jene Forderungen einzeln und extra, über die Ihnen bereits negative Informationen vorliegen.

  Dazu schreiben Sie diese zweifelhafte Forderung *indirekt* ab, d.h. auf der Aktivseite wird der ganze Rechtsanspruch der Forderung nach wie vor ausgewiesen. Zur Korrektur nimmt der Passivposten **Einzelwertberichtigungen** (EWB) die gebildeten Abschreibungen auf Forderungen auf.

- Die **Pauschalbewertung** für das *allgemeine Ausfallrisiko*, d.h. für Fälle, wo Sie noch keinen konkreten Anhaltspunkt haben. Aus der Erfahrung heraus wissen Sie aber, daß trotzdem ein gewisser Prozentsatz Ihrer (noch einwandfreien) Forderungen im Folgejahr ausfällt. Die Abschreibung erfolgt wiederum *indirekt*, diesmal über den Passivposten **Pauschalwertberichtigungen** (PWB).

Beispiele: 1. Sie haben eine *zweifelhafte* Forderung an den Kunden Meier über 10.000 DM zzgl. 16% USt.[3]
Lt. Vergleichsangebot rechnen Sie mit einem Ausfall von 30% (= 3.000 DM netto). In dieser Höhe weisen Sie zur Korrektur den Posten EWB aus.

  2. Ihre *einwandfreien* Forderungen betragen 200.000 DM zzgl. 16% USt. Aus Erfahrung wissen Sie, daß davon ca. 3% uneinbringlich werden.
Sie passivieren eine PWB mit 6.000 DM.

---

[1] Sie können beide Verfahren miteinander kombiniert verwenden, also für die zweifelhaften Forderungen eine EWB bilden, für die einwandfreien eine PWB.

[2] Das Ausfallrisiko wird manchmal auch „Delkredere" genannt.

[3] Ihre Forderungen sind immer brutto ausgewiesen (hier also 11.600 DM). Die Abschreibung erfolgt jedoch nur vom Nettowert. Die USt. wird – außer bei Konkurs – erst beim *endgültigen* Ausfall korrigiert.

Ihre Bilanz sieht auszugsweise so aus:

Aktiva	Bilanz		Passiva
Einwandfreie Ford.	232.000 ⟨⟩ PWB		6.000
Zweifelhafte Ford.	11.600 ⟨⟩ EWB		3.000

Die Aktiva weisen Ihren kompletten *Rechtsanspruch* aus, die Passiva die bereits vorsorglich vorgenommenen Abschreibungen.

Kapitalgesellschaften dürfen in ihrer zu *veröffentlichenden* Bilanz *keine Wertberichtigungen* ausweisen.[1] Statt dessen müssen sie jede Forderungsart mit ihrer jeweiligen Wertberichtigung saldieren:
- Einwandfreie Ford. – PWB = 232.000 – 6.000 = 226.000 DM
- Zweifelhafte Ford. – EWB = 11.600 – 3.000 = 8.600 DM

Damit ergibt sich folgender Bilanzausschnitt:

Aktiva	Bilanz	Passiva
Einwandfreie Ford.	226.000	–
Zweifelhafte Ford.	8.600	–

2.3   Wertpapiere

Sie wissen: Für Wertpapiere des AV gilt das gemilderte, für Wertpapiere des UV das *strenge Niederstwertprinzip*:[2] Sie müssen den Anschaffungskurs mit dem Tageskurs zum 31. Dez. vergleichen – der niedrigere kommt als Wertansatz in die Bilanz.

Beispiel: Sie kauften am 10. August 10 Y-Aktien zum Börsenkurs von je 200 DM. Auf diese 2.000 DM mußten Sie Ihrer Bank noch 1% Provision[3] bezahlen (= 20 DM) sowie 0,1%

---

[1] Das gilt auch für WB auf Sachanlagen; vgl. S. 88.

[2] Bis auf diesen Unterschied gelten die nachfolgenden Ausführungen für beide Wertpapierarten.

[3] Ihre Bank verlangt i.d.R. einen bestimmten Prozentsatz auf den Kurswert bzw. eine feste Mindestprovision. Fragen Sie bei Ihrer Hausbank doch einmal nach!

Maklergebühr[1] (= 2 DM). Insgesamt fielen damit 2.022 DM Anschaffungskosten an.

Zum 31. Dez. sind nun 3 Fälle zu unterscheiden:

Fall	also:	Beispiel	Bilanzansatz
• Kurs gestiegen:	TW > AK	220 DM	AK = 2.022 DM
• Kurs unverändert:	TW = AK	200 DM	AK = 2.022 DM
• Kurs gesunken:	TW < AK	190 DM	TW[2] = 1.920,90 DM

Sie sehen: Bei unverändertem Kurs übernehmen Sie die AK als Bilanzansatz. Genauso verfahren Sie, wenn der Kurs gestiegen ist, da es sich hierbei um einen *nichtrealisierten* Gewinn handelt.
Nur wenn der Kurs zum Stichtag *gesunken* ist, müssen Sie diesen niedrigeren Wert nehmen.[3] Darauf müssen Sie die Bankprovision und die Maklergebühr berechnen.

☛ *Und woher erfahre ich die Stichtagskurse meiner Wertpapiere?*

✍ Die gängigsten WP werden in den großen Tageszeitungen aufgelistet. Im 'Handelsblatt' finden Sie alle an deutschen Wertpapierbörsen gehandelten Wertpapiere.

☛ *Was zählt neben den Aktien noch zu den Wertpapieren?*

✍ Investmentfondsanteile sowie alle festverzinslichen Wertpapiere (bei denen der Zins im voraus bekannt ist). Zu die-

---

[1] Maklergebühr oder 'Courtage' ist die Gebühr, die der vermittelnde Börsenmakler verlangt. Ihre Höhe hängt ab von der speziellen Wertpapierart.

[2] Sie müssen die Wertpapiere mit dem Wert berechnen, den Sie beim Kauf zum Stichtag hätten, also inkl. Provision und Maklergebühr: 10 · 190 DM = 1.900 DM. Darauf 1% Provision (= 19 DM) und 0,1% Courtage (= 1,90 DM). Summe = 1.920,90 DM.

[3] Sie erinnern sich? Nichtrealisierte Verluste müssen ausgewiesen werden...

ser Gruppe zählen z.B. Bundesschatzbriefe, Anleihen, Schuldverschreibungen[1] usw.

2.4   Flüssige Mittel

Flüssige Mittel, also Schecks, Kassenbestand und Bankguthaben[2], werden i.d.R. zum Nennwert aktiviert. Falls diese allerdings auf *fremde Währung* lauten, müssen Sie sie zum Stichtag in DM umrechnen. Sie nehmen dazu die von der Frankfurter Devisenbörse ermittelten Kurse oder erkundigen sich bei Ihrer Hausbank:

- **Devisenkurse** werden für *unbare* Mittel zugundegelegt, also für Schecks und Ihre Bankguthaben. 'Devisenkurs' ist dabei der Oberbegriff, die Bank kauft Ihre ausländische Währung zum *Geldkurs* an.[3]
- **Sortenkurse** gelten statt dessen für Bargeld. Beim Umrechnen legen Sie den *Ankaufskurs* zugrunde.

Beispiel: Sie haben Schecks, die auf insgesamt 3.000 US-$ lauten, sowie einen Kassenbestand mit 800 sfr. Wegen der Stichtagskurse schauen Sie in der Zeitung nach...

| | Sorten || Devisen ||
	Ankauf	Verkauf	Geld	Brief
1 US-Dollar	1,80	1,91	1,8458	1,8538
100 schweizer Fr.	119,40	122,30	120,69	120,89

Ihr Bilanzansatz für die auf 3.000 US-$ lautenden Schecks lautet demnach auf (3.000 · 1,8458 =) 5.537,40 DM. Ihren Kassenbestand mit schweizer Franken bewerten Sie mit (8 · 119,40 =) 955,20 DM.

---

[1] Schuldverschreibungen lernen Sie später noch genauer kennen, da diese auch von Unternehmungen herausgegeben werden können; vgl. Kap. D 5.4.3.

[2] Sie können bei Ihrer deutschen Bank Fremdwährungskonten unterhalten (z.B. in US-$), ggf. verfügen Sie auch über Konten im Ausland.

[3] Devisen *ver*kauft Ihnen die Bank zum (höheren) 'Briefkurs'. Schauen Sie einmal in Ihrer Tageszeitung nach!

So, damit wären wir am Ende des Umlaufvermögens angelangt. Es fehlt allerdings noch ein Aktivposten, der eine Sonderstellung einnimmt[1] – die aktive Rechnungsabgrenzung:

3   Aktive Rechnungsabgrenzungsposten

Das **Prinzip der periodengerechten Abgrenzung** kennen Sie bereits. Es geht darum, daß der Erfolg *jahresgenau* ermittelt wird. Insofern sind u.a. alle Aufwendungen aus der GuV des laufenden Jahres *herauszurechnen*, die wirtschaftlich zu einem Folgejahr gehören – so will es das HGB (§ 250). Beispiele dafür sind:

- Die Miete für Januar wurde bereits im Dezember überwiesen. Dieser Mietaufwand gehört zum Folgejahr und muß deshalb abgegrenzt (d.h. hier: herausgerechnet) werden.[2]

- Im April zahlten Sie die Kfz-Steuer für ein Jahr im voraus (Damit müssen die im voraus gezahlten Monate Jan.-März des Folgejahres abgegrenzt werden; s. Beispiel auf der Folgeseite).

- Sie überwiesen am 01. Okt. den Halbjahresbetrag für ein Zeitschriftenabonnement (und müssen jetzt die Hälfte abgrenzen).

- Sie nahmen ein Darlehen auf, dessen Auszahlungsbetrag um den Zins für die ganze Laufzeit sofort gekürzt wurde.[3]

In all diesen Fällen haben Sie bereits einen Aufwand eines Folgejahres bezahlt, dafür aber noch keine Gegenleistung erhalten. In der Bilanz werden solche *Leistungsforderungen* als **Aktive Rechnungsabgrenzungsposten** (ARA oder ARAP) erfaßt und ins Folgejahr „verschoben". Daher der Begriff 'transitorische Posten'. Man könnte sagen, der Posten ARA nimmt einen Aufwand aus der

---

[1] Für Zwecke der Bilanzanalyse wird er oft (wegen seines hauptsächlich kurzfristigen Charakters) zum UV addiert; vgl. S. 183.

[2] Zur Buchungstechnik vgl. ausführlich in: Jossé, Buchführung – aber locker!, a.a.O., S. 170 ff.

[3] Dazu mehr im Kap. D 5.4.2. Im übrigen besteht bezüglich dieses Zinsabschlags (= Disagio) steuerrechtlich eine Aktivierungspflicht, handelsrechtlich ein Wahlrecht.

GuV heraus und „merkt" ihn sich bis zu jenem Folgejahr, zu dem er wirtschaftlich gehört.

Der **Wertansatz** bereitet keine Probleme. Sie schauen einfach, welcher Teil des im vorhinein bezahlten Aufwandes dem laufenden Jahr zuzurechnen ist (⇨ kommt in die GuV), und welcher den Folgejahren (⇨ kommt in den Posten ARA).

Beispiel: Am 01. April überwiesen Sie die Kfz-Steuer für ein Jahr im voraus; Überweisungsbetrag: 600 DM.
Zum 31. Dez. müssen Sie diesen Aufwand periodengerecht abgrenzen: 9/12 des Betrages (= 450 DM) sind Aufwand des Abschlußjahres, die restlichen 3/12 (= 150 DM) gehören wirtschaftlich ins Folgejahr.
Sie weisen 150 DM als ARA aus.

☛   *Dann müßte ich eigentlich sämtliche Aufwendungen einzeln daraufhin untersuchen, ob sie (teilweise) einen Aufwand enthalten, der ein Folgejahr betrifft, und diesen Anteil über ARA abgrenzen und damit aktivieren. Gehe ich so vor?*

◢   Ja, das stimmt genau.

☛   *Dann gibt es doch bestimmt auch die Situation, daß ein* Ertrag *wirtschaftlich einem Folgejahr zuzurechnen ist. Wie gehe ich da vor?*

◢   Ja, das gibt es auch. Analog zu den obigen Ausführungen grenzen Sie diese Erträge über die *Passive* Rechnungsabgrenzung ab. In Kap. D 6 lesen Sie mehr darüber.

Jetzt sind wir mit den Aktiva fast durch! Sie kennen nun die Bewertungsaspekte für die einzelnen Vermögensgegenstände.

Was noch fehlt? Bei Bedarf können Sie die Aktiva durch folgende **Sonderposten** erweitern:

4 Sonderposten der Aktivseite

Im HGB (§§ 268 ff.) und in § 42 GmbHG werden weitere Posten genannt, die ggf. auf der Aktivseite der Bilanz ausgewiesen werden. Dazu gehören:

Sonderposten	Erläuterung
• Ausstehende Einlagen	Spezielle Forderung, falls das Eigenkapital noch nicht voll eingezahlt wurde; Ausweis: 1. Posten der Bilanz (vor A I)[1]
• Aufwendungen für die Ingangsetzung und Erweiterung des Geschäftsbetriebs	Kosten der Gründungsphase bzw. Erweiterung; sog. Bilanzierungshilfe;[2] Ausweis: 2. Posten der Bilanz (vor AI)
• Anlagenspiegel	Übersicht über die Entwicklung des AV; unter die Bilanz oder im Anhang[3]
• Eingeforderte, noch nicht eingezahlte Einlagen	Korrekturposten zu dem auf der Passivseite genannten gesamten Haftungskapital (vgl. Kap. D 5.2); Ausweis: zu 'Forderungen' (vor B II 4)
• Ausleihungen gegenüber GmbH-Gesellschaftern	Ausweis zwischen A III 2 und A III 3
• Forderungen gegenüber GmbH-Gesellschaftern	Ausweis zwischen B II 2 und B II 3
• Eingeforderte Nachschüsse	gesondert auszuweisende Forderungen an Gesellschafter (Ausweis: vor B II 4)
• Aktivisch abgegrenzte Steuern	Korrekturposten in der HB um höhere Wertansätze in der StB auszugleichen;[4] Ausweis nach ARA (C)

[1] Die Angaben bezeichnen die Bilanzposten lt. Bilanzschema; vgl. S. 40.
[2] Handelsrechtliches Wahlrecht, steuerrechtlich verboten.
[3] Siehe nachfolgend.
[4] Siehe nachfolgend.

Zwei dieser Sonderposten müssen wir näher betrachten:

Der Anlagespiegel ist eine zusätzliche Darstellung, die einen Einblick über die Entwicklung des Anlagevermögens gibt, insbesondere über die ursprünglichen AK/HK und die bisher vorgenommenen Abschreibungen. Er sieht als Beispiel so aus:[1]

Posten des AV	AK bzw. HK bis 1. Jan.	Zu-gänge	Ab-gänge	Umbu-chun-gen	Zu-schrei-bun-gen	Abschreibungen			Buch-wert 31. Dez.
						in Vor-jahren	im Ab-schluß-jahr	Insge-samt	
A II 2	300'	40'	–	–	–	60'	34'	94'	246'
A II 3	200'	–	9'	–	–	80'	37'	117'	74'
...	...	...	...	...	...	...	...	...	...

Der **Buchwert** ergibt sich dabei nach folgender Rechnung:

> Gesamte AK/HK bis zum 01. Januar
> + Zugänge des lfd. Jahres
> – Abgänge des lfd. Jahres
> ± Umbuchungen[2]
> – kumulierte Abschreibungen
> + Zuschreibungen (Wertaufholung!)
> = Buchwert zum 31. Dez. des Abschlußjahres

Aktivisch abgegrenzte Steuern sind ein Spezialfall. Ihr Hintergrund ist, daß das *Maßgeblichkeitsprinzip* zwischen Handels- und Steuerbilanz stellenweise durchbrochen wird. Dadurch kann es zu unterschiedlichen Wertansätzen und damit zu unterschiedlichen Aufwendungen kommen. Die Folge sind *abweichende Gewinnausweise*. Die Grundlage für die gewinnabhängigen Steuern wären dadurch in der HB nicht mehr nachvollziehbar.

---

[1] Kleine Kapitalgesellschaften müssen in den Zeilen nur die Posten A I bis A III ausweisen, die anderen Kapitalgesellschaften müssen bis zu den mit arabischen Ziffern versehenen Posten untergliedern.

[2] Dazu zählen insbesondere andere Zuordnungen, z.B. Anzahlungen auf AV oder Anlagen im Bau, an deren Stelle bei Lieferung bzw. Fertigstellung in einer Folgeperiode das Gebäude o.ä. ausgewiesen wird.

Die genannten Unterschiede gleichen sich jedoch meist im Laufe
der Zeit wieder aus. Für solche Fälle erlaubt § 274 HGB Kapitalgesellschaften, sog. **aktive latente Steuern** auszuweisen. Diese
gelten als sog. *Bilanzierungshilfe* und charakterisieren die Situation, daß bestimmte Aufwendungen in der HB größer sind (und
damit der Gewinn geringer) als in der StB. Dies wird sich im Laufe der Zeit ausgleichen. Bis dahin stellen aktivisch abgegrenzte
Steuern aus Sicht der Handelsbilanz eine Art Forderung dar (weil
aus Sicht der Handelsbilanz zuviel Steuern bezahlt wurden).

Ein **Beispiel** soll das erläutern:
Gehen wir von der Ausnahme aus, daß Ihre HB und StB identisch
seien, und in beiden 5 Jahre lang ein Gewinn von 20.000 DM ausgewiesen wäre (vgl. Spalte ① ab dem 2. Jahr). Allerdings noch
ohne Berücksichtigung des nachfolgenden Falles:
Sie nahmen ein Darlehen über 200.000 DM auf, dessen Zinsen in
Höhe von 10.000 DM für 5 Jahre Laufzeit vorab den Auszahlungsbetrag verringern (= Disagio). Sie erhielten also nur 190.000
DM ausgezahlt.[1]

In der **Steuerbilanz** besteht eine *Aktivierungspflicht* für das Disagio, wodurch Sie den Zinsaufwand gleichmäßig auf die Laufzeit
des Darlehens verteilen – je Jahr also 2.000 DM.[2]

Für die **Handelsbilanz** nehmen Sie Ihr *Wahlrecht* wahr und aktivieren das Disagio *nicht*. Statt dessen buchen Sie es bei Darlehensaufnahme *in voller Höhe als Aufwand*, wodurch sich Ihr Gewinn schmälert: In der HB (Spalte ①) wäre Ihr Gewinn nunmehr
mit 10.000 DM ausgewiesen, ② in der StB mit 18.000 DM.[3]
Bei einem angenommenen Steuersatz von 50% würde Ihr Jahresüberschuß *nach* Steuern ③ in der HB 5.000 DM betragen, in der
⑤ StB 9.000 DM. Zum Ausgleich würden Sie in der HB den Posten ④ aktivisch abgegrenzte Steuern mit der Differenz von 4.000
DM ausweisen.

---

[1] Der Rückzahlungsbetrag als Passivposten wird in Kap. D 5.4.2 behandelt.
[2] Zur Buchungstechnik vgl. in: Jossé, Buchführung – aber locker!,
a.a.O., S. 168 f.
[3] Dem Abschlußjahr ist ein Fünftel des Disagios (= 2.000 DM) als Aufwand zuzurechnen.

In den Folgejahren würde dieser Posten nach und nach abgebaut, bis beide Ergebnisse wieder übereinstimmen:

Jahr	HB-Ergeb-nis[1]	StB-Ergeb-nis	JÜ in HB ohne Steu-erabgrenzg.	Steuer-abgren-zung	JÜ in StB und in HB nach Abgrenzung
	①	②	③	④	⑤
1	10.000	18.000	5.000	+ 4.000	9.000
2	20.000	18.000	10.000	– 1.000	9.000
3	20.000	18.000	10.000	– 1.000	9.000
4	20.000	18.000	10.000	– 1.000	9.000
5	20.000	18.000	10.000	– 1.000	9.000
(6)	20.000	20.000	10.000	–	10.000

Zum Schluß bekommen Sie noch weitere Beispiele für aktivisch abgegrenzte Steuern:[2]

- **Derivativer Firmenwert:** Aktivierungspflicht in der StB und Nichtaktivierung in der HB.

- **Abschreibung des derivativen Firmenwerts:** In der HB binnen 4 Jahren (nach Erwerb), in der StB über 15 Jahre.

- **Herstellungskosten:**[3] Mindestansatz in der HB (nur die Einzelkosten), höherer Ansatz in der StB (inkl. Gemeinkosten).

- **Pensionsrückstellungen:**[4] Abzinsung in der StB zu 6%, in der HB mit einem niedrigeren Prozentsatz (wodurch sich der Aufwand erhöht).

- **Aufwandsrückstellungen** bei Ansatz in der HB und Verbot in der StB (z.B. für gemeinsame, noch abzurechnende Werbekampagnen).[5]

---

[1] Die Spalten ① und ② zeigen die Ergebnisse *vor* Steuern, die Spalten ③ und ⑤ *nach* Steuern.

[2] Vgl. Kresse, a.a.O., S. 244 f.

[3] Vgl. S. 60 ff.

[4] Vgl. Kap. D 5.3.

[5] Vgl. S. 135.

F *In all diesen Fällen wird in der HB ein höherer Aufwand ausgewiesen als in der StB, sodaß der Jahresüberschuß nach Steuern in beiden Bilanzen unterschiedlich wäre, ja?*

A Genauso ist es. Und die aktivisch abgegrenzten Steuern als Posten in der HB gleichen das wiederum aus. Damit ist in der HB auch das steuerliche Ergebnis ersichtlich.

F *Nur um sicher zu gehen: Ist 'Jahresüberschuß' und 'Gewinn' dasselbe?*

A Ja. Schauen Sie mal im Bilanzgliederungsschema auf Seite 40 unter Eigenkapital (Posten A V) nach...

So, das wäre geschafft – zugegeben, das war ein etwas härterer Brocken. Zur Belohnung dürfen Sie sich jetzt mal wieder etwas entspannen!

Für die Bewertung der Passiva benötigen wir dann weniger Zeit, und das aus 3 Gründen:
1. gibt es weniger Passivposten,
2. gibt es auch weniger Bewertungsvorschriften und
3. kennen Sie die grundsätzlichen Bewertungsfragen bereits von der Aktivseite, die dann analog für Passiva angewandt werden (wie z.B. das Imparitätsprinzip).

Also, bis morgen!

5   Passiva

Bevor wir alle wichtigen Posten der Reihe nach durchsprechen, zunächst eine Übersicht über deren Zuordnung, damit wir beide wissen, worüber wir reden.

Die Passiva gliedern sich wie folgt:

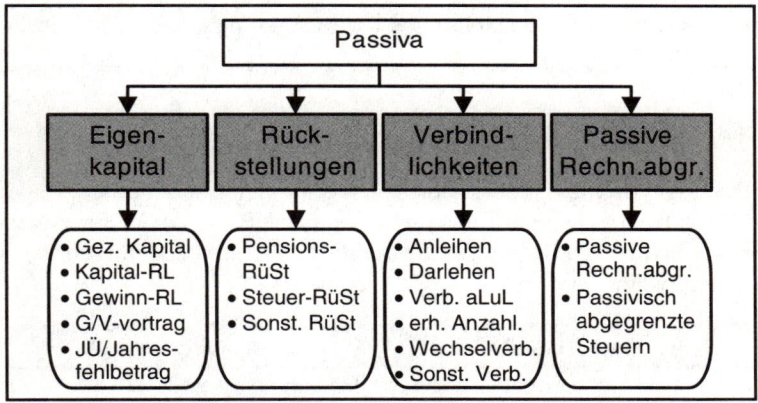

5.1   Bewertungsansätze für die Passiva

Auch für die Passiva müssen Sie dieselben Prinzipien beachten wie für die Aktivposten (⇨ vgl. Kap. C 2):

- **Prinzip der Einzelbewertung**
- **Prinzip der kfm. Vorsicht** (vor allem das HWP)
- **Prinzip der Maßgeblichkeit**
- **Prinzip der periodengerechten Abgrenzung**
- **Prinzip der Stichtagsbewertung**
- **Prinzip der Methodenstetigkeit**
- **Prinzip der Unternehmensfortführung**

Zur Einstimmung ein paar grundlegende Anmerkungen zur Bewertung von Passiva:

- **Gezeichnetes Kapital** ist zum *Nennwert* anzusetzen (wie es im HR eingetragen ist)
- **Verbindlichkeiten** zum *Rückzahlungsbetrag*, soweit dieser höher ist als der Ausgabebetrag (z.B. bei der Aufnahme von Darlehen oder der Herausgabe von Anleihen) (⇨ Kap. D 5.4)
- Sonstige **DM-Verbindlichkeiten** zum *Nennwert*
- **Fremdwährungsverbindlichkeiten** nach dem *HWP*
- **Rentenverpflichtungen** zum *Barwert* (dazu später mehr)
- **Alle anderen Rückstellungen** nach vernünftiger kaufmännischer Vorsicht

5.2 Eigenkapital

Das Eigenkapital ist der Saldo von Vermögen und Schulden. In der Bilanz besteht es allerdings nicht nur aus 1 Posten, wie Sie es vereinfacht aus der Buchführung kennen, sondern aus folgenden 5 Unterposten:[1]

Bilanzposten		Erläuterung
• A I	Gezeichnetes Kapital	Haftungskapital lt. HR
• A II	Kapitalrücklage	Zuzahlungen der Gesellschafter
• A III	Gewinnrücklagen	RL aus Gewinnverwendung
• A IV	Gewinn-/Verlustvortrag	Restgewinn/-verlust des Vorjahres
• A V	Jahresüberschuß/-fehlbetrag	Gewinn/Verlust des lfd. Jahres

Anmerkung: Wird die Bilanz erstellt, *nachdem* ein Teil des Gewinnes bereits *verwendet* wurde, entfallen die genannten Posten A IV und A V. Statt dessen wird ein neuer Posten A IV '**Bilanzgewinn**' bzw. '**Bilanzverlust**' aufgeführt.[2]

Schauen wir uns die einzelnen EK-Posten Schritt für Schritt an!

---

[1] Dies gilt für *alle* Kapitalgesellschaften – unabhängig von ihrer Größe. Personengesellschaften weisen statt dessen die (variablen) Einlagen der Vollhafter und ggf. die im HR eingetragene Haftungssumme der Teilhafter aus.

[2] Vgl. S. 131 und S. 159.

Posten A I: Das Gezeichnete Kapital ist nicht unbedingt das tatsächlich *eingezahlte* Kapital, sondern das *Haftungskapital* lt. HR. Dieses heißt und beträgt bei einer...[1]

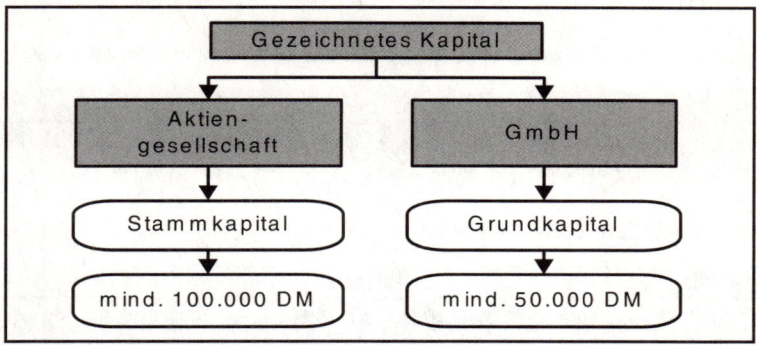

Falls das Gezeichnete Kapital noch nicht voll erbracht ist, wird es auf der Passivseite trotzdem mit dem im HR genannten Gesamtbetrag aufgeführt. Weil dieser zu hoch ist, müssen die *noch ausstehenden Einlagen* als Aktivposten dagegengesetzt werden, und zwar als 1. Posten der Aktiva.

Allerdings gibt es dazu 2 Ausweismöglichkeiten:

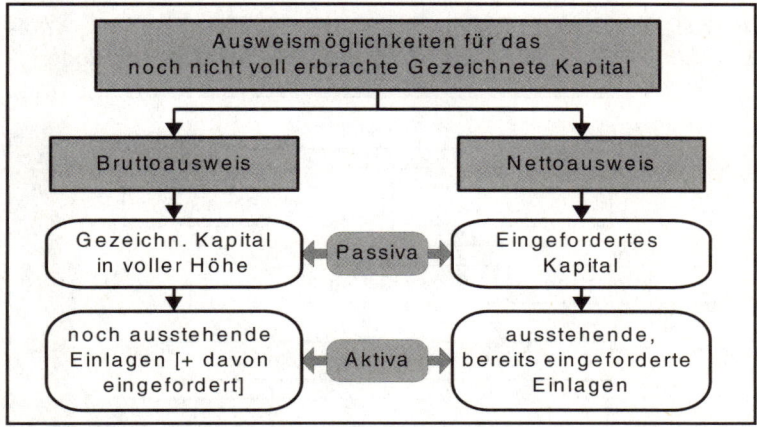

---

[1] Der Vollständigkeit halber: Bei einer AG beträgt die Mindesteinlage je Gesellschafter mind. 5 DM, bei einer GmbH mind. 500 DM.

Hierzu ein Beispiel:

- Ihr Stammkapital beträgt lt. HR: ....100.000 DM
- davon sind noch ausstehend: ....40.000 DM
- davon wiederum sind bereits eingefordert: ....10.000 DM

Mit dem **Bruttoausweis** sieht Ihre Bilanz auszugsweise dann so aus:

Aktiva		**Bilanz**	Passiva
Ausstehende Einlagen	40.000	Gezeichnetes Kapital	100.000
[davon eingefordert	*10.000]*		

bzw. nach dem **Nettoausweis**:

Aktiva		**Bilanz**	Passiva
Eingef., aussteh. Einl.	10.000	Eingefordertes Kapital	70.000
		[= Gez. Kap. 100' – ausstehend,	
		noch nicht eingefordert 30']	

Wenn Sie beide Bilanzen vergleichen, sehen Sie, daß mittels des Nettoausweises die Bilanzsumme auf beiden Seiten um 30.000 DM verkürzt wurde. Dieser Wert entspricht jenen ausstehenden Einlagen, die noch nicht eingefordert wurden.

Die nächste EK-Art, der wir uns widmen müssen, sind die *Kapitalrücklagen*. Dazu zunächst eine Übersicht über **alle Rücklagen**:

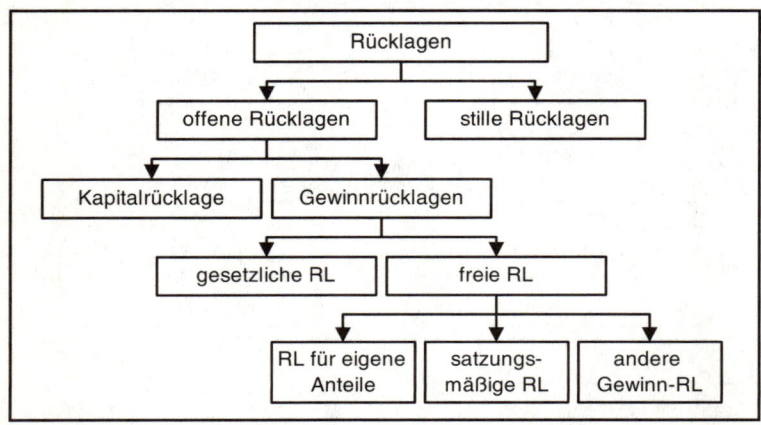

Nach dem Aspekt, ob die Rücklagen in der Bilanz ausgewiesen sind oder nicht, unterscheiden wir:

- **Offene Rücklagen** sind in der Bilanz ausgewiesen (und werden nachfolgend einzeln besprochen).
- Dagegen sind **stille Rücklagen** nicht aus der Bilanz ersichtlich. „Wie geht denn das?" werden Sie denken. Ganz einfach: Stille Rücklagen sind sozusagen theoretische Werte. Sie entstehen vor allem durch Anwendung des NWP bei Aktiva bzw. des HWP bei Passiva. Oder anders ausgedrückt: Sie entstehen dadurch, daß nichtrealisierte Gewinne nicht ausgewiesen werden und nicht realisierte Verluste (im nachhinein betrachtet) als zu hoch ausgewiesen wurden.

☛ *Wie wär's mit einem Beispiel hierzu?*

◢ Wenn Sie einst ein Grundstück für 200.000 DM kauften, weisen Sie es nach wie vor mit diesem Wert aus, da die AK die Obergrenze für die Aktivierung darstellen. Wenn sein Wert aber mittlerweile auf 2 Mio. DM gestiegen ist, hätten Sie insofern eine stille Rücklage von 1,8 Mio. DM gebildet.

Diesen Gedankengang kennen Sie.[1] Stille Rücklagen entstehen also hauptsächlich durch konsequente Beachtung des kaufmännischen Vorsichtsprinzips. Wie hoch die stille Rücklage war, erfahren Sie letztlich erst im nachhinein (also bei Realisierung), z.B., wenn Sie das obige Grundstück tatsächlich für 2 Mio. DM verkaufen.

☛ *Gut, das war jetzt ein Beispiel im Zusammenhang mit dem NWP. Und wie entsteht eine stille Rücklage durch Beachtung des HWP?*

◢ Betrachten wir z.B. eine Verbindlichkeit, die auf 4.000 US-$ lautet. Bei Anschaffung betrug der Kurs 1,70 DM/$, am Stichtag 1,80 DM.
Statt der ursprünglichen AK von (4.000 · 1,70 =) 6.800 DM weisen Sie (nichtrealisierter Verlust!) die Verbindlichkeit zum Stichtag mit (4.000 · 1,80 =) 7.200 DM aus.
Zum Zeitpunkt der Bezahlung ist der Kurs auf 1,76 DM gesunken, sodaß Sie nur (4.000 · 1,76 =) 7.040 DM überweisen. Ihre stille RL betrug demnach (7.200 – 7.040) = 160 DM.

---

[1] Vgl. S. 52.

☞ *Wodurch entstehen sonst noch stille Rücklagen?*

◤   1. durch Nichtaktivierung von Vermögen (bei Wahlrech-
ten), 2. durch Passivierung von Rückstellungen (sofern ein
Wahlrecht besteht), 3. durch Vollabschreibung von GWG,
4. durch Wahl der höheren Abschreibungsmethode, 5. durch
Wahl jener Vorratsbewertung, die zu einem niedrigeren
Wertansatz führt – um nur mal die wichtigsten zu nennen.
In all diesen Fällen werden Ihre Aktiva relativ niedriger bzw.
die Passiva relativ höher ausgewiesen.

So viel zu den stille Rücklagen. Doch jetzt zurück zu den in der
Bilanz ausgewiesenen *offenen* Rücklagen. Zu diesen zählen:

Posten A II: Kapitalrücklagen sind *Mehrbeträge*, die die Gesellschafter beim Erwerb von EK-Anteilen zahlen. Da das Kapital von
außen zufließt, handelt es sich hierbei um eine Form der *Außenfi-
nanzierung.*[1] Dazu zählen:

• **Das Agio (= Aufgeld)** bei der Ausgabe von *Aktien* über dem
Nennwert (= über pari).

• **Das Agio** bei der Ausgabe von *Wandelschuldverschreibungen* mit
dem späteren Recht auf Bezug von Aktien.

• **Zuzahlungen** der Gesellschafter für Gewährung von *Vorzugsrech-
ten*, vor allem beim Erwerb von Vorzugsaktien (die z.B. bei der
Dividende bevorzugt berücksichtigt werden).

• **Andere Zuzahlungen** der Gesellschafter in das EK.

☞ *Moment einmal! Was versteht man unter dem Nennwert und
wie funktioniert das mit dem Agio?*

◤   Der Nennwert einer Aktie ist der Betrag, der auf der Aktie
steht, also 5 DM, 50 DM, 100 DM oder ein Vielfaches von
100 DM. Aufgrund der Kurs- und Gewinnerwartung werden
Aktien aber meist deutlich überm Nennwert herausgegeben.[2] Dieser Mehrbetrag stellt das Agio dar, das in die Kapitalrücklage fließt. Dazu bekommen Sie ein...

---

[1] Gewinnrücklagen sind dagegen eine Form der *Innen*finanzierung,
weil sie von der Unternehmung selbst erwirtschaftet wurden.

[2] Eine Ausgabe *unter* pari (= unterm Nennwert) ist verboten.

Beispiel: Eine AG führt eine Kapitalerhöhung durch. Es werden 100.000 junge Aktien zum Nennwert von je 50 DM ausgegeben, und zwar zum Verkaufspreis von je 200 DM.
Jede Aktie erhöht das EK damit um insgesamt 200 DM, davon fließen je 50 DM ins Gezeichnete Kapital und je 150 DM in die Kapitalrücklage.
Die nachfolgende Rechnung verdeutlicht das:

Aufteilung der Kapitalerhöhung		Erhöhung von...
Nennwert:	100.000 · 50 DM = 5 Mio. DM	⇨ Gez. Kapital
+ Agio:	100.000 · 150 DM = 15 Mio. DM	⇨ Kapital-RL
= Verk.preis:	100.000 · 200 DM = 20 Mio. DM	⇨ Gesamt-EK

☛ *Wenn ich Aktien herausgebe, dann entstehen mir doch auch Kosten. Wie werden diese berücksichtigt?*

◭ Richtig, üblicherweise erfolgt die Ausgabe (= Emission) über eine oder mehrere Banken. Die Emissionskosten vermindern einerseits Ihre Bankgutschrift, andererseits gehen sie zu Lasten der Kapitalrücklage.
Hätten die Emissionskosten im obigen Beispiel 1 Mio. DM betragen, so hätten Sie statt 20 nur 19 Mio. DM eingenommen. Gleichzeitig wäre Ihre Kapitalrücklage nur mit 14 statt 15 Mio. DM gebildet worden.

☛ *O.k., und was sind 'Wandelschuldverschreibungen'?*

◭ Schuldverschreibungen sind am Kapitalmarkt aufgenommenes Fremdkapital. Wandelschuldverschreibungen sind eine spezielle Form davon, bei der der Gläubiger das Recht hat, zu einem späteren Zeitpunkt sein Wertpapier in Aktien umzutauschen (zu wandeln). Damit wird aus dem ehemaligen Fremdkapitalgeber dann ein Eigenkapitaleigner.
Vorteil für die AG: Sie braucht das Kapital nicht zurückzuzahlen und trotzdem hat der zukünftige Anteilseigner vorerst noch kein Stimmrecht.

☛ *Das habe ich kapiert. Und was sind Vorzugsaktien?*

◭ Neben den normalen Stammaktien (mit Stimmrecht) kann die AG auch Vorzugsaktien herausgeben. Üblicherweise sind diese ohne Stimmrecht ausgestattet, dafür erhalten die betreffenden Aktionäre eine etwas höhere Dividende.

Posten A III: Gewinnrücklagen sind von den Kapitalrücklagen strikt zu trennen, denn hier werden die Rücklagen nicht außen- sondern *innenfinanziert*, d.h. *aus dem Gewinn gebildet.*[1] Der Sinn der verschiedenen Gewinnrücklagen besteht darin, das EK zu stärken, den Gläubiger zu schützen und damit Risiken zu minimieren.

Es gibt *gesetzlich vorgeschriebene* und *freie* (Gewinn-)Rücklagen. Wir nehmen sie der Reihe nach unter die Lupe:

Als **Posten A III 1** weist eine AG oder KGaA die **Gesetzlichen Rücklagen** aus (gilt nicht für die GmbH!). § 150 AktG enthält dazu die Vorschrift, daß 5% des (um einen evtl. Verlustvortrag aus dem Vorjahr geminderten) Jahresüberschusses in die gesetzliche Rücklage einzustellen sind, bis diese *und* die Kapitalrücklage *zusammen* 10% oder den in der Satzung bestimmten höheren Teil des Grundkapitals erreichen.

Aha! Nochmal langsam:
1. Zunächst ziehen Sie vom Jahresüberschuß evtl. Verlustreste aus dem Vorjahr ab.
2. Von diesem Ergebnis müssen Sie 5% in die gesetzliche RL einstellen.
3. Das machen Sie jedes Jahr und zwar so lange, bis die gesetzliche RL und die Kapitalrücklage zusammen 10% des Grundkapitals ausmachen.
4. Falls Ihre Satzung statt 10% einen höheren Prozentsatz verlangt, müssen Sie solange in die gesetzliche RL einstellen, bis dieser höhere Teil des Grundkapitals erreicht ist.

Beispiel: Von einer Aktiengesellschaft sind bekannt:
- Grundkapital:.. 5.000.000 DM
- gesetzliche RL lt. EB:................................... 300.000 DM
- Aufwendungen des Abschlußjahres: .... 19.000.000 DM
- Erträge des Abschlußjahres: .... 20.000.000 DM
- Verlustvortrag aus dem Vorjahr: .... 200.000 DM

Sie rechnen wie folgt (ohne Berücksichtigung der auf den Gewinn zu zahlenden Steuern):

---

[1] Das Nichtausschütten von Gewinnen nennt man 'Gewinnthesaurierung'.

Erträge	20.000.000 DM
− Aufwendungen	19.000.000 DM
= Jahresüberschuß	1.000.000 DM
− Verlustvortrag aus dem Vorjahr	200.000 DM
= Berechnungsbasis der gesetzliche RL	800.000 DM

⇩

daraus 5% Einstellen in die gesetzliche RL	40.000 DM

Anmerkung: 10% des Grundkapitals wären 500.000 DM. Derzeit haben Sie erst gesetzliche RL in Höhe von 300.000 DM. Sie stellen daher weitere 40.000 DM ein.

Hätte Ihre gesetzliche RL statt dessen bereits 470.000 DM betragen, hätten Sie nur 30.000 DM einstellen müssen. Ihre gesetzliche RL hätte damit schon 500.000 DM ausgemacht, also 10% des Grundkapitals.

☞ *Bilde ich die gesetzliche Rücklage aus dem unversteuerten oder aus dem versteuerten Gewinn?*

◢ Aus dem *versteuerten* Gewinn.[1] Eine spätere Auflösung der Gewinnrücklage ist daher steuerfrei. Genauso werden die nachfolgenden (freien) Gewinnrücklagen behandelt.

Der **Posten A III 2 (Rücklage für eigene Anteile)** ist ein Sonderfall, der hier nur kurz erwähnt werden soll: Eine Kapitalgesellschaft darf bedingt eigene Gesellschaftsanteile erwerben, um diese z.B. an Mitarbeiter auszugeben. Insofern zählen diese zum Umlaufvermögen (Aktivposten B III 2 – 'Eigene Anteile'). Damit wäre die Kapitalgesellschaft quasi „an sich selbst beteiligt", was nicht geht. Für solche (kurzfristigen) Eigenanteile im UV muß zur Korrektur ein Passivposten 'Rücklage für eigene Anteile' gebildet werden.[2]

Der **Posten A III 3** umfaßt die **satzungsmäßigen Rücklagen**: Statt der gesetzlich vorgeschriebenen Gewinnrücklage in Höhe von 5%

---

[1] Im obigen Beispiel wurde die Gewinnbesteuerung vernachlässigt.

[2] Da die Bildung dieser RL Pflicht ist, besteht insofern bezüglich des Gewinns eine 'Ausschüttungssperre', d.h., daß der Restgewinn nach Ausschüttung so groß sein muß, daß die RL in gleicher Höhe gebildet werden kann wie der Aktivposten ausgewiesen ist.

des (um einen evtl. Verlustvortrag geminderten) Jahresüberschusses kann Ihre Satzung auch einen höheren Prozentsatz verlangen. Satzungsmäßige Rücklagen können *zweckgebunden* sein (z.B. für die Erneuerung von Anlagen oder Werbekampagnen), sie können aber auch *zweckfrei* sein.

Beispiel: Die Daten des Beispiels von S. 128 f. seien unverändert. Allerdings sieht Ihre Satzung eine satzungsmäßige RL von zusätzlichen 3% vor – insgesamt also 8%.

Ihre Rechnung sieht dann so aus:

Erträge	20.000.000 DM
– Aufwendungen	19.000.000 DM
= Jahresüberschuß	1.000.000 DM
– Verlustvortrag aus dem Vorjahr	200.000 DM
= Berechnungsbasis der gesetzliche RL	800.000 DM

⇩

daraus 5% Einstellen in die gesetzliche RL 40.000 DM
daraus 3% Einstellen in die satzungsmäßige RL 24.000 DM

Als **Posten A III 4** werden die **anderen Gewinnrücklagen** ausgewiesen. Dazu zählen eine Reihe von Rücklagen, von denen wir 2 nennen:

- Vom **Aufsichtsrat** auf Vorschlag des Vorstandes beschlossene RL. Diese darf max. 50% des Restgewinnes (also nach Bildung der gesetzlichen RL) betragen.
- Die **Hauptversammlung** kann beschließen, darüber hinaus weitere RL bilden.

Wozu dient diese Bestimmung?

Nun, letztlich steht der Gewinn natürlich den Gesellschaftern zu. Deshalb darf der AR nur einen Teil des Gewinnes in die anderen RL stellen. Falls die Gesellschafter aber selbst der Meinung sind, noch mehr in die RL einzustellen (und damit vorerst auf eine Gewinnausschüttung zu verzichten), geschieht das schließlich nicht mehr „über ihre Köpfe hinweg", sondern ist ihre eigene Entscheidung.

F *Was wäre denn der Grund für einen Gesellschafter, einer weiteren 'anderen Rücklage' zuzustimmen?*

A Beispielsweise, um weitere Investitionen zu finanzieren. Dadurch könnten die Gewinne in den Folgejahren nochmals steigen und die Gewinnausschüttung dann höher sein.

Nun sind wir mit den Rücklagen durch und kommen zu den restlichen Unterposten des Eigenkapitals:

Posten A IV ist der (bereits erwähnte) **Gewinn-** bzw. **Verlustvortrag**. Darunter ist der restliche Gewinn bzw. Verlust aus dem *Vorjahr* zu verstehen. Diese Größe entstand, nachdem z.B. Teilgewinne ausgeschüttet, Rücklagen gebildet oder aufgelöst wurden.[1]

Posten A V ist der **Jahresüberschuß** bzw. **Jahresfehlbetrag**, also das Ergebnis des *laufenden Jahres* vor Gewinnverwendung (und vor Steuern). Er stellt den *Saldo aller Erträge mit den Aufwendungen* dar und stimmt daher mit dem Ergebnis der GuV überein.

Anders ausgedrückt: Dieser Posten ist der Ausgangspunkt für die Gewinnverwendung.

Falls die Bilanz erstellt wird, *nachdem* zumindest ein Teil des Gewinnes bereits *verwendet* wurde (z.B. Einstellung in die gesetzliche RL), so wird *statt* der genannten Posten A IV und A V ein *neuer* **Posten A IV Bilanzgewinn** bzw. **Bilanzverlust** ausgewiesen.

Den Bilanzgewinn/-verlust errechnen Sie (vereinfacht) wie folgt:[2]

	Jahresüberschuß/-fehlbetrag
+/–	Gewinn-/Verlustvortrag aus dem Vorjahr
–/+	Einstellung in/Entnahmen aus Rücklagen
=	Bilanzgewinn/Bilanzverlust

---

[1] Damit kennen Sie nun einen weiteren Posten, der durch Gewinnthesaurierung entsteht; vgl. Fußnote 1 auf S. 128.

[2] Aktiengesellschaften weisen die Ergebnisverwendung mittels einer solchen Rechnung als Ergänzung zur GuV-Rechnung nach; vgl. ausführlich auf S. 158 f.

☞   *Die einzelnen Posten sind mir schon klar, aber ein Beispiel mit den EK-Arten im Zusammenhang wäre mit jetzt recht.*

◢   Gut, dann bekommen Sie eins:

Beispiel: Von einer AG liegen zum 31. Dez. folgende Daten vor:
- Grundkapital.......................1.000.000 DM
- gesetzliche RL lt. EB...............50.000 DM
- Verlustvortrag.........................40.000 DM
- Jahresüberschuß ....420.000 DM

Außerdem muß noch die Tantieme[1] für den Aufsichtsrat in Höhe von 60.000 DM gezahlt werden.

Ihre Rechnung sieht dann so aus:[2]

Vorläufiger JÜ lt. GuV	420.000 DM
− AR-Tantieme	60.000 DM
= Jahresüberschuß	360.000 DM
− Ausgleich des Verlustvortrags	40.000 DM
= zu verteilender Restgewinn	320.000 DM
− 5% Einstellen in die gesetzl. RL lt. § 150 AktG[3]	16.000 DM
= Zwischensumme	304.000 DM
− Einstellen in die freie (vom AR beschlossene) RL[4]	140.000 DM
= Bilanzgewinn[5]	164.000 DM
− Dividende in Höhe von 15% des Grundkapitals[6]	150.000 DM
= Gewinnvortrag fürs Folgejahr	14.000 DM

Übrigens: Die 3 grau unterlegten Posten kennzeichnen die Fälle, in denen Gewinn nicht ausgeschüttet sondern einbehalten wurde. Und das ist? Genau: Gewinnthesaurierung.

---

[1] Tantieme ist eine Form der Gewinnbeteiligung, die dem AR und evtl. Vorstand gezahlt wird. Ihre Berechnung wird hier vernachlässigt.

[2] Ohne Berücksichtigung der Steuern.

[3] 10% des Grundkapitals wären 100.000 DM. Momentan beträgt die gesetzliche RL erst 50.000 DM. Es werden also die kompletten 5% (= 16.000 DM) eingestellt.

[4] Gemäß § 58 AktG.

[5] Die Bilanz wurde also *nach* teilweiser Gewinnverwendung, aber *vor* dem Dividendenbeschluß der Hauptversammlung (HV) erstellt.

[6] Gemäß § 174 AktG; beschlossen von der HV.

☛   *O.k., das habe ich alles nachgerechnet und soweit kapiert.
     Aber noch mal zurück zu den Posten A IV und A V bzw. dem
     neuen Posten A IV: Kann ich die Bilanz tatsächlich mit un-
     terschiedlichen Inhalten aufstellen?*

✍   Was die Gewinnverwendung betrifft, ja. Einmal *nach* (teil-
     weiser) Gewinnverwendung, statt dessen auch *davor*. Im
     1. Fall heißt es dann z.B. Bilanzgewinn und die Posten Jah-
     resüberschuß und Gewinnvortrag entfallen.

☛   *Aber meine Bilanz: geht die dann noch auf?*

✍   Ja. Schauen Sie sich das vorherige Zahlenbeispiel noch mal
     an. Die **Passivseite** der Bilanz sähe dann auszugsweise so
     aus (alle Angaben in TDM):

Bilanzerstellung *vor* Gewinnverwendung	
• A I Grundkapital	1.000
• A III Gesetzl. RL	50
• A IV Verlustvortrag	(–)40
• A V Jahresüberschuß	420
Σ der Posten	1.430

Bilanzerstellung *nach* teil-weiser Gewinnverwendung	
• A I Grundkapital	1.000
• A III Gesetzl. RL	66
• A III Freie RL	140
• A IV Bilanzgewinn	164
• C Verb. an AR	60
Σ der Posten	1.430

Hätten Sie die Bilanz gar erst **nach der HV** aufgestellt, würde Ihr
Bilanzgewinn statt vorher 164.000 DM nun mit nur noch 14.000
DM erscheinen. Dafür würden Sie unter C *Verbindlichkeiten ge-
genüber Gesellschaftern* mit 150.000 DM (Dividende) ausweisen.
Der Betrag von 14.000 DM (Bilanzgewinn) würde in der Bilanz
des Folgejahres als *Gewinnvortrag* geführt.[1]

☛   *Entspricht der Bilanzgewinn des einen immer dem Gewinn-
     vortrag des Folgejahres?*

✍   Nein, nur wenn die Bilanz des vorausgehenden Jahres nach
     vollständiger Gewinnverwendung erstellt wurde.

---

[1] Insofern haben Sie hier eine erlaubte Abweichung vom Identitäts-
     prinzip, da Schlußbilanz und die nachfolgende Eröffnungsbilanz nicht
     mehr ganz übereinstimmen.

5.3   Rückstellungen

Rückstellungen gehören zum *Fremdkapital*. Es sind Verbindlichkeiten, deren *Zweck bekannt* ist, deren *Höhe und Fälligkeit* aber
noch nicht feststehen. Rückstellungen werden für bestimmte *Aufwendungen* gebildet, die wirtschaftlich ins Abschlußjahr zählen,
aber erst später zur Ausgabe werden.[1]

In der Bilanz werden die Rückstellungen in **3 Bilanzposten** erfaßt:

- **Pensionsrückstellungen**
- **Steuerrückstellungen**
- **Sonstige Rückstellungen**

Zunächst schauen wir uns an, welche Rückstellungen gebildet
werden müssen oder dürfen, und welche verboten sind: ⇨ S. 135

Soviel zum *formellen* Bilanzansatz. Bezüglich des *materiellen*
Bilanzansatzes gilt: Rückstellungen werden i.d.R. nach *vernünftiger kaufmännischer Vorsicht* bewertet. Für Pensionsrückstellungen
gilt allerdings eine Sonderregel: Diese werden mit ihrem (abge-
zinsten) *Barwert* passiviert.

Dieser drückt aus, wieviel eine bestimmte zukünftige Verpflichtung aus heutiger Sicht wert ist – z.B. müssen Sie in 10 Jahren
10.000 DM zahlen, aufgrund der Inflation sind diese heute aber
deutlich weniger wert. Insofern ist dies ein Verstoß gegen das
HWP, schützt aber vor einem Ausweis zu hoher Aufwendungen.

☛ *Moment mal! Das mit dem Barwert hätte ich gerne etwas
genauer. Wie berechnet man den?*

◢ Mittels der umgekehrten Zinseszinsrechnung. Hier haben
Sie die Formel:[2]

$$\text{Barwert} = \frac{\textbf{Auszahlungsbetrag in n Jahren}}{(1 + i)^n}$$

Für die **StB** gilt dabei ein Zinssatz von mind. 6%, für die **HB**
reicht einer von 3% aus.

---

[1] Sie merken schon: Hintergrund ist mal wieder das Prinzip der periodengerechten Abgrenzung.

[2] n = Jahre bis zur Auszahlung; i = Zinssatz p : 100.

Eine Passivierung*pflicht* für HB und StB besteht für:

1. ungewisse Verbindlichkeiten:

- erwartete Steuernachzahlungen
- Jahresabschlußkosten
- Garantieverpflichtungen
- Pensionen (betriebl. Altersversorg.)
- Inanspruchnahme aus Bürgschaften und Wechselobligo[1]
- Gratifikationen
- Tantiemen
- Kundenboni
- Prozeßkosten

2. drohende Verluste aus schwebenden Geschäften:

- erheblicher Preisrückgang bereits gekaufter, aber noch nicht angelieferter Ware
- Der Erlös eines Verkaufsgeschäftes kann die Selbstkosten nicht mehr decken (wegen Preissteigerung im Einkauf)

3. unterlassene Instandhaltungsaufwendungen, die in den ersten 3 Monaten des Folgejahres nachgeholt werden

4. Gewährleistungen ohne rechtl. Verpflichtung (Kulanzen)

Ein Passivierung*wahlrecht* für die HB und gleichzeitig ein *Verbot* für die StB besteht für:

1. unterlassene Instandhaltungsaufwendungen, die im Folgejahr *nach* 3 Monaten nachgeholt werden

2. verschiedene Aufwandsrückstellungen, die dem Abschlußjahr zuzurechnen sind:

- Großreparaturen
- Werbekampagnen
- Messen
- Betriebsverlegungen u.a.

Ein Passivierung*verbot* besteht für die HB und die StB:

für alle anderen, hier nicht genannten Zwecke

Beispiel: Sie müssen in 4 Jahren 20.000 DM Betriebsrente zahlen. Sie legen einen Zinssatz von 5% zugrunde.

$$\text{Barwert} = \frac{20.000}{(1+0,05)^4} = \frac{20.000}{(1,05)^4} = \underline{16.454,05 \text{ DM}};$$

Ihr Bilanzansatz für die Pensionsrückstellung ist also 16.454 DM.

---

[1] Vgl. S. 43.

☞   *Wieso ist der Mindestprozentsatz für die StB höher? Führt das nicht zu einem niedrigeren Gewinn?*

◢   Nein. Da für die StB der höhere Prozentsatz *im Nenner* steht, wird der gesamte Ausdruck (also der Barwert) relativ kleiner. Dieser (niedrigere) Barwert bedeutet einen niedrigeren Aufwand und somit einen relativ höheren Gewinn.[1]

☞   *Und die anderen Rückstellungen, wie hoch bilde ich die?*

◢   Sie greifen einfach auf Erfahrungswerte zurück, z.B. Garantierückstellungen: In den letzten Jahren betrugen Ihre Garantieaufwendungen durchschnittlich 2% Ihres Umsatzes, also bilden Sie auch im Abschlußjahr eine Garantierückstellung in Höhe von 2%.

5.4   Verbindlichkeiten

Sie wissen, was alles zu den Verbindlichkeiten zählt.[2] Die meisten der Verbindlichkeiten werden mit Ihrem *Nennwert* (den Anschaffungskosten) angesetzt. Dazu gehören z.B.

- Verbindlichkeiten aLuL in DM,
- Umsatzsteuer,
- erhaltene Anzahlungen,
- überzogenes Bankkonto und
- Kredite, deren Zinsen nachträglich fällig werden.

Es gibt allerdings auch ein paar Verbindlichkeiten, für die das **HWP** zu beachten ist. Diese schauen wir uns jetzt an.

5.4.1   Währungsverbindlichkeiten

Währungs- oder Valutaverbindlichkeiten lauten nicht auf DM. Ist der Fremdwährungskurs zum Stichtag gestiegen, müssen Sie mit

---

[1] Ein Fall von aktivisch abgegrenzte Steuern! Vgl. S. 117 ff.; zur Buchungstechnik vgl. in: Jossé, Buchführung – aber locker!, S. 183 f.

[2] Oder schauen Sie in der Bilanz auf S. 40 nach (Passivposten C).

einem höheren Überweisungsbetrag rechnen (nichtrealisierter Kursverlust!), ansonsten bleibt es beim Anschaffungskurs.

Beispiel: Sie bekamen am 18. Dez. eine auf 3.000 US-$ lautende Rechnung mit einem Zahlungsziel von 4 Wochen. Am 18. Dez. notierte der US-$ mit 1,70 DM. Ihre Anschaffungskosten betrugen daher (3.000 · 1,70 =) 5.100 DM.

Zum 31. Dez. sind 3 Fälle zu unterscheiden:

Fall	also:	Beispiel	Bilanzansatz
• Kurs gesunken:	TW < AK	1,60 DM	AK[1] = 5.100 DM
• Kurs unverändert:	TW = AK	1,70 DM	AK = 5.100 DM
• Kurs gestiegen:	TW > AK	1,80 DM	TW = 5.400 DM

☞ *O.k., diese Vorgehensweise kenne ich bereits von den Fremdwährungsforderungen und von den Wertpapieren her. Nun werden Forderungen bei Bedarf abgeschrieben. Gibt es etwas Vergleichbares für die Verbindlichkeiten?*

◢ Gute Frage! Antwort: Nein. Verbindlichkeiten werden ansonsten immer zum Nennwert ausgewiesen, und zwar unabhängig vom Entstehungsgrund, ihrer Sicherheit und Fälligkeit.

☞ *Wenn ich die Verbindlichkeit aber erst in 3 Jahren bezahlen muß – müßte ich sie dann nicht abzinsen?*

◢ Nein, das dürfen Sie nicht. Insofern gilt das HWP.

5.4.2 Darlehenschulden

Wenn Sie ein Darlehen oder eine Hypothek aufnehmen, kann vereinbart sein, daß Sie nicht den vollen Kreditbetrag ausbezahlt bekommen. Statt dessen wird vorab Zins für die gesamte Laufzeit

---

[1] In diesem Fall liegt ein nichtrealisierter Gewinn in Höhe von 10 Pf. je US-$ vor. Es bleibt beim höheren Wertansatz von 1,70 DM/$.

einbehalten.[1] Dieser **Zinsabschlag** (= *Disagio* oder *Damnum*)[2] muß *steuerrechtlich* zunächst *aktiviert* und auf die Kreditlaufzeit verteilt werden. *Handelsrechtlich* besteht hierbei ein *Wahlrecht* – Sie können dort das Disagio auch sofort in voller Höhe als *Aufwand* ausweisen[3] – in beiden Fällen müssen Sie jedoch nach HWP den (höheren) Rückzahlungsbetrag passivieren.

Beispiel: Sie nehmen ein Darlehen mit 5 Jahren Laufzeit auf:

	Kreditsumme (100%)	=	200.000 DM
–	Abgeld (5%)	=	10.000 DM
=	Auszahlungsbetrag (95%)	=	190.000 DM

Wie sich die Aktivierungspflicht des Disagios in der StB und das Wahlrecht in der HB auswirken, sehen Sie in diesem auszugsweisen Vergleich zum 31. Dez.:[4]

Aktivierungspflicht des Disagios in der StB		Verzicht auf Aktivierungswahlrecht in der HB	
A Bilanz P		A Bilanz P	
Bank	190' JÜ 58'	Bank	190' JÜ 50'
Disagio	8' Darlehen 200'	...	Darlehen 200'
...		...	
Σ 198'	Σ 258'	Σ 190'	Σ 250'

Anmerkung: Ohne Berücksichtigung des Zinsaufwands betrug der Jahresüberschuß 60.000 DM. In der **StB** wurden von den 10.000 DM Disagio 2.000 DM periodengerecht abgegrenzt. Dadurch verminderte sich der JÜ auf 58.000 DM, der Posten Disagio weist dann nur noch 8.000 DM (für die restlichen 4 Jahre Kreditlaufzeit) aus.

In der **HB** wurde auf das Aktivierungswahlrecht verzichtet. Der Zins von 10.000 DM wurde komplett als Aufwand der Periode

---

[1] Vgl. S. 114 und S. 118 f.

[2] 'Disagio' ist die Bezeichnung für *jedes* Abgeld, 'Damnum' nur im Falle einer Darlehensaufnahme.

[3] Eine unterschiedliche Behandlung in HB und StB führt zu aktivisch abgegrenzten Steuern; vgl. S. 116 ff.

[4] Warum die Bilanzsummen nicht übereinstimmen? Das rührt daher, daß wir nur die betroffenen Posten aufgeführt haben.

gebucht, wodurch der JÜ auf 50.000 DM gemindert wurde. Insgesamt wurde die *Bilanzsumme* in der HB im Vergleich zur StB um 8.000 DM *verringert*.

Wozu das gut ist? Denken Sie z.B. an die Größenmerkmale der Kapitalgesellschaften. Vielleicht lägen Sie mit Ihrer Bilanzsumme knapp über einer der Grenzen und könnten diese jetzt senken. Als nächstkleinere Kapitalgesellschaft bräuchten Sie weniger zu veröffentlichen...[1]

5.4.3 Anleihen

Eine ganz ähnliche Situation wie bei Darlehen liegt vor, wenn Sie als Unternehmung **Anleihen**[2] herausgeben. Solche Wertpapiere dienen Ihrer Finanzierung über den Kapitalmarkt (Fremdkapital). Anleihen lauten auf einen bestimmten Nennwert (z.B. 1.000 DM), wobei als zusätzlicher Kaufanreiz für den Gläubiger die *Ausgabe* meist *unter pari* (also z.B. für 980 DM) und die *Rückzahlung über pari* erfolgt (also z.B. 1.030 DM).

Diese Werte werden in Prozent angegeben, hier also die Ausgabe zu 98% und die Rückzahlung zu 103%. Insgesamt beträgt das **Disagio** damit 5%. Dieses hat zinsähnlichen Charakter und muß in der **StB** zunächst **aktiviert** und dann auf die Jahre der Laufzeit verteilt werden.[3] Handelsrechtlich besteht wiederum ein Aktivierungs-*wahlrecht* – was hier nicht besonders dargestellt werden soll.[4]

---

[1] Selbst wenn die aktivisch abgegrenzten Steuern noch als Posten berücksichtigt werden, denn diese würden hier keine 8.000 DM betragen, sondern nur den Steuerbetrag darauf. Zu den Auswirkungen in den Folgejahren vgl. S. 118 f.

[2] Dazu zählen z.B. Schuldverschreibungen, nicht aber Schuldscheine, die unter den Verbindlichkeiten gegenüber Kreditinstituten oder (wie Schuldwechsel) unter Sonstige Verbindlichkeiten passiviert werden.

[3] Anleihen werden oft für 5, 8, 10 oder 15 Jahre herausgegeben. Im übrigen finden während der Laufzeit (halb-)jährliche Zinszahlungen statt, die aber kein zusätzliches Erfassungsproblem darstellen.

[4] Die Vorgehensweise bei Verzicht der Aktivierung in der HB kennen Sie schon von der Darlehensaufnahme her; vgl. S. 138 f. Zu den Auswirkungen in den Folgejahren vgl. S. 118 f.

Beispiel: Sie geben 1000 Industrieobligationen zum Stückpreis von 1.000 DM mit einer Laufzeit von 10 Jahren heraus.
Bei der Ausgabe muß der Käufer nur 98% bezahlen, die Rückzahlung erfolgt später zu 103%:

Rückzahlungskurs (103%)	=	1.030.000 DM
− Ausgabekurs (98%)	=	980.000 DM
= Disagio (5%)	=	50.000 DM

Bei der Ausgabe der Anleihen sind folgende Bilanzposten betroffen (die Kosten der Ausgabe seien vernachlässigt):

Aktiva		**Bilanz**	Passiva
Bank	980.000	Anleihen	1.030.000
Disagio	50.000		

☛ *Soweit ist mir das klar. Und zum Stichtag erfasse ich den anteiligen Zinsaufwand des Abschlußjahres und weise danach das Disagio geringer aus. Stimmt das so?*

◢ Ganz genau: Bei 5 Jahren Laufzeit der Anleihe sind zum Stichtag 10.000 DM als Zinsaufwand zu buchen, die restlichen 40.000 DM Disagio werden ins Folgejahr übernommen. Auf diese Weise wird das Disagio von Jahr zu Jahr kleiner und ist am Ende der Laufzeit aufgelöst.

☛ *Und wenn ich in meiner HB das Disagio nicht aktiviere, dann gibt es 5 Jahre lang Unterschiede zwischen HB und StB, weshalb ich in der HB zur Korrektur 'aktivisch abgegrenzte Steuern' ansetze, ja?*

◢ Auch das stimmt. Die Vorgehensweise ist analog zu der im Darlehensbeispiel auf S. 119.

☛ *Im Bilanzschema (auf S. 40) lese ich unter C 1 „Anleihen, davon konvertibel". Was bedeutet das?*

◢ Zunächst handelt es sich um einen '**Davonvermerk**'. Sie nennen also die Gesamtsumme der Anleihen, darunter weisen Sie aus, in welcher Höhe darin konvertible Anleihen enthalten sind.

'Konvertibel' bedeutet, daß sich die Rechtsverhältnisse verändern können, insbesondere zählen hierzu die bereits bekannten Wandelschuldverschreibungen.[1]

So, Ladies and Gentlemen, jetzt haben Sie einiges über die verschiedenen Bilanzansätze bei Verbindlichkeiten gelesen! Alle anderen Verbindlichkeiten werden schlicht und einfach mit ihrem *Nennwert* passiviert; dies gilt z.B. für die 'Sonstigen Verbindlichkeiten'. Was dazu gehört? Schauen Sie die folgende Übersicht an!

Passivposten C 8: Die Sonstigen Verbindlichkeiten enthalten...

... alle bald fälligen Verbindlichkeiten, die *keinen (gewinnmindernden) Aufwandscharakter* haben:

- Verbindlichkeiten aus noch zu zahlenden Dividenden
- noch abzuführende Umsatzsteuer, Verbrauchsteuern, einbehaltene Lohn- und Kirchensteuer u.ä. (als durchlaufende Posten)[2]
- übrige noch zu zahlende Steuern (z.B. Körperschaft- und Gewerbesteuer u.a.m.) der Unternehmung[1]
- noch abzuführende Sozialversicherungsverbindlichkeiten (z.B. abzuführende Beiträge aus der Kranken-, Pflege-, Arbeitslosen- und Rentenversicherung, Beiträge zur BG, Beiträge zu Pensionskassen, übernommene Kurkosten u.ä.)[1]

... außerdem die *'Übrigen Sonstigen Verbindlichkeiten'*, die im Rahmen der periodengerechten Abgrenzung für Aufwendungen gebildet werden, für die Sie (noch) keine Rechnung erhielten:[3]

- Verbindlichkeiten aus AR-Tantiemen
- noch zu zahlende Löhne und Gehälter
- noch zu zahlende Provisionen (z.B. an Handelsvertreter)
- noch zu zahlende Zinsen und Mieten

---

[1] Vgl. S. 127.
[2] Steuern und Verbindlichkeiten im Rahmen der sozialen Sicherheit werden jeweils als 'Davonvermerk' gesondert angegeben.
[3] Es handelt sich hierbei um sog. antizipative Posten: Der Aufwand ist wirtschaftlich dem Abschlußjahr zuzurechnen, obwohl die Zahlung erst im Folgejahr erfolgt; vgl. im nächsten Kapitel.

Jetzt fehlt nur noch ein letzter Aspekt, nämlich der sog. **Verbind-lichkeitenspiegel**. In dieser tabellarischen Übersicht wird zu jeder Verbindlichkeit die Restlaufzeit sowie ggf. die Art der Sicherheit genannt (z.B. Grundpfandrecht bei einer Hypothek).[1]

Auf unserer 'Reiseroute' sind wir fast am Ende der Bilanz angelangt und kommen nun zum Passivposten D, nämlich zur Passiven Rechnungsabgrenzung.

6   Passive Rechnungsabgrenzungsposten

Das *Prinzip der periodengerechten Abgrenzung* haben Sie schon mehrfach kennengelernt.[2] Jetzt interessieren uns jene Erträge, die Sie schon vereinnahmt haben, die *wirtschaftlich* aber zu einem *Folgejahr* zählen. Zum Stichtag müssen Sie diese aus der GuV-Rechnung herausnehmen und passivieren, und zwar als **Passive Rechnungsabgrenzungsposten (PRA** oder **PRAP)**.
Diese „schieben" vorab vereinnahmte Erträge ins Folgejahr hinüber, weshalb man sie auch 'transitorische Posten' nennt.

Beispiel: Für ein von Ihnen vergebenes Darlehen erhielten Sie am
01.11. die Halbjahreszinsen von 600 DM im voraus.
Momentan wären die vollen 600 DM als Zinsertrag ausgewiesen, obwohl nur 200 DM für die Monate November und Dezember ins Abschlußjahr gehören.
Die restlichen 400 DM betreffen das Folgejahr und werden über PRA abgegrenzt.

☞ *Wie wirkt sich das auf die Bilanz aus?*
▲ Ihr Gewinn wird (hier) um 400 DM gemindert, gleichzeitig Ihr Passivposten PRA mit 400 DM ausgewiesen. Insgesamt also ein Wertetausch, der sich nur auf der Passivseite abspielt. Die Bilanzsumme bleibt daher unverändert.[3]

---

[1] Auf eine Darstellung sei hier verzichtet.
[2] Vgl. vor allem S. 53 und S. 114 f.
[3] Zur Buchungstechnik vgl. in: Jossé, Buchführung – aber locker!, a.a.O., S. 175 f.

F *Jetzt haben wir von Passiver Rechnungsabgrenzung ge-sprochen, davor von der ARA. Ich verwechsle diese beiden Fälle immer mit den Sonstigen Forderungen und Sonstigen Verbindlichkeiten. In allen Fällen geht es doch um Aufwen-dungen und Erträge, oder?*

A Ja, das schon. Aber einmal handelt es sich um Erfolgsvor-gänge, die *noch nicht erfaßt* sind, aber ins Abschlußjahr ge-hören (Sonstige Forderungen und Verbindlichkeiten); diese *antizipativen* Posten nehmen die spätere Zahlung vorweg.

Im anderen Fall geht es um solche Erfolgsvorgänge, die *schon erfaßt* sind, obwohl sie dem Abschlußjahr *nicht* zuzu-rechnen sind (ARA und PRA); diese *transitorischen* Posten nehmen die bereits gezahlten Aufwendungen und Erträge auf bis zu der Periode, zu der sie wirtschaftlich gehören.

Im übrigen werden Rückstellungen ebenfalls aus dem Grund gebildet, Aufwendungen des Abschlußjahres ergeb-niswirksam zu erfassen, obwohl die Zahlung erst später er-folgt. Wir fassen das alles in einer Übersicht zusammen:

Wesen	Abschlußjahr	Folgejahr	Bilanzposten	
im voraus be-zahlter Aufwand	*Ausgabe*	**Aufwand**	ARA	transi-torisch
im voraus erhal-tener Ertrag	*Einnahme*	**Ertrag**	PRA	
noch zu erhalte-ner Ertrag	**Ertrag**	*Einnahme*	Sonst. Ford.	anti-zipativ
noch zu zahlen-der Aufwand	**Aufwand**	*Ausgabe*	Sonst. Verb.	
späterer, unbe-kannter Aufwand	**Aufwand**	*Ausgabe*	RüSt	

F *Die Sonstigen Verbindlichkeiten und die Rückstellungen werden also beide für Aufwendungen gebildet, die wirt-schaftlich ins Abschlußjahr gehören, aber erst später zur Ausgabe führen. Worin unterscheiden sie sich dann?*

A Das war soweit richtig. Der Unterschied besteht darin, daß Sie bei den Sonstigen Verbindlichkeiten nicht nur den

Zweck, sondern auch die genaue Höhe und Fälligkeit kennen. Bei den Rückstellungen dagegen ist zumindest die *Höhe ungewiß.*

✐ *Sind wir jetzt mit der Bilanz durch?*

◢ Fast. Es fehlt nur noch ein kurzer Exkurs über Erweiterungen, d.h. die *Sonderposten* der Passivseite. Hier sind sie:

7   Sonderposten der Passivseite

Neben den im Bilanzschema aufgeführten Passivposten gibt es zur Ergänzung noch die folgenden Sonderposten:

Sonderposten	Erläuterung
• Einlagen der KGaA-Komplementäre	Kapitaleinlagen der persönlich haftenden KGaA-Gesellschafter; ⇨ Ausweis nach dem Posten A I (Gez. Kap.)
• Rücklage für ein gefordertе GmbH-Nachschüsse	Entspricht der auf der Aktivseite ausgewiesenen Nachschußforderung an die GmbH-Gesellschafter; ⇨ gesonderter Ausweis in A II (Kap.-RL)
• Bilanzgewinn/Bilanzverlust	Bei Erstellen der Bilanz nach (teilweiser) Gewinnverwendung;[1] ⇨ Posten A 4-neu
• Sonderposten mit Rücklageanteil	wird gebildet für steuerfreie RL und für Unterschiedsbeträge zwischen StB und HB durch Abschreibungen; ⇨ zwischen EK und Rückstellungen[2]
• Eventualverbindlichkeiten	Haftungsverhältnisse (z.B. aus Gewährleistungen, Wechselobligo, übernommenen Bürgschaften etc.; ⇨ Angabe „unter" der Bilanz

[1] Vgl. S. 131.
[2] Die Stellung in der Bilanz zeigt den Mischcharakter von EK und FK, da die Sonderposten mit RL-Anteil erst bei ihrer Auflösung versteuert werden.

Die meisten der Posten kennen Sie bereits oder sie erklären sich selbst. Erklärungsbedürftig sind die **Sonderposten mit Rücklageanteil**. Diese gibt es in 2 Varianten:

- als *steuerfreie Rücklagen*
- als *steuerrechtliche Sonderabschreibungen*

Schauen wir sie uns an:

Die steuerfreien Rücklagen[1] erlaubt der Gesetzgeber vor allem, um zusätzliche Investitionsanreize zu schaffen und damit die Wirtschaft zu fördern. Da diese RL aus dem *unversteuerten* Gewinn gebildet werden, sinkt zunächst die Steuerlast. Erst bei ihrer Auflösung werden darauf Steuern fällig. Insofern haben steuerfreie RL teils FK-Charakter (in Höhe des zukünftigen Steueranteils) und teils EK-Charakter (der restliche Betrag). Deshalb werden sie nach den Rücklagen und vor den Rückstellungen ausgewiesen.

Steuerfreie RL sind hauptsächlich im EStG geregelt. Für sie gilt i.d.R. das Prinzip der *umgekehrten Maßgeblichkeit*, d.h., daß sie nur dann gebildet werden dürfen, wenn sie auch in der HB angesetzt werden.

Steuerfreie Rücklagen sind z.B.:[2]

- **Reinvestitions-RL nach § 6b EStG:** Verkaufen Sie ein Anlagegut mit Gewinn, so kann dessen stille RL auf später neu erworbene oder hergestellte Wirtschaftsgüter übertragen werden.[3]
- **Ersatzbeschaffungs-RL nach Abschn. 35 EStR:** Bei Ausscheiden eines Anlagegutes aufgrund von höherer Gewalt oder zur Abwendung einer Enteignung kann dessen stille RL auf ein neues Ersatzgut übertragen werden, anstatt einen Ertrag auszuweisen.[4]
- **Sanierungs-RL nach § 6d EStG:** Wird ein bedrohter Betrieb übernommen und werden dadurch Arbeitsplätze erhalten, so kann

---

[1] Sie erinnern sich: Alle anderen Gewinn-RL wurden aus dem *versteuerten* Gewinn gebildet.

[2] Vgl. ausführlich in: Wöhe, Günter, Bilanzierung und Bilanzpolitik, 9. Auflage, München 1997, S. 764 ff.

[3] Insofern liegt hier eine Steuerstundung vor.

[4] Wenn die Entschädigung den Buchwert des AV übersteigt, müßte ansonsten ein Gewinn ausgewiesen (und versteuert) werden.

ein bestimmter Prozentsatz der Kapitaleinlage als steuerfreie RL gebildet werden.

- **Zuschuß-RL:** Erwartet eine Unternehmung öffentliche oder private Zuschüsse, so können diese Erträge in die steuerfreie RL gestellt werden, wenn die geplante Anschaffung der (bezuschußten) Anlagegüter nicht sofort erfolgt.
- **Umwandlungs-RL:** Werden z.B. bei der Umwandlung einer Kapital- in eine Personengesellschaft bestimmte Bilanzposten (z.B. Pensionsrückstellungen) aufgelöst, müßten diese Erträge versteuert werden. Durch die steuerfreie RL werden diese Beträge gestundet und die Unternehmensliquidität entlastet.
- **Weitere steuerfreie RL**, die zeitweise erlassen werden, um bestimmte Branchen (z.B. Steinkohlebergbau), Standorte (z.B. neue Bundesländer), die Exportwirtschaft o.ä. zu fördern.

Die steuerrechtlichen Sonderabschreibungen werden ebenfalls als Sonderposten mit Rücklageanteil ausgewiesen, und zwar in Höhe des Unterschiedsbetrags zwischen handels- und steuerrechtlichen Abschreibungen. Meist sind sie in § 7 EStG geregelt.

- **Investitions-RL (Ansparabschreibung):**[1] Kleinere Betriebe dürfen neben der Sonderabschreibung[2] gewinnmindernde RL in Höhe von max. 50% der AK/HK bilden.
- Auch hier gibt es zeitweise **weitere Sonderabschreibungen**, um bestimmte Regionen oder Branchen zu fördern.

☞ So, wieder mal Zeit für eine Pause! Sie sind mittlerweile schon ein angehender Bilanzprofi! Lesen Sie sich ruhig jene Passagen noch einmal durch, die Ihnen auf Anhieb noch nicht ganz klar waren.

Ansonsten haben wir alle wichtigen Bilanzposten besprochen, sodaß jetzt was Neues kommt: Die Ergebnisrechnung (oder GuV-Rechnung). Sie wissen ja: Der Jahresabschluß besteht nicht nur aus der Bilanz...

Aber, wie gesagt, machen Sie erst 'mal 'ne Pause und relaxen Sie am Baggersee oder im Freibad, bei einem Spaziergang oder...

---

[1] Nach § 7g Abs. 3 EStG.
[2] Vgl. S. 87.

E   Die Gewinn- und Verlustrechnung

1   Zweck der Gewinn- und Verlustrechnung

Erfolg ist – wie sie wissen – ein Oberbegriff für Gewinn *oder* Verlust. Die Gewinn- und Verlustrechnung[1] (oder Erfolgsrechnung) ist neben der Bilanz der 2. Teil des Jahresabschlusses. Während die Bilanz eine Bestandsrechnung zu einem bestimmten Zeit*punkt* ist, ist die GuV eine Zeit*raum*rechnung; m.a.W., sämtliche Aufwendungen und Erträge einer gesamten Periode werden erfaßt und anschließend gegenübergestellt, um so den Erfolg der Unternehmung im Abschlußjahr zu ermitteln.

Die Bilanz weist ebenfalls den Erfolg aus, aber nur *summarisch* (z.B. als EK-Veränderung). Die GuV hingegen zeigt die *Quellen des Erfolgs*, indem die Aufwendungen und Erträge einzeln aufgelistet werden.
Dadurch können Sie feststellen, daß Ihr Gewinn z.B. weniger den betrieblichen Umsatzerlösen, sondern den Zinserträgen zu verdanken ist. Nehmen Sie noch die Vorjahreszahlen hinzu, können Sie aus dem Vergleich erste Schlüsse ziehen, wie z.B., daß der Gewinn gleich hoch ist, obwohl Materialkosten gestiegen sind (aber gleichzeitig andere Kosten gesunken sind oder die Erträge gesteigert wurden) usw.
Sie sehen, die GuV ist eine wichtige Informationsquelle für Sie.

Fassen wir das alles noch einmal zusammen:

Aspekt	Bilanz	GuV-Rechnung
• Zeitdimension:	Zeit*punkt*	Zeit*raum*
• Auflisten von:	Vermögen + Schulden	Aufwend. + Erträge
• Erfolgsausweis:	summarisch	aufgeschlüsselt
• Erfolgsquellen:	nein	ja

---

[1] Statt 'GuV-Rechnung' benutzen wir nachfolgend meist die Abkürzung 'GuV'.

2   Aufbau der GuV

Wie eine GuV aufgebaut ist, wissen Sie sicher noch aus der Buchführung. Soweit sie in Kontenform[1] dargestellt wird, sieht die GuV
im *Gewinnfall* folgendermaßen aus:

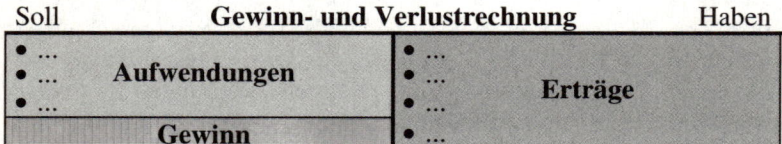

bzw. bei *Verlust*:

Soll	Gewinn- und Verlustrechnung	Haben
• ... • ... • ... • ... **Aufwendungen**	• ... • ... • ... **Erträge**	
	Verlust	

Alle Aufwendungen und Erträge werden bei dieser Darstellungsart
streng getrennt. Per Saldo ergibt sich der Erfolg. Für diesen gilt:

$$\text{Gewinn} = \Sigma \text{ aller Erträge} > \Sigma \text{ aller Aufwendungen}$$

$$\text{Verlust} = \Sigma \text{ aller Erträge} < \Sigma \text{ aller Aufwendungen}$$

Nachdem das geklärt ist, müssen wir uns die Prinzipien betrachten,
die bei der Aufstellung der GuV gelten.

3   Prinzipien der GuV

Allgemein gelten diese **Gliederungsgrundsätze**, die im übrigen
auch für die Bilanz Gültigkeit haben:

---

[1] Es gibt noch eine andere Darstellungsart, zu der wir gleich kommen
(vgl. Kap. E 3.1). Zum 'Aufwärmen' reicht vorerst die Kontoform.

- Die GuV folgt dem *gleichen Aufbau* wie im Vorjahr.
- Sie verwenden die *gleichen Postenbezeichnungen* wie im Vorjahr.
- Zu jedem Posten werden die *Vorjahreswerte* angegeben.
- Soweit es sinnvoll ist, besteht das Recht, Posten *feiner zu untergliedern*.[1]
- Ebenso dürfen Sie *weitere Posten* aufnehmen, soweit dies sinnvoll ist.[2]
- Außerdem haben Sie das Recht, *Posten anders zu bezeichnen*, wenn dies aufgrund der Besonderheit Ihrer Unternehmung sinnvoll ist.[3]

Außerdem stehen verschiedene **Aufbauprinzipien** zur Auswahl, die wir uns der Reihe nach anschauen:

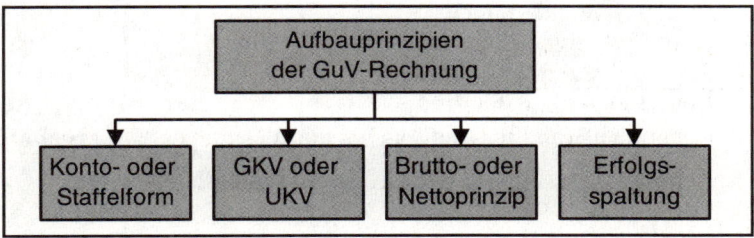

3.1   Kontoform oder Staffelform?

Es geht hier um die *formale* Darstellung der GuV: Die Kontoform kennen Sie bereits aus der Buchführung, die Staffelform ist Ihnen wahrscheinlich neu.[4]

---

[1] Wenn Sie z.B. Maschinen herstellen, außerdem Ersatzteile und Beratungsdienstleistungen, so ist es sinnvoll, diese nicht in *einem* Posten 'Umsatzerlöse' auszuweisen, sondern zu untergliedern.

[2] Wenn sie z.B. häufig Autos mieten, so mag es sinnvoll sein, diesen Aufwand aus dem Posten 8 ('Sonst. betr. Aufwend.') auszugliedern und ihn als 'Mietwagenkosten' gesondert auszuweisen (neuer Posten 8a).

[3] Z.B. für Banken, Reedereien, Bergbauunternehmen oder Energieversorger. Da die GuV-Gliederung grundsätzlich für alle Branchen gilt, können branchenspezifische Belange darin nicht berücksichtigt sein.

[4] So ganz neu auch wieder nicht: Während das Inventar in Staffelform sämtliche Vermögens- und Kapitalwerte nacheinander aufführt, wird die Bilanz in (geraffter) Kontoform erstellt.

- Die **Kontoform** ist eine getrennte *Gegenüberstellung* von Aufwendungen (links) und Erträgen (rechts).[1] Sie ist nur für Personengesellschaften erlaubt.

- Die **Staffelform** ist für *Kapitalgesellschaften zwingend* vorgeschrieben. Darin werden die Aufwendungen und Erträge in logischen Gruppen *untereinander* ausgewiesen, zusätzlich werden (saldierte) Zwischenergebnisse gebildet.

Eine **GuV in Staffelform** schauen wir uns einmal an:

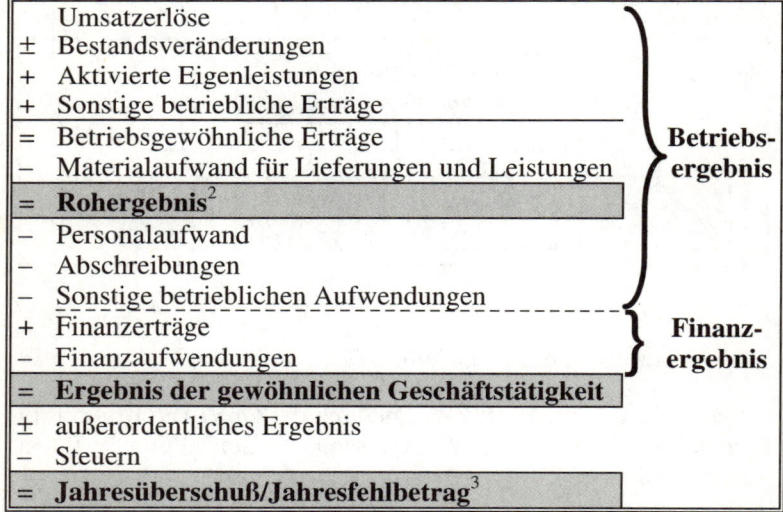

	Umsatzerlöse	
±	Bestandsveränderungen	
+	Aktivierte Eigenleistungen	
+	Sonstige betriebliche Erträge	
=	Betriebsgewöhnliche Erträge	**Betriebs-**
–	Materialaufwand für Lieferungen und Leistungen	**ergebnis**
=	**Rohergebnis**[2]	
–	Personalaufwand	
–	Abschreibungen	
–	Sonstige betrieblichen Aufwendungen	
+	Finanzerträge	**Finanz-**
–	Finanzaufwendungen	**ergebnis**
=	**Ergebnis der gewöhnlichen Geschäftstätigkeit**	
±	außerordentliches Ergebnis	
–	Steuern	
=	**Jahresüberschuß/Jahresfehlbetrag**[3]	

Die Vorzeichen „+" und „–" dienen nur der besseren Orientierung.
In Ihrer GuV werden die einzelnen Posten statt dessen durchnume-
riert. Aber schließlich soll das eben vorgestellte Schema nur ein
kleiner Vorgeschmack sein...[4]

---

[1] Vgl. S. 148.
[2] Dazu auf der nächsten Seite mehr!
[3] Entspricht dem Posten V des Eigenkapitals.
[4] Das vollständige Schema finden Sie auf S. 156.

Sie haben jetzt gesehen, wie die GuV in Staffelform aussieht –
also wie sie für Personengesellschaften freiwillig und für Kapitalgesellschaften verpflichtend vorgeschrieben ist.

Allerdings hängt es von der *Größe der Kapitalgesellschaft* ab, wie
umfangreich die GuV in Staffelform aufgestellt werden muß. Genau, Sie haben richtig vermutet! Wiederum gilt für die mittelgroße
Kapitalgesellschaft[1] eine wesentliche Erleichterung: Sie darf bestimmte Posten zu einem **Rohergebnis** zusammenfassen. Dadurch
verschweigt sie z.B. ihre Umsatzerlöse (1. Zeile) und die dazu be-
nötigten Materialaufwendungen (6. Zeile). Alles klar? Die GuV ist
weniger aussagekräftig – die mittelgroße Kapitalgesellschaft muß
im Gegensatz zur großen weniger „ihre Hosen 'runterlassen".

3.2   GKV oder UKV?

Der nächste (inhaltliche) Aspekt, wie die GuV zu erstellen ist, ist
die Art und Weise, wie die einzelnen Aufwendungen (≈ Kosten)
gruppiert sind. Um diese Problematik zu verdeutlichen, greifen wir
z.B. die Instandhaltungskosten heraus:

- Diese könnten alle zusammengefaßt werden, und zwar *unabhängig
  vom Bereich ihres Entstehens.* So kennen Sie das aus der Buchführung und diesem Gedanken folgt das **Gesamtkostenverfahren
  (GKV)**.

- Statt dessen könnte auch unterschieden werden, *wo im Betrieb* die
  Instandhaltungskosten *jeweils* anfielen: Handelt es sich z.B. um
  Reparaturen in der Verwaltung, würden sie zu den Verwaltungs-
  kosten zählen, bei Reparaturen im Vertrieb wären es Vertriebs-
  kosten. Beim **Umsatzkostenverfahren (UKV)** wird also in **Entste-
  hungsbereiche** unterteilt. Auch das ist für Sie eigentlich nichts
  Neues – denken Sie an die Ermittlung der Herstellungskosten:
  Auch da wurden die Kosten nach ihren Entstehungsbereichen in
  Material-, Fertigungs- und Verwaltungskosten unterteilt.[2]

Dazu ein Schema:

---

[1] Zur Erinnerung: Kleine Kapitalgesellschaften müssen ihre GuV nicht
    veröffentlichen.

[2] Vertriebskosten fielen bei den Herstellungskosten nicht an, für die
    verkauften Güter aber durchaus.

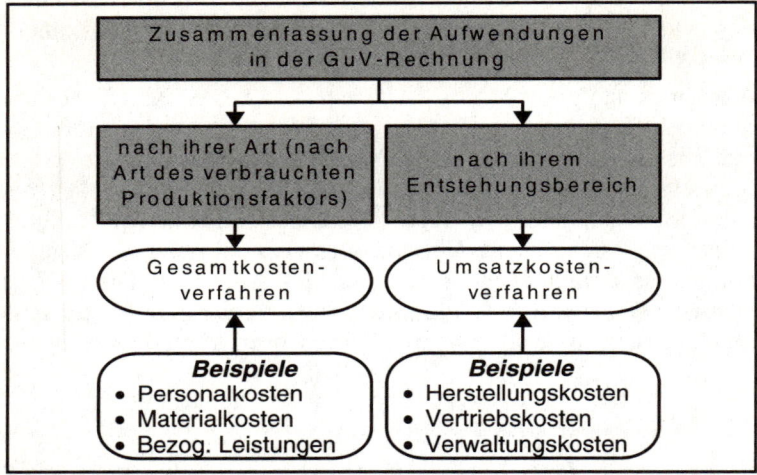

☞ *Die beiden Verfahren unterscheiden sich also dadurch, daß ich beim GKV die Aufwendungen nach ihrer Art zusammenfasse, z.B. sämtliche Personalkosten. Beim UKV hingegen werden z.B. die Personalkosten aufgesplittet und auf die Bereiche Material, Fertigung, Verwaltung und Vertrieb aufgeteilt. Habe ich das richtig gesagt?*

◢ Vollkommen. Ich hätte es nicht besser ausdrücken können.

☞ *Da scheint mir doch das GKV viel einfacher durchzuführen – schließlich muß ich beim UKV die Aufwendungen zuerst mühsam auf die Entstehungsbereiche aufteilen, oder?*

◢ Ja. Und genau da liegt der Haken: Im Einzelfall ist das nämlich gar nicht so leicht. Stellen Sie sich z.B. Reparaturkosten für ein Gebäude vor, in dem die Entwicklungsabteilung, die Verwaltung und ein Teil des Einkaufs sitzen.

Merken Sie was? Da müssen Sie erst einmal herausfinden, *welche Bereiche* die angefallenen Kosten *wie verursacht* haben (oder ihnen jedenfalls zuzurechnen sind). Das geht nicht ohne eine detaillierte Kostenstellenrechnung, die die Kosten auf die verursachenden Bereiche aufteilt.[1]

---

[1] Zur Aufgabe und Abrechnung der Kostenstellenrechnung vgl. ausführlich in: Jossé, Basiswissen Kostenrechnung, a.a.O., S. 67 ff.

Wir schauen uns das gemeinsam anhand eines **Beispiels** an. Welche Aufwendungen anfielen (und in welcher Höhe!), wissen Sie aus Ihrer Buchhaltung. Insofern wäre das GKV leichter. Sie würden z.B. Lohnkosten in Höhe von 40.000 DM ansetzen usw.

Für das UKV müßten Sie die Lohnkosten aber aufteilen − siehe Tabelle. Ihre Kostenstellenrechnung ergäbe dann, daß 36.500 DM Herstellungskosten, 7.500 DM Vertriebs- und 6.000 DM Verwaltungskosten anfielen. Deren Summe ergibt ebenfalls 50.000 DM.[1]

Entstehungsbereiche ⇨		UKV		
Aufwandsarten ⇩	Σ	**Herstellg.**	**Vertrieb**	**Verwaltg.**
G Lohn	40.000	31.000	6.000	3.000
K BS-Aufwand	6.000	4.000	1.000	1.000
V Reparaturen	4.000	1.500	500	2.000
Σ	50.000	36.500	7.500	6.000

Letztlich kommen also beide Verfahren zum gleichen Ergebnis (sprich Gewinn oder Verlust), nur ist das UKV aufwendiger.

Nachdem Sie nun eine ungefähre Ahnung haben, wodurch sich die beiden Verfahren unterscheiden, wollen wir sie kurz skizzieren:

• **Das Gesamtkostenverfahren (GKV):**
  ◆ Es gliedert *alle* Aufwendungen nach ihrer **Art**, d.h. nach Art der *in Anspruch genommenen Produktionsfaktoren*.
  ◆ Dabei spielt es keine Rolle, ob diese Aufwendungen für Produkte anfielen, die auch am Markt abgesetzt wurden oder nicht.
  ◆ Das GKV ist daher **leistungsbezogen** (Aufwendungen der gesamten Betriebsleistung werden erfaßt).
  ◆ In der GuV sollen sich Aufwendungen und Erträge auf die gleichen Stückzahlen beziehen. Da aber produzierte Menge und Absatzmenge meist nicht übereinstimmen, wird der Posten **'Bestandsveränderungen'** benötigt.[2]

---

[1] Für Puristen: Dies ist nur ein stark vereinfachtes Beispiel, das die grundsätzliche Problematik veranschaulichen soll.
[2] Posten 2 nach dem GKV; siehe Seite 156.

- **Das Umsatzkostenverfahren (UKV):**
  - ◆ Die Aufwendungen werden nicht nach ihrer Art, sondern nach **Entstehungsbereichen** aufgeschlüsselt.
  - ◆ Den **Umsatzerlösen** werden die *dazu angefallenen* **Herstellungskosten gegenübergestellt**, und zwar unabhängig davon, in welchem Geschäftsjahr die verkauften Produkte hergestellt wurden.
  - ◆ Das UKV ist damit **umsatzbezogen**.
  - ◆ Da sich Aufwendungen und Erlöse auf die gleiche Absatzmenge beziehen, wird kein Posten 'Bestandsveränderungen' benötigt.

☞ *Das mit den Bestandsveränderungen wüßte ich gerne etwas genauer. Ist das jetzt ein Aufwand oder ein Ertrag?*

▲ Beides ist möglich. Wenn Sie mehr produzierten als verkauften, dann haben Sie einen Ertrag (Lagerleistung statt Absatzleistung) geschaffen. Wenn Sie mehr verkauften als produziert wurde, haben Sie zwangsläufig Produkte aus dem Lager entnommen (= Verbrauch als Aufwand).
⇨ Schauen Sie sich dazu die umseitige Grafik an.

Es sind also 2 Fälle von Bestandsveränderungen zu unterscheiden:

- **Die Bestandserhöhung** stellt einen Ertrag dar – es wurde nicht für den Absatzmarkt sondern fürs Lager produziert.
- **Die Bestandsminderung** stellt einen Aufwand dar – es wurden Produkte aus dem Lager entnommen und verkauft. Diese stehen den dadurch erzielten Umsatzerlösen gegenüber.[1]

Dazu ein Beispiel zum GKV: Sie produzieren Radios zu Herstellungskosten von 20 DM je Stück. Sie verkaufen sie für je 30 DM. Jedes Jahr stellen Sie 1.000 St. her (Aufwand = 20.000 DM).
Im einen Jahr verkaufen Sie allerdings nur 900 St. (= 27.000 DM); Sie haben daher eine Bestandserhöhung von 100 St. (= 2.000 DM).
Im nächsten Jahr stellen Sie wiederum 1.000 St. her, verkaufen aber diesmal 1.100 St. (= 33.000 DM). Ihre Bestandsminderung beträgt für die 100 verbrauchten Stück 2.000 DM.

---

[1] Bestandsveränderungen betreffen unfertige und Fertigerzeugnisse.

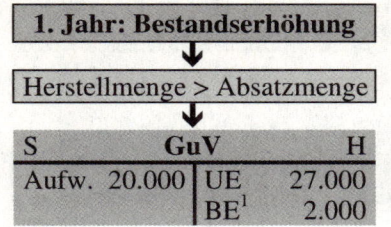

1. Jahr: Bestandserhöhung		2. Jahr: Bestandsminderung	
↓		↓	
Herstellmenge > Absatzmenge		Herstellmenge < Absatzmenge	
↓		↓	
S **GuV** **H**		**S** **GuV** **h**	
Aufw. 20.000	UE 27.000	Aufw. 20.000	UE 33.000
	BE[1] 2.000	BM[1] 2.000	

F *Das ist mir jetzt klar. Und welches Verfahren wähle ich?*

A Das können Sie grundsätzlich frei entscheiden. Das GKV ist
aber einfacher, evtl. auch aussagefähiger (es zeigt nämlich,
welche Arten von Aufwendungen anfielen). Wenn Sie über
keine Kostenstellenrechnung verfügen, kommt sowieso nur
das GKV in Frage.
So, und jetzt betrachten wir die GuV mal genauer! (S. 156)

Sie sehen, daß sich die GuV nach dem GKV und UKV nur in den
ersten 8 bzw. 7 Posten unterscheidet. Die weiteren Posten sind
identisch – wenn auch die Postennummern um eins abweichen.
Die **Zwischenergebnisse** und das **Endergebnis** sind hier fettge-
druckt. Die *grau unterlegten* Posten dürfen von mittelgroßen Kapitalgesellschaften zu einem **Rohergebnis** zusammengefaßt werden,
es sind dies die Posten 1-5 nach dem GKV bzw. die Posten 1-3
und 6 nach dem UKV (= verkürzte GuV; vgl. S. 39).
Und damit sind wir schon beim nächsten Thema!

F *Moment mal! Mich interessiert, was die einzelnen Posten
alles enthalten. Wo ordne ich z.B. Reisekosten zu?*

A Warten Sie noch 5 Minuten! In Kap. E 4 sehen Sie, welchen
GuV-Posten Sie die einzelnen Erfolgsvorgänge zuordnen.
Und falls Sie es bis dahin nicht aushalten: Die Reisekosten
gehören zu den 'sonstigen betrieblichen Aufwendungen',
also dem Posten 8 GKV bzw. Posten 7 UKV.

---

[1] BE = Bestandserhöhung, BM = Bestandsminderung. Tatsächlich
wird in der GuV nur die (übergeordnete) Bezeichnung 'Bestandsveränderungen' verwendet. Diese sind im übrigen immer mit den Herstellungskosten anzusetzen und nicht mit den evtl. möglichen Ver-
kaufspreisen. Grund? Sonst läge ein nichtrealisierter Gewinn vor...

Nr.	Gesamtkostenverfahren	Umsatzkostenverfahren	Nr.
1.	Umsatzerlöse	Umsatzerlöse	1.
2.	Bestandsveränderungen		
3.	and. aktiv. Eigenleistungen	Herstellungskosten der zur	2.
4.	sonst. betriebliche Erträge	Erzielung der Umsatzerlöse	
5.	*Materialaufwand:*	erbrachten Leistungen	
5a.	Aufwand für R/H/B und für		
	bezogene Waren	Bruttoergebnis vom Umsatz	3.
5b.	Aufw. f. bezog. Leistungen		
6.	*Personalaufwand:*	Vertriebskosten	4.
6a.	Löhne und Gehälter		
6b.	Sozialabgaben und Aufw. f.	Allgemeine	5.
	Unterstützg. + Altersversorg.	Verwaltungskosten	
7.	*Abschreibungen:*		
7a.	auf immat. AV + Sachanlag.	Sonst. betriebliche Erträge	6.
7b.	auf UV		
8.	Sonstige betriebliche Aufwendungen		7.
9.	Erträge aus Beteiligungen[1]		8.
10.	Erträge aus WP und Ausleihungen des Finanz-AV[1]		9.
11.	Sonstige Zinsen und ähnliche Erträge[1]		10.
12.	Abschreibungen auf Finanzanlagen und WP des UV		11.
13.	Zinsen und ähnliche Aufwendungen[1]		12.
14.	**Ergebnis der gewöhnlichen Geschäftstätigkeit**		**13.**
15.	außerordentliche Erträge		14.
16.	außerordentliche Aufwendungen		15.
17.	**außerordentliches Ergebnis**		**16.**
18.	Steuern vom Einkommen und Ertrag		17.
19.	Sonstige Steuern		18.
20.	**Jahresüberschuß/Jahresfehlbetrag**		**19.**

Handwritten margin annotations: "Rehergebnis", "Betriebsergebnis", "Finanzergebnis", "Betriebsergebnis (EBIT)"

3.3   Bruttoprinzip oder Nettoprinzip?

Wenn Sie diese Überschrift lesen, denken Sie jetzt vielleicht: „Das Bruttoprinzip? Das kenne ich doch schon!"

---

[1] Jeweils mit der Angabe „Davon aus/an verbundene Unternehmen".

Genau, Sie haben recht. Die Forderung nach **Bilanzklarheit**[1] verlangt, daß *wesensgleiche* Posten nicht miteinander saldiert werden dürfen. Dies gilt nicht nur für die Bilanz selbst, sondern auch für die GuV. Auch hier besteht grundsätzlich ein **Saldierungsverbot**, d.h., daß z.B. Zinsaufwendungen und Zinserträge oder Mietaufwendungen und Mieterträge nicht gegenseitig aufgerechnet werden dürfen.

Eine Ausnahme hierzu bilden die sog. **In-sich-Saldierungen**, die einen *ursächlichen Zusammenhang* bilden. Beispiele:

- Gewährte Nachlässe (z.B. Skonti) *müssen* mit den dazu gehörenden Umsatzerlösen verrechnet werden.
- Erhaltene Nachlässe im Einkaufsbereich müssen mit dem betreffenden Aufwand (z.B. Rohstoffaufwand,[2] Büromaterialaufwand, Werbekosten oder Reparaturkosten) verrechnet werden.

Zusätzlich wird in der GuV unter Bruttoprinzip verstanden, daß *alle* Posten des Schemas[3] *einzeln* aufgeführt werden. Beim Nettoprinzip dürfen statt dessen gewisse Posten miteinander saldiert und zu einem *Rohergebnis* zusammengefaßt werden.

Wir fassen beide Prinzipien zusammen:

- **Das Bruttoprinzip:**
  - **Sämtliche** Aufwands- und Ertragspositionen werden von den Konten der Finanzbuchhaltung übernommen und gegenübergestellt (Kontenform) bzw. aufgelistet (Staffelform).
  - Ausgenommen vom Saldierungsverbot sind **In-sich-Saldierungen** (s.o.), z.B. UE mit dafür gewährten Skonti.
  - Die GuV hat eine **höhere Aussagekraft**.
  - ⇨ Pflicht für **große** Kapitalgesellschaften

---

[1] Vgl. S. 47 f.

[2] Rohstoffe können zunächst als UV-Zugang erfaßt werden. Gerade bei Just-in-time-Fertigung bietet es sich an, die Rohstoffe direkt als Aufwand zu erfassen.

[3] Vgl. S. 156.

● **Das Nettoprinzip:**

  ◆ **Erleichterung** nach § 276 HGB

  ◆ Einzelne Posten werden teilweise miteinander aufgerechnet (saldiert). Statt der Posten 1-5 GKV bzw. 1-3 + 6 UKV erscheint nur die Zwischensumme **'Rohergebnis'**.

  ◆ Die GuV ist damit **weniger aussagefähig**.

  ◆ Diese Vorgehensweise betrifft nur den JA. Die Finanzbuchhaltung benötigt trotzdem tiefgegliederte Konten.

  ⇨ Wahlrecht für **kleine** und **mittelgroße** Kapitalgesellschaften

---

☞ *Und eine an einer EU-Börse gehandelte AG zählt wiederum in jedem Fall als große Kapitalgesellschaft und muß daher die volle GuV-Gliederung veröffentlichen?*

◢ So ist es.

3.4   Erfolgsspaltung in der GuV

Um die Aussagekraft weiter zu erhöhen, werden nicht nur die einzelnen Posten aufgelistet, sondern (saldierte) **Teilergebnisse** aufgeführt. Das sieht so aus:[1]

Betriebsergebnis [Saldo Pos. 1-8 GKV] *EBIT*
+ Finanzergebnis [Saldo Pos. 9-13]
= Ergebnis der gewöhnlichen Geschäftstätigkeit [Pos. 14]
± außerordentliches Ergebnis [Saldo Pos. 15-17]
− Steuern [Saldo Pos. 18-19]
= Jahresüberschuß/Jahresfehlbetrag (Gesamtergebnis) [Pos. 20]

Aktiengesellschaften führen das GuV-Schema anschließend fort:[2]

---

[1] Für die Positionsnummern legen wir hier den GKV zugrunde; vgl. auch die Tabelle auf S. 150.

[2] Vgl. § 158 AktG. Diese Ergänzung der GuV (von S. 156) erfolgt entweder direkt unter der GuV oder im Anhang.

für AG's

20.	**Jahresüberschuß/Jahresfehlbetrag**	19.
21.	± Gewinnvortrag/Verlustvortrag	20.
22.	+ Entnahmen aus der Kapitalrücklage	21.
23.	+ Entnahmen aus Gewinnrücklagen:	22.
	a) aus der gesetzlichen Rücklage	
	b) aus der RL für eigene Aktien	
	c) aus satzungsmäßigen Rücklagen	
	d) aus anderen Gewinnrücklagen	
24.	− Einstellungen in Gewinnrücklagen:	23.
	a) in die gesetzliche Rücklage	
	b) in die RL für eigene Aktien	
	c) in satzungsmäßige Rücklagen	
	d) in andere Gewinnrücklagen	
25.	**= Bilanzgewinn/Bilanzverlust**	24.

<u>Anmerkung:</u> Die Numerierung wird von der GuV fortgesetzt. Die Angabe der Vorzeichen hier dient nur der leichteren Orientierung.

☛ *Eine Frage zu den Postennummern: Was mache ich, wenn ich beispielsweise keine Erträge aus Beteiligungen (Pos. 9 GKV) habe?*

◢ Ganz einfach: Dieser Posten entfällt dann, die nachfolgenden Posten rutschen in der Numerierung eins vor. Wenn Sie mehrere GuV-Posten nicht ausweisen können, mag so Ihr JÜ z.B. die Positionsnummer 14 bekommen.

☛ *Und der Gewinnvortrag wäre dann Position Nr. 15, ja?*

◢ Genau.

☛ *O.k., die Aufstellungsprinzipien für die GuV und das Gliederungsschema sind mir jetzt klar. Jetzt wüßte ich aber wirklich gerne, welchen der Positionen ich die einzelnen Aufwendungen und Erträge zuordne!*

◢ Ihr Wunsch ist uns Befehl. Lesen Sie weiter...

4   Erläuterungen zu den einzelnen GuV-Positionen

Nachfolgend gehen wir die einzelnen GuV-Posten der Reihe nach durch und schauen, was sie jeweils erfassen. Wir legen dabei das **Gliederungsschema nach GKV** zugrunde. Warum? Weil gerade kleinere Unternehmen oft keine Kostenstellenrechnung haben und spätestens deshalb das GKV zugrunde legen.

☞ 2 Tips: Legen Sie den Kontenrahmen Ihres Buchführungsbuches daneben und überlegen Sie, zu welchen Posten die einzelnen Aufwendungen und Erträge gehören. Und blättern Sie immer wieder mal zu dem auf S. 156 abgebildeten GuV-Schema zurück.

Sind Sie startklar? Es geht los!

1. Umsatzerlöse:

- ◆ erzielen Sie aus dem für Ihre Unternehmung *typischen* und *geschäftsgewöhnlichen* Verkauf von Sachgütern und Dienstleistungen, z.B. Umsatzerlöse für verkaufte Produkte (Industrie), Warenumsätze (Handel), Beherbergungsumsatz (Hotellerie), Erlöse aus der Vermietung und Verpachtung (bei einer Wohnungsgesellschaft), Leasingerträge (bei einer Leasinggesellschaft) usw.
- ◆ nicht enthalten sind z.B. Mieterträge eines Handelsgeschäfts (Vermietung ist nicht das eigentliche Produkt bzw. der Zweck des Handelsbetriebs)
- ◆ alle Erträge ohne USt
- ◆ Preisnachlässe und Gutschriften werden verrechnet

2. Erhöhung und Verminderung des Bestands an fertigen und unfertigen Erzeugnissen:

- ◆ betrifft die *Lagerleistung* (Bestandserhöhung) bzw. die *Lagerentnahme* (Bestandsminderung)
- ◆ werden mit den Herstellungskosten bewertet
- ◆ Ausgleichsposten zu den aufgeführten betrieblichen Aufwendungen (bei Bestandserhöhung) bzw. zu den Umsatzerlösen (bei Bestandsminderung)
- ◆ ausgewiesen werden auch evtl. Abschreibungen auf diese Vorräte an (un)fertigen Erzeugnissen

3. Andere aktivierte Eigenleistungen:

* betrifft *selbst erstellte* Anlagen und Werkzeuge, die zum Verbleib in der Unternehmung bestimmt sind,[1] Großreparaturen und aktivierte Aufwendungen für die Ingangsetzung und Erweiterung des Geschäftsbetriebs[2]

4. Sonstige betriebliche Erträge:

* Gegenstück zu den in Pos. 15 genannten außerordentlichen Erträgen, also Erträge, die *betriebsüblich* sind und in gewöhnlicher Höhe anfallen, wie z.B.:
* Ertrag aus dem Abgang von AV, Zuschreibungen, Eingang aus bereits abgeschriebenen Forderungen, Kantinenerträge, Provisionserträge, Erträge aus berechneten Spesen, Mahnkosten usw. (aber keine Zinserträge!), Erträge aus der Auflösung von Rückstellungen oder Herabsetzung von PWB
* Erträge aus der Auflösung des Sonderpostens mit RL-Anteil (wird gesondert ausgewiesen)[3]

5. Materialaufwand:

a) **Aufwand für Roh-, Hilfs- und Betriebsstoffe und für bezogene Waren:**
* alle Aufwendungen für Roh-, Hilfs- und Betriebsstoffe, bezogene Fremdbauteile und Waren, Büro- und Verpackungsmaterial (unabhängig vom Bereich sie verbraucht wurden
* Aufwendungen der Verwaltung und des Vertriebs können statt dessen auch unter Posten 8 (sonst. betriebl. Aufwand) ausgewiesen werden
* auch alle üblichen Abschreibungen auf Vorräte und Inventurdifferenzen (z.B. Kassenfehlbetrag)

b) **Aufwand für bezogene Leistungen:**
* das sind Leistungen Dritter, soweit sie überwiegend Materialcharakter haben, wie z.B. Lohnbearbeitung, Fremdreparaturen, Strom- und Energieaufwand, Lizenzaufwand in der Fertigung, bezogene Leistungen für Forschungsarbeiten usw.

---

[1] Vgl. S. 60 ff.

[2] In all diesen Fällen wird bei der Aktivierung ein Ertrag angesprochen, nämlich die 'aktivierte Eigenleistung'.

[3] Vgl. S. 144 ff.

6. Personalaufwand:

a) Löhne und Gehälter:

- alle *Bruttolöhne* für Angestellte und Arbeiter sowie für die Geschäftsführung inkl. von Urlaubs- und Weihnachtsgeld, Gratifikationen, Prämien, vermögenswirksamen Leistungen usw.

- nicht enthalten: AR-Tantiemen sowie Personalaufwand, der nicht unmittelbar dem Beschäftigten in Form von Lohn oder Gehalt zufließt, wie z.B. Kosten für Stellenanzeige, Einstellungstests, Fort- und Weiterbildung, Werksarzt, Werkskantine usw. (alle in Posten 8)

b) Sozialabgaben und Aufwendungen für Unterstützung:

- mit Davonvermerk für Aufwand für Altersversorgung

- Sozialabgaben (Lohnnebenkosten) aus der Kranken-, Pflege-, Renten-, Arbeitslosen- und die Unfallversicherung

- Unterstützungsleistungen: z.B. Zuschüsse für Kur- und Krankenhausaufenthalt, Erholungs-, Heirats- und Geburtsbeihilfen

7. Abschreibungen:

a) Abschreibungen auf immaterielle Vermögensgegenstände des AV und Sachanlagen sowie auf aktivierte Aufwendungen für die Ingangsetzung und Erweiterung des Geschäftsbetriebs:

- alle planmäßigen und außerplanmäßigen Abschreibungen sowie Vollabschreibungen auf GWG

- nicht enthalten: Abschreibungen auf Finanzanlagen (in Posten 12)

- steuerrechtliche Abschreibungen nur dann, wenn *direkt* abgeschrieben wird; bei indirekter Abschreibung in Posten 8)

b) Abschreibungen auf Umlaufvermögen, soweit diese die in der Kapitalgesellschaft üblichen Abschreibungen überschreiten:

- Die übliche Höhe wird also wesentlich überschritten[1] oder ist ungewöhnlich selten, z.B. Abschreibung einer Forderung in Millionenhöhe an einen Großkunden

---

[1] Abschreibungen in *üblicher* Höhe bei (un)fertigen Erzeugnissen werden im Posten 2 erfaßt, bei allen anderen Vorräten im Posten 5a, bei Forderungen im Posten 8 und bei WP des UV im Posten 12.

8.   Sonstige betriebliche Aufwendungen:

- Sammelposten analog zu Pos. 4 (sonst. betr. Erträge)
- enthält alle sonstigen Aufwendungen der *gewöhnlichen* Geschäftstätigkeit
- Beispiele: Mieten und Pachten, Verlust aus Vermögensabgang, Ausgangsfrachten, Porti und Telefonkosten, Reisekosten, Messekosten, Rechts- und Beratungskosten, Beiträge (z.B. zur IHK), Gebühren (z.B. für HR-Eintrag) und Versicherungen, Nebenkosten des Geldverkehrs, Bewirtungskosten, übliche Abschreibungen auf Forderungen, Provisionsaufwand an Handelsvertreter usw.

9.   Erträge aus Beteiligungen:

- mit Vermerk 'davon aus verbundenen Unternehmen'
- z.B. Dividenden und andere Gewinnanteile
- Beträge immer brutto ausweisen (die von der anderen Unternehmung einbehaltene Kapitalertragsteuer wird in Pos. 18 aufgeführt)

10. Erträge aus anderen Wertpapieren und Ausleihungen des Finanzanlagevermögens:

- mit Vermerk 'davon aus verbundenen Unternehmen'
- alle Erträge aus Finanzanlagen, soweit sie nicht aus Beteiligungen, Gewinnabführungsverträgen o.ä. rühren
- Beispiele: Zinsen, Dividenden oder Ausschüttungen
- nicht enthalten sind Veräußerungsgewinne beim Verkauf der WP des AV (in Pos. 4)

11. Sonstige Zinsen und ähnliche Erträge:

- mit Vermerk 'davon aus verbundenen Unternehmen'
- alle übrigen Zins- und Finanzerträge wie z.B.:
- Zinsen für vergebene Mitarbeiterdarlehen, Guthabenzins beim Bankkonto, Zinsen und Dividenden aus WP des UV, Agioerträge, Diskonterträge usw.

12. Abschreibungen auf Finanzanlagen und auf WP des UV:

- erfaßt sämtliche Abschreibungen auf die Aktivposten A III (Finanzanlagen) und B III (Wertpapiere)

♦ steuerrechtlich nur bei direkter Abschreibung

♦ nicht enthalten sind Verluste beim Abgang dieser Vermögensgegenstände (in Pos. 8)

13. Zinsen und ähnliche Aufwendungen:

♦ analog zu Posten 11

♦ mit Vermerk 'davon aus verbundenen Unternehmen'

♦ Beispiele: Kredit-, Hypotheken- und Verzugszinsen, Kredit-
provision, Diskontaufwand, Abschreibung auf aktiviertes Disagio[1]

♦ nicht enthalten: Kosten des Geldverkehrs (in Pos. 8)

14. Ergebnis der gewöhnlichen Geschäftstätigkeit:

♦ Zwischensumme aller bisherigen Posten

♦ kenntlich machen, ob es sich dabei um einen *Überschuß* oder
einen *Fehlbetrag* handelt

15. Außerordentliche Erträge:

♦ nach § 277 Abs. 4, Satz 1 HGB werden hier Erträge erfaßt, die
außerhalb der gewöhnlichen Geschäftstätigkeit anfallen. Dazu
müssen sie *von ihrer Art* her ungewöhnlich sein, ungewöhnlich *selten* oder *ungewöhnlich hoch*.

♦ Beispiele: Gewinne aus (Teil-)Betriebsveräußerung, Erträge
aus Schuldenerlaß bei Vergleich, Erträge aus positivem Aus-
gang bedeutender Gerichtsprozesse, einmalige Zuschüsse der
öffentlichen Hand

♦ nicht enthalten sind periodenfremde Erträge, es sei denn, sie
sind außergewöhnlich

16. Außerordentliche Aufwendungen:

♦ analog zum Posten 15 werden hier Aufwendungen erfaßt, die
außerhalb der gewöhnlichen Geschäftstätigkeit anzusiedeln
sind. Dazu gehören:

♦ Verluste bei Enteignungen, Betriebsveräußerungen oder Verkauf bedeutender Beteiligungen, außergewöhnliche Schäden

---

[1] Vgl. S. 118 f. und S. 137 ff.

wie z.B. bei Unterschlagung, hoher Aufwand bei negativem Prozeßurteil, Entlassungsentschädigungen bei Massenentlassungen, außerplanmäßige Abschreibungen in großer Höhe (z.B. Auto mit Totalschaden, Zerstörung einer Maschine, Vernichtung einer Halle durch Brand bei Unterversicherung usw.)

17. Außerordentliches Ergebnis:

- Saldo der Pos. 15 und 16
- kenntlich machen, ob es sich um einen *Überschuß* oder einen *Fehlbetrag* handelt

18. Steuern vom Einkommen und Ertrag:

- hierzu gehören: Körperschaftsteuer, Kapitalertragsteuer (soweit die Unternehmung selbst Steuerschuldner ist), Gewerbe(ertrag)steuer, ausländische Ertragsteuern
- auch enthalten: Steuernachzahlungen und latente Steuern[1]
- Steuerrückerstattungen und Auflösung von Steuerrückstellungen werden hier verrechnet. Falls diese überwiegen, wird der Posten in 'Erstattete Steuern vom Einkommen und Ertrag' umbenannt.

19. Sonstige Steuern:

- alle übrigen erfolgswirksamen Steuern
- Beispiele: Grundsteuer, Kfz-Steuer, Verbrauchsteuern (z.B. Mineralöl- oder Tabaksteuer)
- nicht enthalten sind z.B. die pauschalierte Lohnsteuer (zu Pos. 6a), Bußgelder und Gebühren (Pos. 8) und Versäumniszuschläge u.ä. (Zinscharakter! – Pos. 13).

20. Jahresüberschuß/Jahresfehlbetrag:

- Gesamtsaldo aller bisherigen Posten
- Schlußposition der GuV bei Personengesellschaften
- bei Kapitalgesellschaften Ausgangspunkt für die Gewinnverwendung (z.B. Rücklageneinstellung oder -auflösung)[2]

---

[1] Vgl. S. 118.

Alles klar? Raucht Ihnen der Schädel? Keine Panik, gleich haben wir's geschafft – es fehlen nur noch die Sonderposten der GuV.

Die GuV kann folgende **Sonderposten** enthalten:

- Aufgrund einer Gewinngemeinschaft oder eines (Teil-)Gewinnabführungsvertrags *erhaltene* Gewinne (nach Pos. 9)
- *Aufwendungen* aus Verlustübernahme, z.B. weil Sie verpflichtet sind, einen Jahresfehlbetrag einer anderen Unternehmung auszugleichen (nach Pos. 12)
- Aufgrund einer Gewinngemeinschaft oder eines (Teil-)Gewinnabführungsvertrags *abgeführte* Gewinne (nach Pos. 19)
- *Erträge* aus Verlustübernahme, z.B. weil jemand anderes verpflichtet ist, Ihren Jahresfehlbetrag auszugleichen (nach Pos. 19)

---

[2] Dies kann auch im Anhang erfolgen; vgl. S. 158 f.

F   Der Anhang

Für **Kapitalgesellschaften** besteht der Jahresabschluß neben der Bilanz und der Gewinn- und Verlustrechnung noch aus dem Anhang. Er hat folgende Funktionen:

- Den **Informationsgehalt** von Bilanz und GuV **vertiefen**, z.B. durch Nennung der gewählten Abschreibungs- und Vorratsbewertungsmethoden oder durch eine Aufschlüsselung[1] der Umsatzerlöse, die in der GuV nur en bloc aufgeführt sind.

- **Entlastung** der Bilanz und der GuV, um diese nicht zu überfrachten. Hierzu gehören solche *Pflichtangaben*, die im Anhang stehen müssen, und solche, die statt dessen auch in der GuV (z.B. die Ergebnisverwendung) oder in der Bilanz (z.B. Anlagenspiegel) stehen können.

- **Erläuterung** von Aspekten, die erklärungsbedürftig sind, z.B. Abweichungen gegenüber dem Vorjahr (z.B. begründet geänderte Postengliederung).

- **Korrektur** im Sinne zusätzlicher Information, um unzutreffende Schlüsse zu verhindern. Beispiel: Die Abschreibungen wurden im Vergleich zum Vorjahr erhöht; dies kann u.a. auf erforderliche außerplanmäßige Abschreibungen zurückzuführen sein oder auf erstmals gewählte Vollabschreibung der GWG.

Sie sehen, vor allem *erläutert* der Anhang *die Bilanz und die GuV.* Darüber hinaus sind aber auch Angaben enthalten, die *nicht quantitativer* Natur sind, wie z.B. die Namen der Mitglieder des Vorstands und des AR oder Name und Sitz der Muttergesellschaft.

Im übrigen gilt: Je nach Größe der Kapitalgesellschaft sind unterschiedliche Angaben zu machen – alle von der großen und die wenigsten von der kleinen Kapitalgesellschaft.

Nachfolgend sehen Sie eine **Auswahl** von Angaben, die für *alle* Kapitalgesellschaften Pflicht sind:

---

[1] Nur für die große Kapitalgesellschaft verpflichtend.

Auswahl von Pflichtangaben im Anhang[1]
• Erläuterungen zu einzelnen Posten der Bilanz und der GuV, insbesondere die angewandten *Bewertungsmethoden* nennen (z.B. Vorräte nach Lifo, Vollabschreibung auf GWG, Gebäudeabschreibung linear, Fuhrpark nach Leistung)
• Erläuterung der gewählten *Umrechnungskurse* für Fremdwährungsforderungen und -verbindlichkeiten
• *Abweichungen* von bisherigen Methoden begründen und ihre Auswirkung darstellen
• Erläuterung der *Bilanzierungshilfe* 'aktivisch abgegrenzte Steuern'
• *Anlagespiegel* (oder „unter" die Bilanz)
• Σ der Verbindlichkeiten mit einer Restlaufzeit > 5 Jahre
• Σ der durch Pfandrechte o.ä. gesicherten Verbindlichkeiten unter Angabe der Art und Form der Sicherheiten
• Angabe der einzelnen steuerlichen Vorschriften, nach denen die Sonderposten mit Rücklagenanteil gebildet wurden (oder in Bilanz)
• Aufteilung der Einkommen- und Ertragsteuern auf das ordentliche und das außerordentliche Ergebnis
• Aufgliedern des Personalaufwands (bei Anwendung des UKV)
• Aufgliedern des Materialaufwands (bei Anwendung des UKV)
• Vorschüsse und Kredite an Geschäftsführung und AR
• Namen aller Mitglieder der Geschäftsführung und des AR
• Name, Sitz und weitere Angaben über Unternehmen, an denen ein Anteilsbesitz von ≥ 20% besteht
• Name und Sitz der Muttergesellschaft und Ort, wo der offengelegte Konzernabschluß veröffentlicht ist

[1] Vgl. §§ 284 ff. HGB.

Mittelgroße und große Kapitalgesellschaften müssen darüber hinaus z.B. angeben:

- die Zahl der im Abschlußjahr durchschnittlich Beschäftigten
- die gewährten Gesamtbezüge für Mitglieder der Geschäftsführung und des AR

Nur große Kapitalgesellschaften müssen außerdem ihre Umsatzerlöse nach Tätigkeitsbereichen und Regionen aufgliedern.

Die Pflicht für weitere **Zusatzangaben** hängt von der Rechtsform ab. Für eine AG oder KGaA gehören dazu z.B.:[1]

- Entnahmen von und Einstellungen in die Kapitalrücklage
- Ergebnisverwendung inkl. Entnahmen aus und Einstellungen in die Gewinnrücklagen[2]
- Zahl und Nennbetrag der Aktien (nach Gattung aufgeteilt)
- Angabe der Wandelschuldverschreibungen und Nennung der Rechte, die sie verbriefen
- Angaben über wechselseitige Beteiligungen[3]

Soviel zum Thema 'Anhang'. Sie kennen nun die wichtigsten Angaben, die dieser enthalten muß. Wenn Sie es ganz genau wissen wollen, schauen Sie in der einschlägigen Literatur nach...[4]

 Wie? Das soll's schon gewesen sein?

 Ja. Diesmal war's ein kurzes Kapitel. Und versprochen: Das nächste wird noch kürzer![5] Wir haben nun den kompletten Jahresabschluß durchgesprochen – jetzt fehlt nur noch der Lagebericht.

---

[1] Auch für die GmbH und die eG gibt es weitere Pflichtangaben.
[2] Siehe S. 158 f.
[3] D.h., 2 oder mehr Unternehmen sind aneinander gegenseitig beteiligt, also A an B und gleichzeitig B an A.
[4] Zur Vertiefung sei empfohlen: Wöhe, Bilanzierung und Bilanzpolitik, a.a.O., S. 625 ff. oder Kresse, a.a.O., S. 284 ff.
[5] Das HGB widmet dem Lagebericht nur *einen* Paragraphen (§ 289)!

G   Der Lagebericht

Der Lagebericht ist kein Bestandteil des Jahresabschlusses, sondern eine zusätzliche *Ergänzung*. Er gibt Informationen über **Stand und Entwicklung der Unternehmung**, die im Jahresabschluß selbst nicht enthalten sind.

Während im (vergangenheitsorientierten) JA hauptsächlich DM-Werte aufgeführt werden,[1] werden im Lagebericht vor allem Entwicklungen (auch zukünftige) und Rahmenbedingungen aufgezeigt.

Was der Lagebericht im Detail enthält? Schauen wir's uns an:

Bestandteile des Lageberichts

• Darstellen des Geschäftsverlaufs im Abschlußjahr, vor allem:
  ◆ der Rahmenbedingungen
  ◆ der Ergebnisse
  ◆ der Funktionsbereiche Beschaffung, Produktion, Absatz
  ◆ von Großinvestitionen
  ◆ von Beteiligungen des Finanzwesens
  ◆ des Personal- und Sozialbereichs
  ◆ umfassender Reorganisationsmaßnahmen
  ◆ und anderer besonderer Ereignisse

• Darstellen der Lage der Unternehmung, vor allem:
  ◆ Lage am Beschaffungs-, Absatz- und Arbeitsmarkt
  ◆ Lage in Bezug auf die politischen und gesetzgebenden Rahmenbedingungen

• Vorgänge von besonderer Bedeutung nach Schluß des Geschäftsjahres (z.B. Konkurs eines Großschuldners)
• Voraussichtliche Entwicklung der Kapitalgesellschaft
• Besonderes aus dem Bereich Forschung und Entwicklung

---

[1] O.k., Sie haben recht: Als Ausnahme hierzu finden sich im Anhang auch einige qualitative Angaben wie z.B. die Namen der Mitglieder der Geschäftsführung und des Aufsichtsrates.

H   Bilanzpolitik -
So nützen Sie die gesetzlichen Spielräume richtig aus

Eigentlich kennen Sie jetzt alle wichtigen *Prinzipien* und die wesentlichen *Bewertungsmethoden* (z.B. bei der Abschreibung von AV, der Bewertung der Vorräte oder der Verbindlichkeiten).

Jetzt warten noch 2 Schmankerl auf Sie:

- Warum Sie welche *Ansatz-* und *Bewertungsspielräume* nutzen? Die **Bilanzpolitik** im nächsten Kap. H verrät es Ihnen!

- Wenn Sie eine Bilanz vorliegen haben, wollen Sie diese auch *interpretieren* können. Im anschließenden Kap. I stellen wir Ihnen deshalb die **Bilanzanalyse** und einige Kennzahlen vor...

1   Ziele und Instrumente der Bilanzpolitik

Blättern Sie doch mal zurück zur Seite 105! Dort haben Sie einen kleinen Vorgeschmack bekommen, wie sich eine unterschiedliche Bilanzierung im Rahmen der **Bilanzierungsfreiräume** auswirken kann. Das bauen wir jetzt aus:

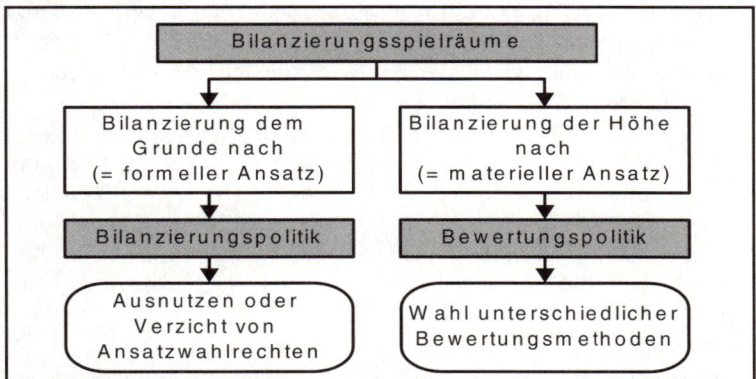

Für die Spielräume der Bilanzpolitik haben Sie also 2 Instrumente:

- Die **Bilanzierungspolitik** nutzt die Möglichkeit, Aktivierungs- und Passivierungs*wahlrechte in Anspruch zu nehmen* oder darauf zu *verzichten* (z.B. Darlehensdisagio in der HB) ⇨ Kap. H 2.

- Die **Bewertungspolitik** setzt auf der nächsten Stufe an: Nachdem geklärt ist, *daß* ein Posten bilanziert wird, erhebt sich nun die Frage, *mit welchem Wert.* Das geht natürlich nur in jenen Fällen, wo *mehrere Bewertungen möglich* sind (z.B. für Sachanlagen mittels unterschiedlicher Abschreibungen), nicht aber z.B. für Sonstige Verbindlichkeiten , da diese zum Nennwert passiviert werden. ⇨ Kap. H 3.

Bevor wir starten, wollen wir uns erst überlegen, welche *Ziele* die Bilanzpolitik verfolgt. Na, was vermuten Sie? Den Gewinn möglichst niedrig auszuweisen? Gut, daß ist ein Aspekt, wobei der vor allem für die StB von Bedeutung ist und dort weniger Freiräume bestehen als in der HB...

Ziele der Bilanzpolitik

- Gewinn niedrig ausweisen, um Steuern zu sparen (StB)
- Gewinn mindern, z.B. um weniger Dividende zahlen zu müssen oder um mögliche Interessenten mit Beteiligungsabsicht „abzuschrecken" (HB)
- Gewinn hoch ausweisen, um neue Anteilseigner zu finden, um neues Fremdkapital zu erhalten (z.B. Banken) oder weil die Unternehmung zu einem hohen Preis verkauft werden soll
- Gewinn ausbalancieren, um über die Jahre die Steuerbelastung optimal zu gestalten (StB)
- Gewinn ungefähr gleichbleibend oder mit leichter Aufwärtstendenz halten, um Kurspflege zu betreiben
- Offene (und stille) Rücklagen bilden, um die Substanz der Unternehmung zu erhalten, um die EK-Basis zu erweitern und um damit die Kreditwürdigkeit zu erhöhen und (für andere) Risiken zu minimieren
- Wenig stille Rücklagen bilden, um die Vermögenslage und die Kapitallage besser darzustellen und damit die Kreditwürdigkeit zu erhöhen
- Rücklagen bilden für geplante Investitionen
- Allgemein den Vermögensaufbau und Kapitalaufbau für Anleger, Banken, Großkunden u.ä. attraktiver darzustellen
- Liquidität (= Zahlungsfähigkeit) sichern[1]
- Bilanzsumme verringern, um als nächstkleinere Kapitalgesellschaft eingestuft zu werden und damit weniger veröffentlichen zu müssen

---

[1] Illiquidität (Zahlungsunfähigkeit) ist ein Konkursgrund! Vgl. S. 195.

Hier können natürlich nicht alle Ziele genannt werden. Aber Sie haben jetzt eine Vorstellung, daß Bilanzpolitik eine sehr vielschichtige Angelegenheit ist... Wir nehmen nachfolgend vor allem an, daß Ihr Hauptziel ein **niedriger Gewinnausweis** ist.

Dazu noch ein Wort, um einen häufig verbreiteten Irrtum aufzuklären: Wenn Sie z.B. im Jahr der Anschaffung degressiv abschreiben, mindern Sie ihren Gewinn durch diesen Aufwand stärker als bei linearer Abschreibung. Dadurch müssen Sie zunächst weniger (gewinnabhängige) Steuern zahlen.
In späteren Jahren verkehrt sich das ins Gegenteil: Da würden Sie degressiv *weniger* abschreiben als bei kontinuierlicher linearer Abschreibung.[1] Da Sie aber mit beiden Methoden letztlich 100% AK/HK abschreiben, mindern Sie im Laufe der Jahre Ihren Gewinn exakt um diesen Betrag – egal mit welcher Methode.
Merken Sie was? Eigentlich *sparen* Sie mit Hilfe der degressiven Abschreibung *keine Steuern*, sondern zahlen nur *am Anfang weniger*, *gegen Ende* der Nutzung dafür *mehr* Steuern. Insofern haben Sie lediglich einen **Zinsvorteil** und – weil Ihnen flüssige Mittel relativ später abfließen – einen **Liquiditäts-** und **Finanzierungsvorteil**.

Was wir hier am Beispiel der Abschreibungen verdeutlicht haben, gilt für andere Wahlrechte ebenso: Durch die Gewinnminderung entsteht ein Zinsvorteil bezüglich der gewinnabhängigen Steuern.[2]

Nachfolgend legen wir hauptsächlich *Kapitalgesellschaften* zugrunde. Warum? Diese erstellen i.d.R. tatsächlich 2 voneinander abweichende Bilanzen – eine Steuer- und eine Handelsbilanz.
Personengesellschaften hingegen begnügen sich meist mit *einer* Bilanz, die sowohl den handels- als auch den steuerrechtlichen Vorschriften genügt. Da aber für die StB die Spielräume enger

---

[1] Vgl. das Beispiel von S. 77. Der lineare AfA-Betrag wäre 16.000 DM pro Jahr.

[2] Zu den gewinnabhängigen Steuern zählen bei Einzelunternehmen und Personengesellschaften die Einkommen- und die Kirchensteuer, bei Kapitalgesellschaften statt dessen die Körperschaftsteuer (derzeit i.d.R. 45%). Zusätzlich müssen beide Rechtsformgruppen die Gewerbe(ertrag)steuer und den Solidaritätszuschlag entrichten.

sind, schöpfen Personengesellschaften oft nicht das gesamte Repertoire an Wahlrechten aus.

2   Bilanzierungswahlrechte

Schauen wir uns an, welche *Ansatzwahlrechte* dazu führen, daß der Gewinn *niedriger* ausgewiesen wird. Um das zu erreichen, verzichten Sie auf Aktivierungswahlrechte, die Passivierungswahlrechte hingegen schöpfen sie voll aus:

Wahlrechte, um den Gewinn niedriger auszuweisen

- **Nichtaktivierung von Aktiva** (statt dessen wird ein Aufwand sofort ausgewiesen, obwohl er auch zukünftige Perioden betrifft):
    - ◆ des Disagios bei Darlehen (HB)
    - ◆ des derivativen Firmenwerts (HB)
    - ◆ der Aufwendungen für die Ingangsetzung und Erweiterung des Geschäftsbetriebs (HB)
    - ◆ Vollabschreibung auf GWG (statt planmäß. AfA; HB + StB)
⇨ m.a.W.: ***Durch Nichtaktivierung stille Rücklagen bilden***

- **Passivieren von Schulden, sofern ein Wahlrecht besteht:**
    - ◆ Passivieren von Rückstellungen mit Wahlrecht (HB), z.B.:[1]
      - - Aufwandsrückstellungen
      - - RüSt für unterlassenen Reparaturen, die im Folgejahr, aber erst nach 3 Monaten durchgeführt werden
⇨ m.a.W.: ***Durch Passivierung stille Rücklagen bilden***

---

3   Bewertungswahlrechte

Neben den Bilanzierungswahlrechten spielt die *Bewertung* der Aktiva und Passiva eine wesentliche Rolle, um den Gewinn zu beeinflussen:

---

[1] Vgl. S. 135.

Wahlrechte, um den Gewinn niedriger auszuweisen
• **Unterbewertung des AV durch:**
◆ Ansatz selbst erstellter Anlagen zu minimalen HK (HB)
◆ möglichst kurze Nutzungsdauer als Abschreibungszeitraum wählen (Folge: jährlich höhere Abschreibungen)
◆ Wahl der maximalen AfA-Methode (HB + StB), z.B.:   - degressiv statt linear (zu Beginn der Nutzungsdauer)   - rechtzeitiger Wechsel von degressiv zu linear[1]   - Leistungsabschreibung, falls Abschreibung dadurch höher   - Vollabschreibung auf GWG statt z.B. linear
◆ (hohe) außerplanmäßige Abschreibungen vornehmen
◆ bei vorübergehender Wertminderung nicht nach dem gemilderten, sondern dem strengen NWP vorgehen
◆ Verzicht auf Zuschreibungen
• **Unterbewertung der Vorräte durch:**
◆ Ansatz von selbst erstellten (un)fertigen Erzeugnisse zu minimalen HK (HB)
◆ Wahl der niedrigsten Vorratsbewertung, z.B. Lifo bei steigenden Preisen oder Fifo statt Durchschnittsmethode
• **Unterbewertung der sonstigen UV-Gegenstände durch:**
◆ Wahl des relativ niedrigen Wechselkurses bei auf ausländische Währung lautenden Forderungen und flüssigen Mitteln
• **Höherbewertung der Schulden durch:**
◆ Hoher Ansatz bei Rückstellungen, z.B. minimaler Zinssatz von 3% (HB) bzw. 6% (StB) bei Pensionsrückstellungen
◆ Wahl des relativ höheren Wechselkurses bei Fremdwährungsverbindlichkeiten
◆ Beibehalten eines einmal erreichten höheren Wertansatzes, z.B. bei langfristigen Auslandsschulden
• **Gewinnausweis bei Veräußerung von AV über dem Buchwert vermeiden;** statt dessen die darin enthaltene stille Rücklage auf andere Vermögensgegenstände übertragen[2]

---

[1] Vgl. S. 78 f.
[2] Reinvestitions- bzw. Ersatzbeschaffungsrücklage; vgl. S. 145.

Sie sehen, es gibt einige Hebel, an denen Sie ansetzen können, um den Gewinn eher niedrig zu halten.

Falls Sie im Gegensatz daran interessiert sind, Ihren **Gewinn eher hoch auszuweisen**, können Sie die vorgenannten Wahlrechte *genau umgekehrt* handhaben: Also Aktivierungswahlrechte wie Disagio und derivativen Firmenwert wahrnehmen, auf Passivierungswahlrechte (z.B. Aufwandsrückstellungen) verzichten, relativ weniger abschreiben, Zuschreibungen vornehmen, hohe Herstellungskosten ausweisen (also inkl. der Gemeinkosten aus Material-, Fertigungs- und Verwaltungsbereich) und und und.

Eines wurde Ihnen auf den letzten Seiten bestimmt ziemlich klar: *Der Gewinn ist eine manipulierte Größe!*[1] Und das aus 2 Gründen:
1. Die Wahlrechte sind z.T. so bedeutsam, daß Sie bei etwas größeren Unternehmen locker Millionenbeträge mehr oder weniger ausweisen können – soviel zum Thema 'Bilanzwahrheit'!
2. Außerdem sind Manipulationen sozusagen 'von Staats wegen' vorgegeben: Gerade durch die Befolgung des *kaufmännischen Vorsichts-* und des *Imparitätsprinzips* werden die meisten Aktiva unterbewertet, Passiva dagegen eher überbewertet. Dazu kommt es, weil Sie einerseits die nichtrealisierte Gewinne nicht ausweisen dürfen, obwohl andererseits ein Zwang besteht, die ebenfalls nichtrealisierten Verluste sehr wohl auszuweisen. Das müßte so nicht sein: Die Rechnungslegungsvorschriften in den USA z.B. verfolgen tendentiell das Ziel, *sämtliche* nichtrealisierten Erfolge (also auch die Gewinne!) auszuweisen.

F   *Was bedeutet das im Klartext?*

A   Nehmen wir z.B. ein 'schwebendes Geschäft': In Deutschland müssen Sie dabei drohende Verluste ausweisen.[2] Punkt und fertig. Einen winkenden Gewinn aus dem schwebenden Geschäft? Den dürfen Sie keinesfalls ausweisen, bevor er tatsächlich realisiert ist. Anders in den USA: Dort würden

---

[1] Deshalb wird heute zusätzlich oft der Cashflow veröffentlicht, der vom Wert her aussagekräftiger ist als der Gewinn; vgl. S. 204 ff.
[2] Sie bilden dazu eine Rückstellung; vgl. S. 135.

Sie den nichtrealisierten Gewinn durchaus angeben. Beispiel: Sie haben einen Vertrag über eine Rohstofflieferung
im nächsten Jahr zu einem bestimmten Preis geschlossen.
Da zum Stichtag der Weltmarktpreis für diese Rohstoffe
deutlich gesunken ist, rechnen Sie damit, daß Sie sich im
Einkauf viel günstiger mit Rohstoffen eindecken können.
Folge: Ein auszuweisender, nichtrealisierter Gewinn!

Spinnen wir das Beispiel fort: Dadurch wird in den USA der Gewinn tendentiell höher ausgewiesen als bei uns.[1] Wenn bei uns
Politiker oder Unternehmer – gerade in der sog. 'Standortdiskus-
sion' über die niedrigen Gewinne in Deutschland jammern, muß
man sich einfach mal vor Augen führen, daß durch entsprechende
Bilanzkosmetik die Gewinne künstlich niedrig gerechnet werden.[2]

Offensichtlich gibt es aber eine gewisse Annäherung beider Sy-
steme: So sollen z.B. Versicherungsgesellschaften nach einer EU-
Richtlinie ihr Vermögen an Wertpapieren zum (gestiegenen) Tageswert aktivieren, ab 1999 soll dies auch für Grundstücke gelten![3]

Was das bedeutet? Nehmen wir einmal an, eine Unternehmung
kaufte 10.000 SAP-Aktien zum damaligen Kurs von je 200 DM
und außerdem ein Grundstück für 3 Mio. DM. Mittlerweile notie-
ren die SAP-Aktien bei (angenommenen) 1.200 DM und das
Grundstück hat einen Tageswert von 10 Mio. DM. Die stillen
Rücklagen dieser Unternehmung sind also enorm hoch!
Wenn die Versicherungsgesellschaft diese nichtrealisierten Ge-
winne nunmehr ausweist, wird der steuerbare Gewinn durch die
Kursgewinne der Aktien um 10 Mio. DM,[4] durch die geänderte
Grundstücksbewertung nochmals um 7 Mio. DM gesteigert.

---

[1] Wenn Sie sich einmal die Bilanz anschauen, die die Daimler-Benz AG
beim Börsengang nach New York nach US-amerikanischem Recht
aufstellte, und sie mit der in Deutschland veröffentlichten vergleichen, so stellen Sie gewaltige Unterschiede fest. Grund: Die unterschiedlichen Bilanzierungs- und Bewertungsgrundsätze...

[2] Und das ist nur *ein* Aspekt dafür, daß diese Debatte unlauter ist...

[3] Insofern wäre das NWP für diese Posten aufgehoben.

[4] 10.000 · 1.000 DM (Kursgewinn) = 10.000.000 DM.

Zusammen wären das 17 Mio. erhöhter Gewinnausweis. Bei einem
angenommenen Steuersatz von 50% für die gewinnabhängigen
Steuern wären das mal gerade eben so 8,5 Mio. DM Mehreinnah-
men für den Fiskus – Sie merken, im Zeichen der enormen Staats-
verschuldung hätte der Staat ein vitales Interesse daran, die Bilan-
zierungsvorschriften wie beschrieben zu ändern...

So, wir haben einmal kurz angerissen, welche Dimensionen sich
dadurch auftun, daß in Deutschland die vom kaufmännischen
Vorsichtsprinzip dominierten Ansatz- und Bewertungsvorschriften
(noch) gelten.

Jetzt wollen wir uns noch eines der vorgenannten Ziele anschauen,
nämlich wie Sie es erreichen, Ihre **Bilanzsumme zu vermindern**.
Sie wissen ja – dadurch erreichen Sie es vielleicht, als nächstkleinere Kapitalgesellschaft eingestuft zu werden, sodaß Sie weniger
veröffentlichen müssen. Folgende Möglichkeiten haben Sie dazu:

Möglichkeiten, die Bilanzsumme zu verringern
• **Auf Aktivierungswahlrechte verzichten, z.B.:**
◆ Disagio bei Darlehen sofort als Aufwand ausweisen
◆ keinen derivativen Firmenwert aktivieren
◆ keine Aktivierung der Aufwendungen für die Ingangsetzung und Erweiterung des Geschäftsbetriebs
◆ GWG immer voll abschreiben (anstatt planmäßig)
• **konsequente Unterbewertung der Aktiva,[1] z.B.:**
◆ HK niedrig ansetzen
◆ immer maximal abschreiben
◆ auf Zuschreibungen verzichten
• **Nettoausweis beim noch nicht voll eingezahlten Gezeichne-ten Kapital[2]**

---

[1] Dadurch bauen Sie stille Rücklagen auf. Im übrigen: Stille Rücklagen
können Sie zwar auch bei Passiva bilden (HWP!), diese wirken sich
aber *nicht* auf die Bilanzsumme aus (Passivtausch).

[2] Vgl. S. 123 f.

Alles paletti? Zum Abschluß bekommen Sie eine Grafik, die Ihnen einige der wichtigsten **Ziele und Instrumente der Bilanzpolitik** in ihrem Wirkungszusammenhang aufzeigt:[1]

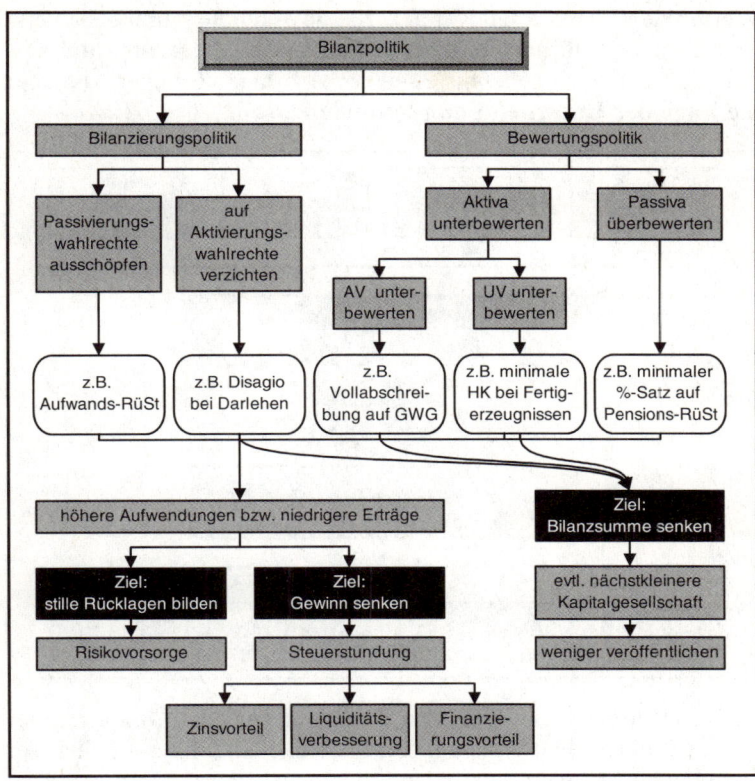

---

[1] Wenn Sie statt dessen den Gewinn höher ausweisen wollen, so müssen Sie z.B. die angegebenen Strategien genau gegensätzlich handhaben.

I   Bilanzen richtig lesen – Bilanzanalyse

1   Wozu dient eine Bilanzanalyse?

Worum geht's in diesem Kapitel? Sie wissen nun, worauf Sie beim Erstellen einer Bilanz (bzw. des kompletten JA)[1] achten müssen. Nun haben Sie als Ergebnis eine solche Bilanz vorliegen, die über die **Lage der Unternehmung** informieren soll.[2]

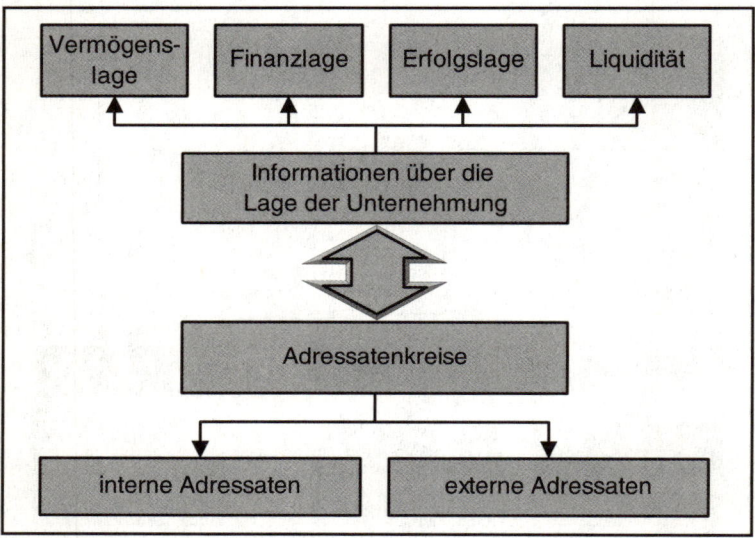

Diese Informationen sind allerdings nur in sehr komprimierter Form enthalten. Erst dadurch, daß Sie einzelne Zahlen miteinander vergleichen,[3] können Sie die Unternehmenslage richtig beurteilen.

---

[1] Auch hier geht es natürlich nicht nur um die Bilanz, sondern auch (vor allem) um die GuV-Rechnung. Von daher müßte es eigentlich 'Jahresabschlußanalyse' heißen – es hat sich aber die Bezeichnung 'Bilanzanalyse' eingebürgert.

[2] Vgl. S. 4 f.

[3] Eine erste Zusatzinformation finden Sie im Jahresabschluß selbst, nämlich dadurch, daß in Bilanz und GuV die Vorjahreswerte als Vergleichszahlen angegeben werden.

Beispiel: Nehmen wir einmal an, Sie schauen in der GuV nach und stellen fest, daß eine Unternehmung einen Gewinn von 200.000 DM erwirtschaftet hat.

„Ist doch super," werden Sie vielleicht sagen... Und doch ist diese absolute DM-Zahl wenig aussagekräftig. Wenn dazu z.B. 100.000 DM Kapitaleinsatz nötig waren, ist der Gewinn tatsächlich hoch. Ganz anders sieht es aus, wenn die 200.000 DM Gewinn mit einem Kapital von 10 Mio. DM erzielt wurden.

Merken Sie was? Wirklich beurteilen können Sie den Gewinn erst, wenn Sie ihn zum eingesetzten Kapital oder zu den Umsatzerlösen[1] ins Verhältnis setzen. Ähnlich ist es mit den anderen Bilanzdaten.

Eine Bilanzanalyse hat daher folgende **Ziele**:

- Informationen verdichten (vor allem mittels Kennzahlen)
- Wahrheitsfindung (d.h. was sind die 'wahren' Werte?)
- Urteilsbildung ermöglichen (z.B. zur Kreditwürdigkeitsprüfung)
- Entscheidungsfindung erleichtern (z.B. als Basis zukünftiger Entscheidungen der Unternehmensleitung)

Je nachdem, wer die Bilanzanalyse durchführt, und worauf sie sich erstreckt, sind zu unterscheiden:

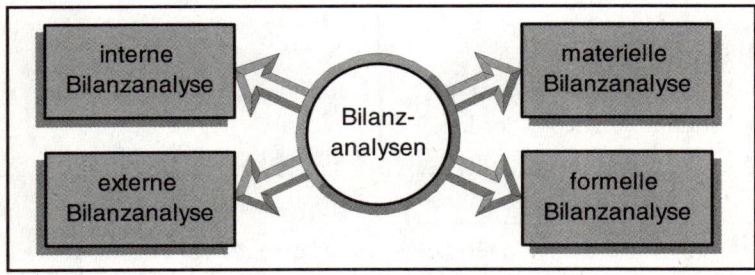

---

[1] Frage: Welcher Umsatz war nötig, um die 200.000 DM Gewinn zu erzielen? Ein Umsatz von 2 Mio. oder von 20 Mio.? Das ist wohl ein „kleiner" Unterschied...

Die *interne* Bilanzanalyse wird innerhalb der untersuchten Unternehmung selbst durchgeführt, die *externe* Bilanzanalyse von außenstehenden Gruppen (Banken, Konkurrenz usw.).[1]
Die *formelle* Bilanzanalyse bezieht sich auf das Einhalten der gesetzlichen Vorschriften, die *materielle* Analyse auf die Inhalte.

2   Die 5 Schritte der Bilanzanalyse

Eine materielle Bilanzanalyse besteht aus dem **Aufbereiten** und **Auswerten** (Bilanzanalyse i.e.S.) sowie dem anschließenden **Beurteilen** (Bilanzkritik) der zahlenmäßigen Informationen.
Auf der nächsten Seite finden Sie ein **Vorgehensraster** für eine solche (materielle) Bilanzanalyse.

Bei der Aufbereitung fassen sie die verschiedenen Vermögens- und Kapitalposten zu Gruppen zusammen. Sie orientieren sich dabei ungefähr an den mit römischen Ziffern versehenen Posten. Ihre Bilanz wird demnach so verkürzt und aufbereitet:[2]

Aktiva   Aufbereitete Bilanz   Passiva
Anlagevermögen • Immaterielles AV • Sachanlagen • Finanzanlagen **Umlaufvermögen** • Mittel 3. Grades = Vorräte • Mittel 2. Grades = Ford. + WP • Mittel 1. Grades = Liqu. Mittel	**Eigenkapital** • Gezeichnetes Kapital • Kapitalrücklage • Gewinnrücklagen • Bilanzgewinn **Langfristiges Fremdkapital** **Kurzfristiges Fremdkapital**

---

[1] Natürlich liegen Ihnen für die eigene Bilanz präzisere Daten vor. Als Externer eine Bilanz zu analysieren, ist immer mit einem gewissen Grad von Unsicherheit verbunden, z.B. können Sie möglicherweise nicht feststellen, welche der gebildeten Rückstellungen langfristigen (z.B. Pensions-RüSt) und welche kurzfristigen Charakter haben (z.B. RüSt für unterlassene Instandhaltungen).

[2] Nachher stellen wir die aufbereitete Bilanz in *Staffelform* dar.

Vorgehensraster für die Bilanzanalyse:

Die 5 Schritte der Bilanzanalyse

1. Schritt: Bilanzposten sinnvoll gruppieren
- Wertberichtigungen mit entsprechenden Aktivposten saldieren
- ARA zu Forderungen
- PRA zu kurzfristigen Verbindlichkeiten
- RüSt und Verbindlichkeiten dem lang- bzw. kurzfristigen FK zuordnen
- Pensions-RüSt ggf. wie EK einstufen[1]
- auszuschüttender Gewinn zu den kurzfrist. Verbindlichkeiten

2. Schritt: Für jede Postengruppe die DM-Werte addieren

3. Schritt: Bilanzstruktur durch Prozentzahlen ergänzen[2]

4. Schritt: Kennzahlen bilden

5. Schritt: Bilanzkritik
- Kennzahlen vergleichen
- Kennzahlen interpretieren

Wenn die Bilanz aufbereitet ist, werden auf dieser Basis **Kennzahlen** ermittelt. Deren Ziel ist es, Sachverhalte in konzentrierter Form darzustellen. Für unsere Zwecke werden vor allem *relative*

---

[1] Natürlich zählen Pensionsrückstellungen zum Fremdkapital. Da sie im Schnitt aber sehr langfristig zu Verfügung stehen, können sie im Rahmen der Bilanzanalyse wie EK angesehen werden.
[2] Bilanzsumme = 100%.

Kennzahlen (= Verhältniszahlen) gebildet, bei denen 2 Größen zueinander in Bezug gesetzt werden, und zwar:

- **Gliederungszahlen**, die das Verhältnis *eines Teils zum anderen* ausdrücken, wie z.B. Anteil der Vorräte am Gesamtvermögen. Als Ergebnis erhält man einen Prozentausdruck.[1]

- **Beziehungszahlen** setzen *wesensverschiedene Größen* zu einander in Bezug, die einen *logischen Zusammenhang* bilden. Ein Beispiel dafür ist der Umsatz je m² Verkaufsfläche oder die Materialkosten in % von den Umsatzerlösen.[2]

Die Bilanzanalyse ist im wesentlichen eine *Kennzahlenrechnung*, wie Sie gleich sehen werden.

Im nächsten Schritt werden mit den ermittelten Kennzahlen verschiedene **Vergleichsrechnungen** durchgeführt, nämlich:[3]

1. Der **interne Vergleich**, also Daten innerhalb der *gleichen Informationsbasis* miteinander vergleichen, wie z.B. die Materialkosten (in DM oder %) mit den Personalaufwendungen vergleichen.

2. Ein **Zeitvergleich** schaut, wie sich ein bestimmter Posten (z.B. die Materialkosten) oder eine Kennzahl (z.B. die Rentabilität)[4] im Lauf der Jahre verändert haben, also z.B. vom Vorjahr zum Berichtsjahr. Dadurch lassen sich u.a. Erkenntnisse über fällige Kostensenkungen gewinnen.

3. Der **Betriebsvergleich** nimmt von einer Unternehmung wiederum einzelne Posten des JA oder daraus gebildete Kennzahlen und vergleicht diese mit den entsprechenden Daten der Konkurrenz. Ein Betriebsvergleich soll also vor allem ermitteln, wie die Daten der untersuchten Bilanz zum Branchenschnitt abweichen.

---

[1] Zu den Gliederungszahlen zählen insbesondere die vertikalen Kennzahlen des Vermögens bzw. des Kapitals; vgl. die Grafik auf S. 187.

[2] Hierzu zählen die horizontalen Kennzahlen, die beim lang- bzw. kurzfristigen Vermögens-Kapital-Vergleich errechnet werden.

[3] Außerdem gibt es (in der Kostenrechnung) noch Soll-Ist-Vergleiche, um insbesondere Abweichungen von Kosten zu bestimmen.

[4] Vgl. S. 198 ff.

So! Nachdem Sie die Vorgehensweise der Bilanzanalyse kennen, schauen wir uns das jetzt an einem *Beispiel* an. Von der Maier-GmbH liegt Ihnen die folgende Bilanz vor (Angaben in TDM):[1]

Aktiva	Jahresbilanz der Maier-GmbH			Passiva		
	Bj.[2]	Vj.			Bj.	Vj.
A. Anlagevermögen			**A. Eigenkapital**			
I. Sachanlagen	1.660	1.420	I. Gezeichn. Kapital	1.400	1.000	
II. Finanzanlagen	260	200	II. Gewinnrücklagen	400	260	
B. Umlaufvermögen			III. Bilanzgewinn[3]	110	30	
I. Vorräte	1.200	1.550	**B. Rückstellungen**	80	60	
II. Forderungen u.ä.	500	250	**C. Verbindlichkeiten**[4]			
III. Wertpapiere	40	10	I. Hypotheken u.ä.	1.600	1.230	
IV. Flüssige Mittel	280	120	II. kurzfristige Verb.	380	990	
C. ARAP	60	50	**D. PRAP**	30	30	
Summe	**4.000**	**3.600**	**Summe**	**4.000**	**3.600**	

Aufgrund dieser Daten *bereiten* Sie die Bilanz nun in Staffelform *auf*, indem Sie die Posten teilweise umgruppieren,[5] die Vorjahres-

---

[1] Da z.B. kein Immaterielles AV und keine Kapital-RL vorhanden sind, rutschen die nachfolgenden Posten in ihrer Numerierung eins vor.

[2] Bj. = Berichtsjahr, Vj. = Vorjahr.

[3] Die Bilanz wurde in beiden Jahren erstellt, nachdem bereits ein Teil des JÜ in die Gewinn-RL eingestellt wurde. Beispiel Berichtsjahr: Ursprünglicher Jahresüberschuß (250.000) – Einstellung in die Gewinn-RL (140.000 = Erhöhung von 260.000 auf 400.000) = Bilanzgewinn (110.000). Der verbliebene *Bilanzgewinn* soll in voller Höhe an die Gesellschafter ausgeschüttet werden. Er zählt daher in der aufbereiteten Bilanz zu den kfr. Verbindlichkeiten.

[4] Die *Verbindlichkeiten* werden eigentlich nur en bloc angegeben, weil es sich um eine kleine Kapitalgesellschaft handelt. Die zusätzliche Aufteilung in lang- und kruzfristig wurde nur vorgenommen, um die Bilanzanalyse zu erleichtern.

[5] Die *Rückstellungen* behandeln Sie für beide Jahre als je zur Hälfte langfristig bzw. kurzfristig. Die *kurzfristigen Verbindlichkeiten* fürs Berichtsjahr betragen demnach: Bilanzposten Verbindlichkeiten (380.000) + Hälfte der RüSt (40.000) + PRA (30.000) + vollständig auszuschüttender Bilanzgewinn (110.000) = 560.000 DM.

Die UV-Posten *Forderungen* (im Bj. 500.000), WP (40.000) und ARA (60.000) werden zusammengefaßt (= 600.000 DM).

zahlen angeben und dazu jeweils die Prozentzahlen (in Bezug auf 100% Bilanzsumme) nennen. Das sieht dann so aus:

Aufbereitete Bilanz der Maier-GmbH:

	Berichtsjahr		Vorjahr		Veränd.
	TDM	%	TDM	%	in TDM
AKTIVA					
Sachanlagen	1.660	41,5	1.420	39,4	+ 240
Finanzanlagen	260	6,5	200	5,6	+ 60
Σ AV	*1.920*	*48*	*1.620*	*45*	*+ 300*
Vorräte	1.200	30	1.550	43	− 350
Forderungen	600	15	310	8,6	+ 290
Flüss. Mittel	280	7	120	3,4	+ 160
Σ UV	*2.080*	*52*	*1.980*	*55*	*+ 100*
Σ Vermögen	4.000	100	3.600	100	+ 400
PASSIVA					
Gez. Kapital	1.400	35	1.000	27,7	+ 400
Gewinn-RL	400	10	260	7,3	+ 140
Σ EK	*1.800*	*45*	*1.260*	*35*	*+ 540*
lfr. RüSt	40	1	30	0,8	+ 10
lfr. Verb.	1600	40	1.230	34,2	+ 370
Σ lfr. FK	*1.640*	*41*	*1.260*	*35*	*+ 380*
kfr. RüSt	40	1	30	0,8	+ 10
kfr. Verb.	520	13	1.050	29,2	− 530
Σ kfr. FK	*560*	*14*	*1.080*	*30*	*− 520*
Σ Kapital	4.000	100	3.600	100	+ 400

Was jetzt mit der aufbereiteten Bilanz geschieht?
Wir haben damit bereits die Schritte 1 bis 3 nach dem Vorgehensraster von S. 183 vollzogen: Die Bilanzposten wurden umgruppiert, ihre Werte addiert und um Prozentzahlen ergänzt.
Die Schritte 4 und 5 – Bildung von Kennzahlen und Bilanzkritik – erhalten Sie (auf Basis der obigen Daten) in den nachstehenden Kapiteln.

3   Kennzahlen und deren Beurteilung

Bevor wir starten ein kleiner „Fahrplan". Die *Arten* der Kennzahlen und die Kapitelnummern[1] entnehmen Sie dieser Übersicht:

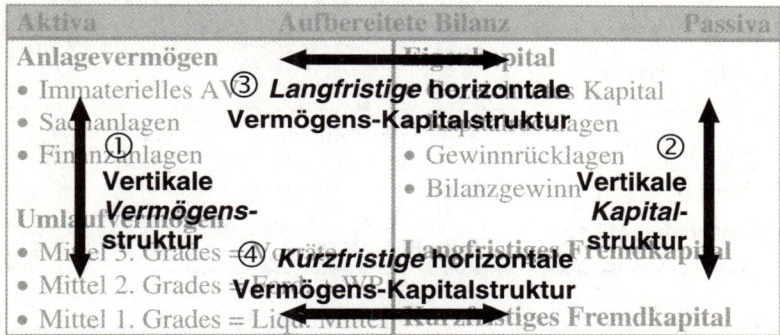

3.1   Die Vermögensstruktur

Wir beginnen mit den Kennzahlen der Vermögensstruktur. Sie ermöglichen Aussagen über die **Konstitution**. Dazu werden verschiedene Aktivposten zueinander in Bezug gesetzt, z.B.:

Kennzahl	Formel	Beispiel[2]
Anlagenintensität	$= \dfrac{\text{Anlagevermögen}}{\text{Gesamtvermögen}}$	$\dfrac{1.920}{4.000} = \underline{48\%}$

F   *Moment! Müßte es nicht* AV : GV · 100 *heißen?*

A   Nein, obwohl Sie das in der Literatur z.T. so finden. Im Beispiel ergibt der Quotient 1.920 : 4.000 = 0,48. Und das ist exakt *dasselbe* wie 48%. Wenn Sie wollen, denken Sie sich, daß jede Formel noch mit dem Faktor 100% multipliziert wird. Alles klar? Dann geht's weiter:

---

[1] ① bezieht sich auf Kap. I 3.1, ② auf Kap. I 3.2 usw.
[2] Alle DM-Werte in TDM.

Kennzahlen der Vermögensstruktur (Konstitution)		
Kennzahl	**Formel**	**Beispiel**
Anlagenintensität	$= \dfrac{\text{Anlagevermögen}}{\text{Gesamtvermögen}}$	$\dfrac{1.920}{4.000} = \underline{48\%}$
Umlaufintensität	$= \dfrac{\text{Umlaufvermögen}^1}{\text{Gesamtvermögen}}$	$\dfrac{2.080}{4.000} = \underline{52\%}$
Vorratsquote	$= \dfrac{\text{Vorratsvermögen}^2}{\text{Gesamtvermögen}}$	$\dfrac{1.200}{4.000} = \underline{30\%}$
Forderungsquote	$= \dfrac{\text{Forderungen}}{\text{Gesamtvermögen}}$	$\dfrac{600}{4.000} = \underline{15\%}$

Das waren zunächst einmal recht einfache Kennzahlen, die Sie direkt aus der aufbereiteten Bilanz ablesen können.[3] Jetzt noch ein paar anspruchsvollere Kennzahlen:

Kennzahl	**Formel**	**Beispiel**
Investitionsdeckung	$= \dfrac{\text{AfA auf Sachanlagen}^4}{\text{Nettoinvestitionen}^5}$	$\dfrac{400}{240} = \underline{167\%}$
Investitionsquote	$= \dfrac{\text{Nettoinvest. bei Sachanl.}}{\text{AB der Sachanlagen}}$	$\dfrac{240}{1.420} = \underline{17\%}$

---

[1] Die Umlaufintensität ist natürlich 100% Bilanz-Σ – Anlagenintensität.

[2] Statt der Vorräte können Sie auch jeden anderen Aktivposten ins Verhältnis zur Bilanzsumme setzen, und so z.B. die Quote (oder Intensität) der flüssigen Mittel oder der Finanzanlagen ermitteln.

[3] Soweit die eine Größe 100% Bilanzsumme ist, können Sie die betreffende Kennzahl direkt aus der aufbereiteten Bilanz ablesen.

[4] Hier sehen Sie erstmals eine Kennzahl, die auch Daten der GuV mit einbezieht. Die Abschreibungen betrugen 400 TDM; vgl. S. 198.

[5] Die Nettoinvestitionen werden ermittelt, indem vom Bj.-Endbestand der Sachanlagen der vom Vj. abgezogen wird. Sie betrugen demnach (1.660' – 1.420' =) 240.000 DM. Bruttoinvestitionen sind sämtliche Investitionen. Sie übersteigen die Nettoinvestitionen um die Abschreibungen, welche die Ersatzbeschaffungen finanzierten.

Es gibt noch eine Reihe weitere Vermögenskennzahlen, z.B. jene, um die durchschnittliche Lagerdauer von Vorräten oder die durchschnittliche Dauer einer Forderung zu errechnen. Auf ihre Darstellung verzichten wir hier – die grundlegenden Kennzahlen zur Beurteilung der Vermögenskonstitution kennen Sie jetzt. Bei Bedarf können Sie beliebig weitere Kennzahlen bilden.

F   *O.k., nachdem ich diese Kennzahlen errechnet habe – was mache ich jetzt damit?*

A   Dann beginnt die *Bilanzkritik*. Dazu benötigen Sie natürlich die Vergleichszahlen (z.B. von der Branche). Für unser Beispiel nehmen wir zum Vergleich die entsprechenden Kennzahlen des Vorjahres.[1]

	Berichts-jahr	Vorjahr	Veränderung in %-Punkten
Anlagenintensität	48%	45%	+ 3
Umlaufintensität	52%	55%	− 3
Vorratsquote	30%	43%	− 13
Forderungsquote	15%	8,6%	+ 6,4
Quote der flüss. Mittel	7%	3,4%	+ 3,6

Bilanzkritik:
Die **Anlagenintensität** ist um 3 Prozentpunkte (PP) angestiegen – und logischerweise die **Umlaufintensität** im gleichen Maße gesunken. Ob das gut ist, hängt von den Gegebenheiten der Branche ab und von denen des Betriebs:

• Eine Unternehmung des (hochautomatisierten) Maschinenbaus hat naturgemäß eine *höhere Anlagenintensität* als z.B. ein Dienstleistungsunternehmen.

• Wenn Sie z.B. viele Anlagegüter gemietet oder geleast[2] haben, so *senken* Sie dadurch die *Anlagenintensität*. Den gleichen Effekt erzielen Sie, wenn Sie Vorratsbestände abbauen.

---

[1] Die Kennzahlen des Vorjahres sind aus der aufbereiteten Bilanz von S. 186 entnommen.
[2] Im Falle der Aktivierung des geleasten Gutes beim Leasinggeber!

In diesem Zusammenhang müssen wir folgendes Problem beleuchten: Anlagenintensive Betriebe binden langfristig Kapital und verursachen *hohe Fixkosten* (u.a. Abschreibungen, Versicherungen, FK-Zinsen), die auch bei *niedriger Beschäftigungslage* anfallen und dann die Unternehmung besonders belasten. Insofern ist die Anlagenintensität ein Gradmesser dafür, sich an Konjunkturschwankungen anpassen zu können.

Die **Vorratsquote** ist von 43% auf 30% gesunken. Das ist grundsätzlich zu begrüßen, da hohe Lagerbestände ebensolche Lagerkosten verursachen. Ein Blick auf die GuV würde zeigen, ob z.B. viele (un-)fertige Erzeugnisse aus dem Lager entnommen oder eher die Vorräte an Rohstoffen abgebaut wurden. Allerdings muß in jedem Fall gewährleistet sein, daß genügend Vorräte am Lager sind, um die Produktion aufrecht zu erhalten.

Die **Forderungsquote** ist um 6,4 PP gestiegen, wofür es mehrere mögliche Gründe gibt:
- Die Umsätze sind im gleichen Maße gestiegen ⇨ Vergleich mit den Umsatzerlösen!
- Es fanden mehr Ziel- als Barverkäufe statt.
- Die Zahlungsmoral der Kunden ist gesunken bzw. das Mahnwesen hat sich verschlechtert.

Die **Quote der flüssigen Mittel** hat sich mehr als verdoppelt, was durch einen erhöhten Absatz begründet sein mag. Allerdings sind zu hohe Zahlungsmittelbestände zu vermeiden; statt dessen sollten sie lieber zur Anschaffung von AV oder zur Geldanlage verwendet werden. Auch eine Rückzahlung verzinslicher Verbindlichkeiten kommt in Frage, um so FK-Zinsen zu vermeiden.

3.2   Die Kapitalstruktur

Die vertikalen Kennzahlen der Kapitalstruktur ermöglichen Aussagen über die **Finanzierung**. Dabei ist ein hoher EK-Anteil ein Indiz für eine hohe *finanzielle Unabhängigkeit* und für eine gute Bonität bei evtl. Kreditbedarf. Die Kennzahlen im einzelnen:

Kennzahlen der Kapitalstruktur (Finanzierung)		
Kennzahl	Formel	Beispiel
EK-Anteil	$= \dfrac{\text{Eigenkapital}}{\text{Gesamtkapital}}$	$\dfrac{1.800}{4.000} = \underline{45\%}$
Anspannungsgrad	$= \dfrac{\text{Fremdkapital}^1}{\text{Gesamtkapital}}$	$\dfrac{2.200}{4.000} = \underline{55\%}$
Quote des lfr. FK	$= \dfrac{\text{langfristiges FK}}{\text{Gesamtkapital}}$	$\dfrac{1.640}{4.000} = \underline{41\%}$
Quote des kfr. FK	$= \dfrac{\text{kurzfristiges FK}}{\text{Gesamtkapital}}$	$\dfrac{560}{4.000} = \underline{14\%}$
Rücklagenquote	$= \dfrac{\text{Rücklagen}}{\text{Eigenkapital}}$	$\dfrac{400}{1.800} = \underline{22\%}$
Selbstfinanz.-grad	$= \dfrac{\text{Gewinnrücklagen}}{\text{Gezeichn. Kapital}}$	$\dfrac{400}{1.400} = \underline{29\%}$

Schauen wir uns gleich die Vorjahreswerte und die Veränderungen an, bevor wir die einzelnen Kennzahlen erläutern und kritisieren:

	Berichts-jahr	Vorjahr	Veränderung in %-Punkten
EK-Anteil	45%	35%	+ 10
Anspannungsgrad	55%	65%	− 10
Quote des lfr. FK	41%	35%	+ 6
Quote des kfr. FK	14%	30%	− 16
Rücklagenquote	22%	20,6%	+ 1,4
Selbstfinanzierungsgrad	28,6%	26%	+ 2,6

---

[1] Der Anspannungsgrad (oder FK-Anteil) ergibt sich auch aus 100% Bilanz-Σ − EK-Anteil. Er zeigt, inwieweit die Unternehmung fremdfinanziert ist. Im übrigen können Sie weitere Kennzahlen bilden, indem Sie einzelne FK-Posten (z.B. Rückstellungen) zur Bilanzsumme ins Verhältnis setzen.

Bilanzkritik:
Der **EK-Anteil** zeigt den *Grad der finanziellen Unabhängigkeit.* Er konnte im Berichtsjahr deutlich (um 10 PP) gesteigert werden, wodurch sich die Unabhängigkeit von Banken erhöht und die Belastung mit FK-Zinsen verringert haben.
Die Erhöhung ist zum einen durch eine Kapitalerhöhung (um 400 TDM) erfolgt, zum anderen aber durch einen Anstieg der Gewinnrücklagen. Offensichtlich ist die Maier-GmbH bestrebt, ihre finanzielle Unabhängigkeit zu erhöhen. Möglicherweise sollen mit der gestärkten EK-Basis Investitionen durchgeführt werden.
Im Gegenzug wurde zwangsläufig der **Anspannungsgrad** gesenkt, der den *Grad der Verschuldung* anzeigt. Ist dieser hoch, so wird ein Kreditinstitut evtl. weniger gern Darlehen vergeben (oder dies nur unter Auflagen tun). Beide Kennzahlen der Maier-GmbH sind grundsätzlich als positiv zu werten.

Die **Quote des langfristigen FK** wurde um 6 PP erhöht, gleichzeitig wurde die **Quote des kurzfristigen FK** um über die Hälfte reduziert.[1] Nimmt man noch die Erhöhung des Eigenkapitals hinzu, so ist insgesamt eine *Kapitalumschichtung* (Umschuldung) festzustellen: Weg vom kurzfristigen und hin zum langfristigen Fremd- und Eigenkapital. Dies ist gerade für Investitionen wichtig, die grundsätzlich langfristig finanziert sein sollten.[2]

Die **Rücklagenquote** drückt aus, wieviel Prozent des gesamten Eigenkapitals aus Rücklagen bestehen. Damit wird die EK-Basis gestärkt, ohne daß z.B. neue Anteilseigner aufzunehmen sind – die natürlich auch ein gewisses Mitspracherecht hätten. Im Beispiel konnte diese Kennzahl leicht erhöht werden.

Der **Selbstfinanzierungsgrad** zeigt, inwieweit sich das Unternehmen selbst finanziert, also ohne Kapitalaufnahme von außen – die Gewinnrücklagen wurden schließlich selbst erwirtschaftet. Auch hier ist eine Verbesserung festzustellen, so daß die EK-Basis wei-

---

[1] Und das, obwohl in den kurzfristigen Verbindlichkeiten stark erhöhte Gewinnausschüttungen enthalten sind!
[2] Vgl. den Deckungsgrad (nächste Seite).

ter gestärkt, die Bonität erhöht und die Finanzierung geplanter Investitionen gesichert wurde.

3.3   Die Anlagendeckung

Vorbemerkung: Bei den folgenden Kennzahlen werden nicht mehr Posten von je einer Bilanzseite miteinander verglichen, sondern (horizontal) *Aktiva mit Passiva*. Beide sind – wie Sie sich erinnern – nach Zeitaspekten geordnet.

Nach der **Goldenen Bilanzregel** sollte *Anlagevermögen mit Langfristkapital finanziert* sein, das Umlaufvermögen hingegen

Aktiva	Bilanz	Passiva
AV		EK
(Eiserner Bestand)		Lfr. FK
UV		Kfr. FK

mit kurzfristigem FK. Um den Betrieb aufrecht zu erhalten, sollte außerdem ein kleiner Teil des UV (der *'Eiserne Bestand'*) ebenfalls langfristig finanziert sein.

Wenn dies eingehalten wird, sieht eine optimale Bilanz wie nebenstehend aus.

Liquiditätsanalyse: Wäre ein Anlagegut z.B. durch einen Überziehungskredit finanziert, wäre damit die Liquidität (i.w.S.) belastet, ebenso, wenn die kurzfristigen Verbindlichkeiten nicht durch entsprechende Zahlungsmittel oder Forderungen gesichert wären (= Liquidität i.e.S.). Im Rahmen der Liquiditätsanalyse werden – je nach Zeithorizont – folgende Kennzahlen unterschieden:

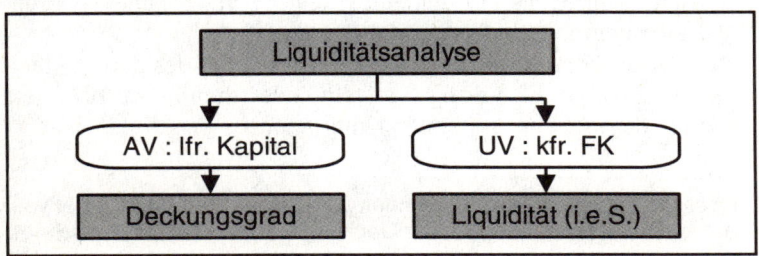

Zunächst schauen wir uns die **Anlagendeckung** an. Deren Kennzahl ist der **Deckungsgrad**.[1] Er zeigt uns, inwieweit langfristig gebundene Vermögensteile auch langfristig finanziert sind. Wir stellen Ihnen die beiden wichtigsten Deckungsgrade vor:

Kennzahlen der Anlagendeckung (Investierung)		
Kennzahl	**Formel**	**Beispiel**
Deckungsgrad I	$= \dfrac{\text{Eigenkapital}}{\text{Anlagevermögen}}$	$\dfrac{1.800}{1.920} = \underline{94\%}$
Deckungsgrad II	$= \dfrac{\text{EK + lfr. FK}}{\text{Anlagevermögen}}$	$\dfrac{3.440}{1.920} = \underline{179\%}$

Der Deckungsgrad I (oder II) sollte > 1 sein, damit das komplette AV durch EK bzw. langfristiges Kapital gedeckt (= finanziert) ist.

Auch hierzu erhalten Sie die Vorjahreswerte:

	Berichts-jahr	Vorjahr	Veränderung in %-Punkten
Deckungsgrad I	94%	78%	+ 16
Deckungsgrad II	179%	156%	+ 23

Bilanzkritik:
Im Vergleich zum Vorjahr konnten beide Kennzahlen deutlich gesteigert werden. Der Deckungsgrad I reicht noch nicht ganz aus, um sämtliche Anlagegüter durch EK zu decken, der Deckungsgrad II jedoch ist mehr als ausreichend – selbst beträchtliche Teile des UV werden durch Langfristkapital finanziert.
Letzteres ist dann als positiv zu beurteilen, wenn das darin enthaltene FK zinslos zur Verfügung steht, oder zumindest zu einem Zinssatz, der unter der gesamten Unternehmensrentabilität liegt.[2]

---

[1] Über die Liquidität (i.e.S.) sprechen wir in Kap. I 3.4. Manchmal werden diese Kennzahlen auch als Deckungsgrade A und B bezeichnet.
[2] Damit würde es sich um einen positiven Leverage-Effekt handeln; vgl. hierzu S. 202.

3.4   Die Liquidität

Die Liquidität[1] oder **Zahlungsbereitschaft** drückt aus, inwieweit eine Unternehmung in der Lage ist, ihren kurzfristigen Zahlungsverpflichtungen nachzukommen. Die entsprechende Kennzahl setzt das UV (oder Teile davon) ins Verhältnis zum kurzfristigen FK. Die Aussagekraft der Liquidität zum Bilanzstichtag ist allerdings begrenzt – schon wenige Tage später mag die Situation völlig anders sein.[2] Trotzdem muß die Zahlungsbereitschaft dauernd beobachtet werden, da Zahlungsunfähigkeit zum Konkurs führt.

Wir unterscheiden folgende *Liquiditätszustände*:

* (Optimale) **Liquidität** ist die Fähigkeit, allen Verbindlichkeiten fristgerecht nachkommen zu können, ohne dabei *zuviele* Zahlungsmittelbestände zu halten.

* **Überliquidität** meint, daß zwar ebenfalls alle kurzfristigen Verbindlichkeiten bedient werden können, darüber hinaus aber zu große Zahlungsmittelbestände ungenutzt sind. Sie sollten z.B. besser dazu verwendet werden, um in AV oder UV zu investieren.

* **Unterliquidität** ist die Situation, daß zeitweilig die fälligen Verbindlichkeiten nicht gezahlt werden können. Grund: Die Terminierung der Zahlungseingänge und -abgänge paßt nicht zusammen. Aufs Jahr gerechnet, sind allerdings genügend Zahlungsmittel vorhanden.[3]

* **Illiquidität** ist die drastische Form der *Zahlungsunfähigkeit*, bei der selbst die erwarteten Zahlungseingänge nicht ausreichen, um die Schulden zu bedienen.

Schauen wir uns nun die Kennzahlen im einzelnen an:

---

[1] Nachfolgend ist damit die Liquidität i.e.S. gemeint.

[2] Von daher wird die Bilanz dem Anspruch, Auskunft über die Liquiditätslage zu geben, nur unvollkommen gerecht.

[3] Sie merken deutlich: Eine gezielte Liquiditätsplanung (als zeitliche Abstimmung der Zahlungsmittelzu- und -abflüsse) ist für jede Unternehmung von enormer Wichtigkeit.

Kennzahlen der Zahlungsbereitschaft (Liquidität)		
Kennzahl	**Formel**	**Beispiel**
Liquidität I	$= \dfrac{\text{Flüssige Mittel}}{\text{kurzfristiges FK}}$	$\dfrac{280}{560} = \underline{50\%}$
Liquidität II	$= \dfrac{\text{Fl. Mittel + Ford.}}{\text{kurzfristiges FK}}$	$\dfrac{880}{560} = \underline{157\%}$
Liquidität III	$= \dfrac{\text{Umlaufvermögen}}{\text{kurzfristiges FK}}$	$\dfrac{2.080}{560} = \underline{371\%}$

Zu den 3 Liquiditätsgraden folgende Anmerkungen:

- Die **Liquidität I** wird auch **Barliquidität** genannt, da hier nur die *Zahlungsmittel* berücksichtigt werden. Sie beträgt im Idealfall ca. **20%**. Warum? Weil die Zahlungsmittel *sofort* verfügbar sind, das kurzfristige FK aber zum großen Teil erst in einer gewissen Zeit fällig ist.

- Die **Liquidität II** heißt auch **einzugsbedingte Liquidität**, da hier schon Umsätze erfolgt sind, nur die Zahlungseingänge stehen noch aus. Sie berücksichtigt daher nicht nur die flüssigen Mittel, sondern auch die *Forderungen*.[1] Die Liquidität II sollte ca. **100%** betragen, da im Schnitt die Forderungen und die kurzfristigen Verbindlichkeiten die gleichen Fristen haben.

- Die **Liquidität III** oder **umsatzbedingte Liquidität** umfaßt auch jene Vermögenswerte, die noch nicht zu einem Umsatz geführt haben – nämlich die *Vorräte*. Mithin wird hier das *gesamte* UV zum kurzfristigen FK in Beziehung gesetzt. Die ideale Liquidität 3. Grades beträgt ca. **200 %**.[2]

Schauen wir uns die Liquiditätskennzahlen der Maier-GmbH an:

---

[1] Zur Erinnerung: 'Forderungen' ist hier ein aggregierter Posten. Er enthält u.a. auch die Wertpapiere, Wechsel oder Forderungen ans Finanzamt.

[2] Aus dem Amerikanischen kommt die Kennzahl des 'working capital', bei der vom UV das kfr. FK abgezogen wird. Als 'working capital ratio' entspricht sie der Liquidität III.

	Berichts-jahr	Vorjahr	Veränderung in %-Punkten
Liquidität I	50%	11%	+ 39
Liquidität II	157%	40%	+ 117
Liquidität III	371%	183%	+ 188

Bilanzkritik:
Nachdem im Vorjahr für alle Liquiditätsgrade eine *Unterliquidität* bestanden hatte, wurden im Berichtsjahr alle 3 Grade gesteigert. Dies wurde vor allem dadurch erreicht, daß die kurzfristigen Verbindlichkeiten nahezu halbiert wurden und insgesamt eine (Kapital-)Umschuldung stattfand. Allerdings wurde im Berichtsjahr eine deutliche *Überliquidität* erwirtschaftet, die es ebenso zu vermeiden gilt. Die Maier-GmbH sollte die zu hohen Bestände an flüssigen Mitteln und an Forderungen in AV reinvestieren oder zinsbringend anlegen.

Gesamtkritik: Die Maier-GmbH zeigt insgesamt eine positive Entwicklung.[1] Die Kapitalstruktur wurde hin zu langfristigem Fremd- und Eigenkapital verändert, die frühere Unterliquidität beendet und die Anlagendeckung optimiert. Zukünftig sollte die EK-Basis weiter ausgebaut werden. Außerdem sollten die Forderungen überprüft (Mahnwesen!) und evtl. abgebaut werden. Die Zahlungsmittel sollten ebenso verringert und damit Investitionen getätigt werden.

So, das waren die wichtigsten Kennzahlen, die sich größtenteils aus der Bilanz selbst ergaben.[2] In den nächsten Kapiteln stellen wir Ihnen noch ein paar Kennzahlen vor, die speziell Daten aus der GuV mit einbeziehen – die Rentabilität und der Cashflow.

Aber vielleicht legen Sie erst mal ein Päuschen ein...?

---

[1] Zur abschließenden Beurteilung müßte die GmbH noch mit anderen Unternehmen der Branche verglichen werden.

[2] Weitere Kennzahlen finden Sie in der einschlägigen Literatur, z.B. in: Wöhe, a.a.O., S. 814 ff.

3.5   Rentabilität

Worum geht's? Der Gewinn als absolute DM-Zahl hat wenig Aussagekraft[1] – erst wenn Sie ihn z.B. ins Verhältnis zum eingesetzten Kapital betrachten, können Sie ihn beurteilen.

Zunächst brauchen Sie dazu den Gewinn. Die GuV-Rechnung der Maier-GmbH zeigt folgende Daten:[2]

Soll	GuV-Rechnung der Maier-GmbH			Haben	
	Bj.	Vj.		Bj.	Vj.
Materialaufwand	1.500	1.400	Umsatzerlöse	3.500	3.100
Pensions-RüSt-Aufw.	10	8	a.o. Erträge	7	5
Sonst. Pers.aufw.	1.200	1.120			
AfA auf Sachanl.	400	360			
Zinsaufwand	135	118			
a.o. Aufwand	12	9			
Gewinn	250	90			
Summe	**3.507**	**3.105**	**Summe**	**3.507**	**3.105**

Vorarbeiten:
1. Damit der Gewinn nicht durch Ereignisse mit einmaligem Charakter künstlich verzerrt wird, rechnen Sie *außerordentliche Aufwendungen und Erträge* aus dem Jahresüberschuß heraus.[3]
2. Zur Vergleichbarkeit mit Unternehmen anderer Rechtsform müssen *Personengesellschaften* diese Größe noch um den *Unternehmerlohn* kürzen. Grund: Bei Kapitalgesellschaften haben die Personalaufwendungen für die Geschäftsführung den Gewinn bereits gemindert. Bei Personengesellschaften hingegen dürfen die Arbeitsentgelte der Gesellschafter den Gewinn nicht mindern, sondern werden *aus* dem Gewinn gezahlt. Insofern muß hier der relativ höhere Gewinn noch gekürzt werden.

---

[1] Vgl. das Beispiel auf S. 181.
[2] Aus Gründen der Übersichtlichkeit wurde die Kontoform gewählt und eine GuV mit nur wenigen Posten gebildet.
[3] Bereinigter Gewinn = JÜ – a.o. Erträge + a.o. Aufwendungen.

Nach diesen beiden Korrekturen erhalten Sie den **bereinigten Jahresgewinn**, der im Zähler der nachfolgenden Kennzahlen steht:

Kennzahlen der Rentabilität		
Kennzahl	**Formel**	**Beispiel**
EK-Rentabilität	$= \dfrac{(\text{Berein.}) \text{ Gewinn}^1}{\text{Eigenkapital}^2}$	$\dfrac{255}{1.800} = \underline{14\%}$
GK-Rentabilität	$= \dfrac{\text{Gewinn + FK-Zins}}{\text{Gesamtkapital}}$	$\dfrac{390}{4.000} = \underline{10\%}$
Umsatzrentabilität	$= \dfrac{\text{Gewinn}}{\text{Umsatzerlöse}}$	$\dfrac{255}{3.500} = \underline{7,3\%}$

☛ *Halt! Wieso steht bei der Gesamtkapitalrendite der Zins für Fremdkapital mit einem „ + "?*

◄ Mit dieser Kennzahl wollen Sie ermitteln, wie sich Ihr *gesamtes* Kapital verzinst hat. Der Zins für das darin enthaltene EK ist der (bereinigte) Gewinn, der für das Fremdkapital sind die Zinsaufwendungen. Hätten sie letztere nicht bereits gezahlt, wäre Ihr Gewinn (als gesamte Rendite) logischerweise höher.

Gegenüber dem Vorjahr ergaben sich folgende Änderungen:[3]

---

[1] Bei *allen* Kennzahlen mußte der Gewinn nur um die a.o. Aufwendungen und Erträge bereinigt werden, da es sich um eine GmbH handelt. Rechnung: JÜ (250') + a.o. Aufwand (12') – a.o. Ertrag (7') = 255 TDM.

[2] Um es ganz richtig zu machen, müßten Sie bei diesen Kennzahlen das jeweils *durchschnittlich* eingesetzte Eigen- bzw. Gesamtkapital in den Nenner setzen. Es ergibt sich hilfsweise durch die Rechnung: (AB des Kapitals + SB des Kapitals) : 2.
Der Einfachheit halber nehmen wir jeweils nur das Schlußkapital.

[3] Der bereinigte Gewinn des Vorjahres betrug: JÜ (90') + a.o. Aufwand (9') – a.o. Ertrag (5') = 94 TDM.
Die Rentabilitätskennzahlen des Vorjahres ergeben sich wie folgt:
EKR = 94' : 1.260' = 7,5%; GKR = (94' + 118') : 3.600' = 5,9%; Umsatzrendite = 94' : 3.100' = 3,03% (In der Tabelle gerundet!).

	Berichts-jahr	Vorjahr	Veränderung in %-Punkten
EK-Rentabilität	14%	8%	+ 6
GK-Rentabilität	10%	6%	+ 4
Umsatzrentabilität	7%	3%	+ 4

Bilanzkritik:

Die **Eigenkapitalrentabilität (EKR)**, auch Unternehm*er*-Rendite genannt, zeigt, wie sich das (durchschnittlich) eingesetzte EK verzinst hat. Simpel ausgedrückt, besagt die EKR, wie viele Pfennig Gewinn pro *einer* DM Eigenkapital erwirtschaftet wurden. Insofern ist sie für den Gesellschafter eine Maßzahl dafür, ob er seine Einlage aufrecht erhält oder sein Kapital aus der Unternehmung herauszieht.[1]

Die **Gesamtkapitalrendite (GKR)** oder Unternehm*ens*-Rendite erweitert die vorherige Kennzahl um das Fremdkapital (im Nenner) und den darauf gezahlten FK-Zins (im Zähler). Sie zeigt also, wie sich das gesamte (durchschnittliche) Kapital verzinst hat, oder – plakativ ausgedrückt –: Wie viele Pfennig wurden pro *einer* DM eingesetztem Kapital erwirtschaftet und stehen als Zins für *beide* Kapitalarten zur Verfügung?

Die **Umsatzrentabilität** bezieht den Gewinn nicht auf das Kapital, sondern auf die Umsatzerlöse. Sie drückt damit aus, wie viele Pfennig Gewinn mit jeder DM Umsatzerlös erwirtschaftet wurden.

Bei der Maier-GmbH wurden im Berichtsjahr alle Rentabilitätskennzahlen deutlich verbessert und können jetzt als positiv bezeichnet werden.[2]

---

[1] Da aber der bereinigte Gewinn zugrunde gelegt wurde, nicht aber der ausgeschüttete Gewinn, zeigt die EKR nicht, wie hoch die *tatsächlich erhaltene* Verzinsung des EK war. Dieser Sachverhalt kann mit einer weiteren Kennzahl berechnet werden.

[2] Die Kennzahlen des Vorjahres waren etwas schwach.

☞ *Im Vorjahr betrug die GKR nur 6%. Wenn der zu zahlende FK-Zins dabei 7 oder 8% ausmachte, dann reichte die GKR doch gar nicht aus, um den Zins zu zahlen und gleichzeitig den Gesellschaftern eine vernünftige Dividende auszuschütten?*

◢ Obwohl Sie da ein interessantes Problem ansprechen, haben Sie nicht ganz recht: Zinsen müssen Sie nämlich nicht auf das *gesamte* Fremdkapital bezahlen – einiges davon steht Ihnen auch zinsfrei zur Verfügung, z.B. die Pensionsrückstellungen oder Lieferantenkredite (ohne Möglichkeit des Skontoabzugs). Insofern reichte Ihre GKR wahrscheinlich doch aus, um die fälligen Zinsen zu bezahlen.[1]

☞ *Das habe ich kapiert. Trotzdem bin ich der Meinung, daß die GKR mindestens so hoch sein sollte wie der zu zahlende FK-Zins. Liege ich da falsch? Und was wäre ein Richtwert für die EKR?*

◢ Sie haben völlig recht. Was die EKR betrifft, so sollte Sie mindestens so hoch sein, wie jene Rendite, die Sie im Falle einer *anderen* Geldanlage erzielen würden.

☞ *Und für die Umsatzrentabilität – was ist hier eine optimale Prozentzahl?*

◢ Das hängt von der Branche ab – im Anlagen- oder Automobilbau z.B. sind 1-2% Umsatzrendite gängig. Bei 4-5% würden Sie bereits jubeln. Dienstleistungsunternehmen erwirtschaften teilweise auch Renditen von 10% und mehr.[2]

Und jetzt lernen Sie noch etwas Interessantes kennen:

---

[1] Wenn Sie mal in der Bilanz (S. 186) und in der GuV (S. 198) nachschauen, stellen Sie fest, daß im Vorjahr bei 2.340 TDM FK nur 118 TDM Zinsaufwand anfielen. Das wäre ein Verhältnis von 118 : 2.340 = 5,04%. Sie sehen, die GKR war (mit 6%) doch ein wenig höher!

[2] Sie dürfen dabei natürlich nicht vergessen, daß der Gewinn eine *künstlich verringerte* Größe ist. Müßten Sie z.B. stille Rücklagen grundsätzlich ausweisen, wäre Ihr Gewinn – und damit die Rendite – deutlich höher! Dazu im nächsten Kapitel mehr.

Der Leverage-Effekt: Im Zusammenhang mit der Rentabilität von Eigen- und Gesamtkapital sprachen wir eben über die unterschiedliche Höhe von GKR und zu zahlendem[1] FK-Zins. Dabei ergibt sich folgende Überlegung:
Wenn die erwirtschaftete Verzinsung des Gesamtkapitals *über* dem Zinssatz für das Fremdkapital liegt, erhebt sich die Frage, wem diese Differenz zufließt! Sicherlich nicht den Gläubigern, sondern...? Genau: den Anteilseignern!

Beispiel: Ihre GKR beträgt 8%, der zu zahlende FK-Zins aber nur 7%. Der Unterschiedsbetrag in Höhe von 1 Prozentpunkt fließt den Gesellschaftern zu und *erhöht* damit deren (EK-)Rendite.
Sie haben einen **positiven Leverage-Effekt**[2] erzielt!

In diesem Fall gilt die Formel:

```
┌──────────────────────────────────────────────────────────┐
│  Positiver Leverage-Effekt: GK-Rentabilität > FK-Zins      │
└──────────────────────────────────────────────────────────┘
```

Umgekehrt kann es natürlich auch vorkommen, daß Sie mehr Zinsen bezahlen müssen, als die GKR ermöglicht. Der Unterschiedsbetrag geht dann *zu Lasten* der EK-Rendite. Formel:

```
┌──────────────────────────────────────────────────────────┐
│  Negativer Leverage-Effekt: GK-Rentabilität < FK-Zins      │
└──────────────────────────────────────────────────────────┘
```

Sie sehen, eine Fremdfinanzierung kann also (in gewissem Maße) durchaus von Vorteil sein. Es muß allerdings darauf geachtet werden, daß die Kreditwürdigkeit erhalten bleibt.

☞ *Na, so einigermaßen habe ich das verstanden. Ein Zahlenbeispiel dazu wäre mir jetzt gerade recht!*

▲ In Ordnung. Das bekommen Sie...

---

[1] Bzw. bereits gezahltem Zinsaufwand.
[2] Leverage-Effekt oder Hebeleffekt, da Sie das FK als Hebel benutzen, um die EKR zu steigern.

Zunächst ein **Ausgangsfall**. Darin gehen wir davon aus, daß Sie sich ausschließlich über Eigenkapital finanzieren...

Fall A: ♦ Gewinn = 80.000 DM
  ♦ Eigenkapital = 1 Mio. DM
  ⇩

$$\text{EKR} = \frac{80.000}{1.000.000} = \underline{8\%}$$

Fall B: ♦ Aufnahme von zusätzlichem FK von 200.000 DM zum...
  ♦ Zins von 6% (= 12.000 DM)
  ♦ Gesamtkapital damit = 1,2 Mio. DM
  ♦ GKR unverändert = 8%[1]

Rechnung: 8% von 1,2 Mio. = 96.000 DM Gesamtrendite
  − 12.000 DM FK-Zins
  = 84.000 DM Ertrag des EK
  ⇩

$$\text{EKR'} = \frac{84.000}{1.000.000} = \underline{8,4\%} \quad ⇨ \textit{pos. Lev.-Effekt, da GKR > FKZ}$$

Fall C: ♦ statt dessen: Aufnahme von 200.000 DM FK zum...
  ♦ Zins von 9% (= 18.000 DM)
  ♦ Gesamtkapital damit = 1,2 Mio. DM
  ♦ GKR unverändert = 8%

Rechnung: 8% von 1,2 Mio. = 96.000 DM Gesamtrendite
  − 18.000 DM FK-Zins
  = 78.000 DM Ertrag des EK
  ⇩

$$\text{EKR''} = \frac{78.000}{1.000.000} = \underline{7,8\%} \quad ⇨ \textit{neg. Lev.-Effekt, da GKR < FKZ}$$

---

[1] Das setzt voraus, daß Sie mit dem erhöhten Kapital auch proportional Ihren Umsatz erhöhen...

Sie sehen: Es kann sich durchaus lohnen, zusätzliches Fremdkapital aufzunehmen, wenn durch den relativ günstigeren Zinssatz die Rentabilität des Eigenkapitals erhöht wird.

Nun noch eine weitere Kennzahl, die aus der GuV gebildet wird:

3.6   Der Cashflow

Worum geht's? Ihnen ist klar, daß der Gewinn eine manipulierte Größe ist.[1] Er ist damit wenig aussagekräftig, und zwar weder als absolute DM-Zahl noch als Basis einer Kennzahl.
Deshalb wird häufig eine Kennzahl aufgeführt,[2] die aus den USA kommt: Der Cashflow, zu deutsch *'Kassenzufluß'*.
Dieser zeigt, was „in die Kasse geflossen ist", also eine Maßgröße dafür, wieviel Geld die Unternehmung erwirtschaftet hat.

Grundsätzlich wird er wie folgt ermittelt:

> Jahresüberschuß lt. GuV
> − alle nicht einzahlungswirksamen Erträge[3]
> + alle nicht auszahlungswirksamen Aufwendungen[4]
> = **Cashflow**

Nehmen wir als prägnantes Beispiel die Abschreibungen auf Sachanlagen: Diese wurden zwar gebildet (und verminderten den Gewinn), sie führen allerdings *nicht* zu Zahlungsmittelabflüssen. Im Gegenteil: Mit jedem verkauften Produkt floß auch anteilig für Abschreibungen ein bestimmter Betrag in die Kasse, der jetzt in der Unternehmung vorhanden ist.

---

[1] Vgl. S. 176 ff.

[2] Dazu besteht keine gesetzliche Verpflichtung. Große Gesellschaften nennen den Cashflow jedoch oft freiwillig in ihrem Gerschäftsbericht.

[3] Dazu zählen z.B. Erträge aus der Auflösung von PWB, aus der Herabsetzung von Rückstellungen oder Zuschreibungen.

[4] Beispiele: Alle Abschreibungen oder Bildung von Rückstellungen. Üblicherweise werden nur die Pensions-RüSt eingerechnet, da die anderen RüSt meist kurzfristig zu Zahlungsmittelabflüssen führen.

Es gibt eine Reihe von *Berechnungsmethoden*. Der Cashflow wird z.B. wie folgt berechnet:

Bilanzgewinn	110.000
+ Einstellung in die Gewinnrücklagen[1]	140.000
+ Abschreibungen auf Sachanlagen	400.000
+ Bildung von Pauschalwertberichtigungen[2]	–
+ Zuführung zu Pensionsrückstellungen	10.000
= **Cashflow**	**660.000**

Der Cashflow der Maier-GmbH fürs Berichtsjahr[3] betrug demnach 660.000 DM – und damit deutlich mehr als der Bilanzgewinn von 110.000 DM bzw. der ursprüngliche JÜ von 250.000 DM! Würden Sie noch die a.o. Aufwendungen addieren und die a.o. Erträge abziehen, so ergäbe sich gar ein Cashflow von 665.000 DM.

Der Cashflow drückt also den vereinnahmten Erfolg aus und zeigt die *Selbstfinanzierungskraft* der Unternehmung. Die Beträge stehen zur Verfügung für:

- **Finanzierung von Investitionen**,
- **Schuldentilgung**[4] und zur
- **Gewinnausschüttung.**

Kennzahlen: Der Cashflow selbst ist eine Kennzahl für die *Ertragskraft* einer Unternehmung. Außerdem können Sie mit ihm weitere Kennzahlen bilden, z.B. um die Rentabilität zu verfeinern.

Die **Cashflow-Umsatzverdienstrate** vergleicht die Umsatzerlöse mit dem damit erwirtschafteten Cashflow. Formel:

---

[1] Die Einstellung in die Gewinn-RL ist zwar kein Aufwand, schmälerte jedoch den tatsächlich erwirtschafteten Gewinn. Die Beträge flossen der Unternehmung also zu und können nunmehr verwendet werden.

[2] Entfällt im Beispiel, da keine PWB gebildet wurden.

[3] GuV-Zahlen auf Seite 198.

[4] Insofern ist der Cashflow eine Maßgröße der Kreditwürdigkeit und der Liquidität.

$$\text{Cashflow-Umsatzverdienstrate} = \frac{\text{Cashflow}}{\text{Umsatzerlöse}}$$

So, zum Abschluß bekommen Sie jetzt noch ein genaues **Berechnungsschema** für den Cashflow:

Bilanzgewinn
+ Verlustvortrag
– Gewinnvortrag
+ Einstellung in die Gewinnrücklagen
– Auflösung von Gewinnrücklagen
= **Jahresüberschuß**
+ Abschreibungen
– Zuschreibungen
= **Cashflow #1**
+ Erhöhung von langfristigen Rückstellungen
– Herabsetzung von langfristigen Rückstellungen
= **Cashflow #2**
+ a.o. Aufwendungen
– a.o. Erträge
= **Cashflow #3**
– Gewinnausschüttungen
= **Cashflow #4**

4   Grenzen der Bilanz

Sie haben nun allerlei Pflichten und Rechte, Bewertungsmethoden und Kennzahlen kennengelernt. Sie wissen damit, wie ein kompletter Jahresabschluß auszusehen hat, was bei der Erstellung zu beachten ist und welche Spielräume Sie dabei haben.

Allerdings ist an der Rechnungslegung durchaus auch Kritik angebracht, die wir nachfolgend kurz skizzieren:

- Der Jahresabschluß ist sehr stark vom *kaufmännischen Vorsichtsprinzip* dominiert. Von daher werden bei uns enorm hohe stille Rücklagen gebildet und die Gewinne künstlich geschmälert. Um ein wahrheitsgemäßes Bild der Unternehmung zu erhalten, taugt der JA also nur bedingt.[1]

- Der Jahresabschluß erfaßt nur bestimmte, quantitative Größen. *Qualitative* Aspekte fehlen darin völlig, wie z.B. der Beitrag der Unternehmung zur sozialen Wertschöpfung, Zufriedenheit der Mitarbeiter, Gesundheitsbelastung von Mitarbeitern und Anwohnern, langfristige Folgeschäden psychischer, physischer und emotionaler Art usw.
  Zugegeben: Weiche Faktoren sind oft schwer in Zahlen auszudrücken, aber der Versuch könnte sich lohnen und zu einer differenzierteren Betrachtung führen. In freiwilligen Öko- und Sozialbilanzen werden solche Umwelt- und Sozialaspekte teilweise gegenübergestellt, z.B. als soziale Leistungen und Schäden.[2]

Ein Beispiel hierzu: Unternehmung A hat für sämtliche Mitarbeiter vorbildlich ergonomische Arbeitsplätze eingerichtet. Folge: höhere Kosten, geschmälerter Gewinn. Unternehmung B jedoch hat z.B. billige Sitzgelegenheiten, die langfristig Rückenprobleme bewirken. Die Folgekosten sind später von der Solidargemeinschaft zu tragen. Bei sonst gleichen Bedingungen hat Unternehmung B eine günstigere Kostenstruktur und kann mehr Gewinne ausschütten.

Hier erhebt sich die Frage, ob höhere Gewinne bzw. ein größerer Finanzierungsspielraum der Unternehmung B diese zu einer *besseren* Unternehmung machen. Der Jahresabschluß jedenfalls würde diesen Eindruck vermitteln...

☞ So! Mit diesem Gedanken ist unsere Rundreise durch die Bilanzierung beendet – wir sind am Ziel angekommen! Atmen Sie tief durch und entspannen Sie sich. Bei Bedarf schlagen Sie immer wieder mal nach – z.B. im Glossar, das nun beginnt...

---

[1] Sie haben das z.B. soeben daran gesehen, daß der Cashflow viel besser die Ertragskraft einer Unternehmung darstellt als der JÜ. Ein anderes prägnantes Beispiel ist der originäre Firmenwert, also z.B. das selbst geschaffene Knowhow einer Unternehmung, welches nicht aktiviert werden darf, obwohl es sehr wohl einen (Vermögens-)Wert hat...

[2] Ein Sozialbericht als Teil eines Geschäftsberichts ist eine weitere Möglichkeit, Rechenschaft über Sozialtaten zu geben.

J   Glossar

☞ Damit Sie sich zurechtfinden: Ein solcher → Pfeil zeigt Ihnen einen Querverweis innerhalb des Glossars an oder nennt Ihnen – mit Seitenzahl – die vertiefende Textstelle im Buch.

Abschreibungen auf → **Sachanlagen** erfassen die *Wertminderung* des → Anlagevermögens. Ursache: (Ab-)Nutzung, wirtschaftliche, zeitliche oder rechtliche Gründe.
<u>Technik:</u> Mit jeder direkten A. wird das Anlagevermögen niedriger ausgewiesen, bei der indirekten A. bleiben die ursprünglichen → Anschaffungs- bzw. → Herstellungskosten stehen; zur Korrektur weist der Passivposten → *Wertberichtigungen* die bislang vorgenommenen A. aus. → Kapitalgesellschaften dürfen in der zu veröffentlichenden → Bilanz nur *direkt* abschreiben.
<u>Arten:</u> Bei der *planmäßigen* A. wird der Wertverlust z.B. über die Jahre der erwarteten Nutzungsdauer verteilt, eine → *außerplanmäßige* A. erfolgt dagegen nur, wenn ein besonderer (einmaliger) Grund vorliegt.
<u>Methoden</u> der planmäßigen A. sind (als handels- *und* steuerrechtlich anerkannte Verfahren): die → *lineare* A. für alle abnutzbaren Anlagegüter, die → *degressive* A. für alle beweglichen Anlagegüter, die → *Staffelabschreibung* für Gebäude und die → *Leistungsabschreibung* für Güter mit meßbarer Leistung.
Geringwertige Wirtschaftsgüter können im Jahr der Anschaffung (oder Herstellung) *voll* abgeschrieben werden. → S. 86 f.

AfA = <u>A</u>bsetzung <u>f</u>ür <u>A</u>bnutzung. Steuerrechtlicher Begriff für → Abschreibungen auf Sachanlagen.

Agio = Aufgeld. Der Unterschiedsbetrag zwischen (niedrigerem) → Nennwert und (höherem) Ausgabebetrag bei Aktien und anderen → Wertpapieren. Gegensatz: → Disagio. Bei der Ausgabe von Aktien *über pari* fließt das Agio in die → Kapitalrücklage.

Aktiva sind alle Vermögensgüter, die einer Unternehmung langfristig (= → Anlagevermögen; z.B. Maschinen) oder kurzfristig (= → Umlaufvermögen; z.B. → Vorräte) zur Verfügung stehen.

Aktive Rechnungsabgrenzungsposten werden gebildet, um bereits erfaßte → Aufwendungen, die wirtschaftlich einem Folgejahr zuzurechnen sind, aus der → GuV-Rechnung des Abschlußjahres herauszurechnen. → S. 114 f.

Aktivierungspflicht bedeutet formell, daß der betreffende Posten in der → Bilanz angesetzt werden muß. In materieller Hinsicht ist damit gemeint, in welcher Höhe ein Aktivposten angesetzt wird: Bei der Anschaffung von Vermögensgegenständen sind die → Anschaffungs-nebenkosten (z.B. Transport) aktivierungspflichtig. Bei den → Her-stellungskosten sind handelsrechtlich mindestens die Material- und die Fertigungs(sonder)*einzel*kosten zu aktivieren, steuerrechtlich kommen außerdem die Material- und Fertigungs*gemein*kosten dazu.

Anhang ist eine Ergänzung zu → Bilanz und → GuV. Darin werden insbesondere → Bewertungsmethoden genannt, deren Wechsel be-gründet sowie ergänzende Angaben gemacht. → S. 167 ff.

Anlagenspiegel zeigt die Entwicklung des → Anlagevermögens, insbesondere die ursprünglichen → Anschaffungs- bzw. → Herstel-lungskosten, die bislang vorgenommenen → Abschreibungen und den aktuellen → Restwert. → S. 117.

Anlagevermögen dient einer Unternehmung längerfristig. Wir unter-scheiden: 1. Immaterielles AV (z.B. Lizenzen), 2. → Sachanlagen (z.B. Maschinen) und 3. Finanzanlagen (z.B. Beteiligungen).

Anleihen sind festverzinsliche → Wertpapiere, die eine Unterneh-mung einerseits als Vermögenswert erwerben, andererseits zum Zwecke der → Finanzierung herausgeben kann. Die Ausgabe erfolgt üblicherweise unter dem → Nennwert, die Passivierung zum höheren Rückzahlungswert. → S. 139 ff.

Anschaffungskosten sind allgemein der Wert eines Bilanzpostens, wie er bei dessen Zugang erstmals erfaßt wird. Speziell ist beim Erwerb von → Anlagevermögen der Wert gemeint, der letztlich für das Gut netto bezahlt wurde: Anschaffungs*preis* (z.B. Listenpreis abzgl. Sofort-rabatte) + → Anschaffungs*nebenkosten* (z.B. Transport) – → Anschaf-fungs*kostenminderungen* (z.B. Skonto) = Anschaffungskosten.

Anschaffungskostenminderungen mindern die → Anschaffungsko-sten. Dazu zählen nachträgliche Nachlässe wegen Mängelrüge, Skonti und Boni.

Anschaffungsnebenkosten fallen beim Erwerb von → Anlagevermö-gen an und erhöhen die → Anschaffungskosten. Beispiele sind Zölle, Transport- und Verpackungskosten oder die Grunderwerbsteuer. → S. 59.

Aufwand ist ein *Werteverzehr*, d.h. Input von Produktionsfaktoren. Dazu zählen 1. der → *Verbrauch* von Roh-, Hilfs- und Betriebsstoffen, Fremdbauteilen sowie von Waren, 2. die *Wertminderung* des → Anlagevermögens (→ Abschreibungen auf Sachanlagen) und schließlich 3. die große Gruppe der *in Anspruch genommenen (Dienst-) Leistungen*, wie z.B. Personalkosten, Fremdinstandhaltung, Werbung, Beratung, Versicherungen oder Mietaufwand. Gegensatz: → Ertrag. Aus dem Saldo aller A. mit den Erträgen ergibt sich der Gewinn.

Aufwandsrückstellungen sind spezielle → Rückstellungen, die steuerrechtlich verboten sind und für die handelsrechtlich ein Wahlrecht besteht. → S. 135.

Aufwendungen für die Ingangsetzung und Erweiterung des Geschäftsbetriebs sind eine Bilanzierungshilfe, d.h., sie können in der → Handelsbilanz aktiviert werden, hingegen gilt für die → Steuerbilanz ein Aktivierungsverbot.

Ausfallrisiko = Delkredererisiko. Bezeichnet das Risiko, daß eine → Forderung nicht (voll) bezahlt wird. Um den späteren Ausfall ursächlich dem Abschlußjahr zuzuordnen, können Einzelwertberichtigungen für das *spezielle* A. und Pauschalwertberichtigungen für das *allgemeine* A. gebildet werden.

Außerplanmäßige Abschreibungen erfolgen, wenn plötzliche Ereignisse wie Brand, Unfall oder Überschwemmung ein Anlagegut in seinem Wert besonders mindern. Neben dem abnutzbaren → Anlagevermögen können auch Grundstücke oder Beteiligungen außerplanmäßig abgeschrieben werden.

Barwert ist der abgezinste (heutige) Wert einer zukünftig zu zahlenden Betriebsrente. Solche → Pensionsrückstellungen werden mittels der umgekehrten Zinseszinsformel berechnet. → S. 134 ff.

Bestandsveränderungen erfassen, wenn (un)fertige Erzeugnisse fürs Lager produziert bzw. aus diesem entnommen und verkauft werden. Im 1. Fall haben sie Ertragscharakter, im 2. Aufwandscharakter.

Beteiligte Unternehmen sind solche, mit denen ein Beteiligungsverhältnis besteht.

Betriebsvermögensvergleich (oder Eigenkapitalvergleich) ist die Gewinnermittlungsart u.a. für Kaufleute. Der Gewinn ergibt sich dabei als Zunahme des → Eigenkapitals. → S. 25 ff.

Bewegungsbilanz: Statt der Bestände werden nur die *Veränderungen* an Vermögen und Kapital gegenübergestellt: Links stehen z.B. die Aktivazuwächse und die Passivaabnahmen, rechts stehen die Passivazuwächse und die Aktivaabnahmen.

Bewertungsmethoden: Wenn Sie geklärt haben, *daß* ein Posten bilanziert wird, erhebt sich anschließend die Frage, *mit welchem Wert*. Dazu stehen Ihnen oft mehrere B. zur Auswahl – denken Sie z.B. an die Methoden der → Abschreibung, der → Vorratsbewertung, an unterschiedliche → Wechselkurse oder an den Prozentsatz zur Barwertberechnung der → Pensionsrückstellungen.
Durch entsprechende Wertansätze beeinflussen Sie Ihre Gewinnhöhe. Von daher sind B. ein Instrument der → Bilanzpolitik.

Bilanz ist die aus dem → Inventar abgeleitete kurzgefaßte Gegenüberstellung aller → Aktiva (links) und → Passiva (rechts). Beide Seiten sind nach Zeitaspekten geordnet. Beide Bilanzseiten müssen in ihren Summen übereinstimmen (ital. bilancia = Waage).

Bilanzanalyse ist die systematische Aufbereitung der → Bilanz, die Bildung von → Kennzahlen und deren Beurteilung. Die *formelle* BA betrachtet z.B. die Einhaltung der Gliederungsvorschriften, die *materielle* die bilanzierten Werte. Die *interne* BA wird unternehmensintern durchgeführt, die *externe* BA außerhalb.

Bilanzgewinn/-verlust ist der Posten A IV des → Eigenkapitals, wenn die → Bilanz nach (teilweiser) Gewinnverwendung erstellt wird.

Bilanzidentität bezeichnet das Prinzip, nachdem die Schlußbilanz eines Jahres identisch ist mit der Eröffnungsbilanz des Folgejahres. Abweichungen sind z.B. bei Währungsumstellungen möglich.

Bilanzierungshilfen sind Aktivposten in der → Handelsbilanz mit Ansatzwahlrecht. Dazu zählen die → Aufwendungen für die Ingangsetzung und Erweiterung des Geschäftsbetriebs und aktivierte → latente Steuern.

Bilanzklarheit ist ein Prinzip, nachdem die → Bilanz klar und über-sichtlich geordnet sein muß.

Bilanzkontinuität besagt, daß die Postengliederung in der → Bilanz sowie die gewählten → Bewertungsmethoden beibehalten und nur aus wichtigem Grund geändert werden sollen.

Bilanzpolitik ist das Bestreben, die Bilanzposten und den Gewinn so auszuweisen, wie es der Absicht der Unternehmensleitung entspricht. Das kann z.B. eine relativ niedrige → Bilanzsumme sein, ein mög-lichst *niedriger* oder *hoher* oder ein über die Jahre *ausgeglichener* Gewinnausweis. B. wird aufgrund der gesetzlichen Freiräume ermög-licht, wozu speziell die Wahlrechte zählen, einen Posten *überhaupt* auszuweisen, und die *Bewertungswahlrechte*, also die Wahl zwischen mehreren möglichen Wertansätzen. → S. 171 ff.

Bilanzsumme ist die Summe einer Bilanzseite. Die B. ist ein Eckda-tum zur Einteilung der (Kapital-)Gesellschaften nach Größenklassen bzw. Veröffentlichungspflichten.

Bruttoprinzip: Grundsätzlich besteht für → Bilanz und → GuV ein *Saldierungsverbot*, d.h., daß wesensgleiche Posten (z.B. → Forderun-gen und → Verbindlichkeiten oder Mietaufwand und Mietertrag) nicht miteinander saldiert werden dürfen, sondern getrennt ausgewiesen werden. Ausnahmen siehe → Nettoprinzip.

Buchwert oder Restwert ist der Wert eines Anlagegegenstandes, der sich nach den bisher vorgenommenen → Abschreibungen ergibt. Der *Erinnerungswert* ist ein spezieller B., wenn das Gut komplett, d.h. bis auf eine DM, abgeschrieben ist.

Bundesanzeiger wird vom Bundesminister der Justiz herausgegeben. Neben Verordnungen und Bekanntmachungen des Bundes werden u.a. auch internationale Ausschreibungen und gerichtliche Bekanntma-chungen abgedruckt. Letztere enthalten die → Jahresabschlüsse der entsprechend großen Unternehmungen.

Cashflow drückt (besser als der Gewinn) die Ertrags- und Selbstfi-nanzierungskraft einer Unternehmung aus. Im Grundmodell werden zum → Jahresüberschuß alle nicht auszahlungswirksamen → Auf-wendungen addiert (da diese als eingenommene Zahlungsmittel vorhanden sind) und die nicht einzahlungswirksamen → Erträge subtrahiert. Der Cf. zeigt die vereinnahmten Zahlungsmittelbestände, die für Investitionszwecke, zur Schuldentilgung und zur Gewinnausschüttung zur Verfügung stehen. → S. 204 ff.

Courtage = Maklergebühr beim Kauf oder Verkauf von → Wertpapieren. → S. 111 f.

Damnum ist das → Disagio oder Abgeld im speziellen Fall der Darlehensaufnahme. Da Zins für die Laufzeit sofort einbehalten wird, mindert sich dadurch der Auszahlungsbetrag. Handelsrechtlich kann, steuerrechtlich muß das D. aktiviert werden.

Davonvermerk: Manche Posten weisen nicht nur den gesamten DM-Betrag aus, sondern zusätzlich, wieviel davon für einen bestimmten Posten enthalten ist. Damit der „Davon-Betrag" nicht nochmals addiert wird, wird er üblicherweise eingerückt oder kursiv gesetzt. Beispiel: → Anleihen (Passivposten C 1), davon konvertibel (d.h., daß sie umgewandelt werden können; Beispiel: → Wandelschuldverschreibungen).

Deckungsgrad ist eine → Kennzahl der langfristigen Liquiditätsanalyse. Das → Anlagevermögen wird ins Verhältnis zum eingesetzten Langfristkapital betrachtet. Letzteres sollte mindestens das AV decken, darüber hinaus den → Eisernen Bestand.

Degressive Abschreibung (oder Restwert-AfA) ist für *bewegliche* Anlagegüter anwendbar. Im ersten Jahr wird von den → Anschaffungs- bzw. → Herstellungskosten aus abgeschrieben, in den Folgejahren vom jeweils verbliebenen → Buchwert, und zwar jeweils mit einem konstanten Prozentsatz, der max. 30% beträgt. Die Abschreibungsbeträge sind dadurch fallend und es wird nie der Wert Null erreicht. Daher ist der Übergang zur → linearen Methode erlaubt. Ein Vorteil der d.A. liegt darin, daß zu Beginn der → Nutzungsdauer mehr abgeschrieben und der Gewinn daher stärker gemindert wird.

Delkredere = Risiko des Forderungsausfalls. Gelegentlich werden auch die dazu gebildeten → Wertberichtigungen so benannt.

Disagio = Abgeld. Unterschiedsbetrag zwischen (höherem) Rückzahlungsbetrag und (niedrigerem) Auszahlungsbetrag bei der Ausgabe von → Anleihen und bei der Aufnahme von Darlehen. Im letzteren Fall auch → *Damnum* genannt.

Durchschnittsbewertung ist die (auch steuerrechtlich anerkannte) Bewertungsvereinfachung für gleichartige oder -wertige → Vorräte. Als periodische Variante werden sämtliche Mengenzugänge mit ihren jeweiligen Werten multipliziert, der sich ergebende Gesamtwert anschließend durch die Gesamtmenge dividiert. → S. 92 ff.

Eigenkapital sind all jene Kapitalposten, die ausdrücken, daß sich eine Unternehmung nicht fremdfinanziert, sondern über Einlagen der Gesellschafter oder aus Gewinnen. Unterposten: → S. 122 ff.

Einkommensteuer wird auf das zu versteuernde Einkommen von natürlichen Personen erhoben. Dessen Grundlage sind 7 Einkunftsarten, u.a. Einkünfte aus Gewerbebetrieb oder aus selbständiger Arbeit. → S. 22.

Einzelbewertungsprinzip besagt, daß zum Jahresende grundsätzlich alle Vermögens- und Schuldenposten einzeln bewertet werden. Ausnahmen ergeben sich aus wirtschaftlichen Gründen, z.B. bei der → Durchschnittsbewertung von Vorräten, bei der → Festbewertung, bei der Bildung von → Pauschalwertberichtigungen oder der (pauschalierten) Bildung von Garantierückstellungen.

Einzelkosten sind einem Produkt direkt zuordenbar. Im Materialbereich sind dies vor allem Rohstoffe (z.B. Autoblech) und Fremdbauteile (z.B. Lichtmaschine), im Fertigungsbereich die Akkordlöhne. Daneben gibt es noch die → Sondereinzelkosten der Fertigung und des Vertriebs. Bis auf letztere bilden die genannten EK den Mindestansatz zur Aktivierung selbst erstellter Anlagegüter mit den → Herstellungskosten.

Eiserner Bestand ist der Teil des → Umlaufvermögens, der auf jeden Fall als Minimum benötigt wird, um den Betrieb aufrecht zu erhalten. Dazu zählt ein Grundbestand an → Vorräten als auch z.B. ein Mindest-Kassenbestand.

Erfolg ist ein *neutraler* Begriff. Seine positive Ausprägung heißt „Gewinn", die negative „Verlust". Die Erfolgslage eines Unternehmens ist anhand der → GuV zu erkennen: Durch die Gegenüberstellung aller → Aufwendungen und → Erträge werden die *Quellen des E.* aufgezeigt (z.B. hohe Materialkosten, niedrige Umsatzerlöse o.ä.).

Erfolgsbilanz = → Gewinn- und Verlustrechnung

Erfolgsspaltung: In der → GuV wird nicht nur das Gesamtergebnis gezeigt, sondern auch *Teilergebnisse* genannt, um das Zustandekommen des → Erfolgs transparenter zu machen. → S. 158 f.

Ergebnisverwendung zeigt, inwiefern der → Jahresüberschuß unter Berücksichtigung von → Gewinn-/Verlustvortrag und Einstellungen in oder Entnahmen aus → Rücklagen verwendet wurde. Aktiengesellschaften weisen die E. ergänzend zur → GuV oder im → Anhang aus. → S. 158 f.

Ertrag ist jeder Wertezuwachs. Dazu zählen insbesondere die Umsatzerlöse (→ S. 160), Mehrbestände an (un-)fertigen Erzeugnissen und andere aktivierte Eigenleistungen (= die Posten 1-3 nach dem GKV), daneben z.B. Zins-, Miet- oder Provisionserträge.

Eventualverbindlichkeiten sind momentan noch keine → Schulden der Unternehmung, können aber dazu werden. Beispiele sind potentielle Schulden aus übernommenen Bürgschaften oder weitergegebenen → Wechseln.

Externe Bilanz: Im Gegensatz zur → internen B. jene, die nach außen gerichtet ist, wie z.B. die → Steuerbilanz oder die beim → Handelsregister eingereichte → Handelsbilanz.

Fertigungskosten sind alle → Einzelkosten (z.B. Akkordlöhne) und → Gemeinkosten (z.B. Meistergehalt) in der Produktion. Vgl. → Herstellungskosten.

Festbewertung ist eine Bewertungsvereinfachung für → Vorräte und bestimmte Anlagegüter, die sich in ihrem Bestand nur unwesentlich verändern und regelmäßig ergänzt werden. Als Bilanzansatz dürfen die Vorjahreswerte übernommen werden; alle 3 Jahre muß der Bestand per → Inventur angepaßt werden.

Fifo (= first in first out) ist ein → Verbrauchsfolgeverfahren für → Vorräte mit der Fiktion, daß die zuerst beschafften Güter auch zuerst verbraucht werden. Die Bewertung erfolgt daher zum Wert der zuletzt beschafften Güter. Konform mit dem → Niederstwertprinzip bei sinkenden Preisen. → S. 101 f.

Finanzanlagen sind → Wertpapiere des → Anlagevermögens und Beteiligungen, die langfristig gehalten werden oder mit denen ein Anteilsbesitz von mind. 20% der betroffenen Unternehmung erreicht ist.

Finanzierung zeigt, wie sich das Kapital einer Unternehmung zusammensetzt. Zu unterscheiden sind nach dem Rechtsstatus des Geldgebers *Eigen-* (Gesellschafter) und *Fremdfinanzierung* (Gläubiger), nach der Herkunft des Kapitals *Außen-* (Kapitalzuflüsse von außen) und *Innenfinanzierung* (selbst erwirtschaftet). Als Spezialform des letzten Falles ist die *Gewinnthesaurierung* zu verstehen; sie entsteht durch Nichtausschüttung von Gewinnen, z.B. mit der Bildung von → Gewinnrücklagen. Kennzahlen: → S. 190 ff.

Firmenwert ist der Ruf einer Unternehmung, ihr Kundenstamm, ihr Knowhow, Logos usw. Der selbst geschaffene (originäre) F. darf nicht aktiviert werden, für den käuflich erworbenen (derivativen) F. besteht handelsrechtlich ein Aktivierungswahlrecht, steuerrechtlich hingegen eine → Aktivierungspflicht. Beim Erwerb einer Unternehmung wird der F. ermittelt, indem vom Kaufpreis die (materiellen) Vermögensposten subtrahiert werden.

Forderungen sind Ansprüche auf Geldzahlung oder Leistungen. Dazu gehören die F. aLuL, F. ans Finanzamt, an Mitarbeiter, Besitzwechsel (als wechselmäßig verbriefte F.) usw. Im Rahmen der → Bilanzanalyse zählen außerdem sämtliche → Wertpapiere des → Umlaufvermögens und evtl. die → Aktiven Rechnungsabgrenzungsposten zu den F.

Fremdkapital sind jene Posten der → Finanzierung, bei denen der Geldgeber Gläubigerstatus hat. In der → Bilanz zählen dazu die 3 großen Gruppen der → Rückstellungen, der → Verbindlichkeiten und der → Passiven Rechnungsabgrenzungsposten.

Fusionsbilanz: Eine Sonderbilanz im Falle einer Fusion, also Verschmelzung zweier Unternehmen, d.h. aus zwei vorher rechtlich selbständigen Unternehmen wird *eine* neue Rechtseinheit geschaffen.

Gemeinkosten sind im Gegensatz zu den → Einzelkosten einem Produkt nicht direkt zurechenbar. Je nach Entstehungsbereich wird in Material-, Fertigungs-, Verwaltungs- und Vertriebsgemeinkosten unterschieden. Die ersten 3 der genannten GK können in die → Herstellungskosten eingerechnet werden. → S. 61 ff.

Generalbilanz kann von rechtlich und wirtschaftlich selbständigen Unternehmen gemeinsam erstellt werden (z.B. bei einer Interessengemeinschaft = IG).

Gesamtkostenverfahren ist das gängigere Verfahren zur Erstellung einer → GuV, bei der sämtliche → Aufwendungen und → Erträge erfaßt werden. Da sich hierbei die Umsatzerlöse und der eingesetzte Aufwand i.d.R. nicht auf die gleichen Stückzahlen beziehen, wird zur Korrektur der Posten → Bestandsveränderungen benötigt. → S. 151 ff.

Gesetzliche Rücklagen müssen Aktiengesellschaften bis zu einer gewissen Höhe bilden. Passivposten A III 1. → S. 128 f.

Gewerbesteuer wird auf den Gewinn von Gewerbebetrieben erhoben. Die genaue Höhe hängt vom sog. Hebesatz der jeweiligen Gemeinde ab.

Gewinn, bereinigter: Der Gewinn entspricht dem → Jahresüberschuß. Zur Beurteilung der → Rentabilität wird er bei Einzelunternehmen und → Personengesellschaften um den *Unternehmerlohn* gekürzt, damit Vergleiche mit Kapitalgesellschaften möglich sind.

Gewinn- oder Verlustvortrag ist der Restgewinn oder -verlust aus dem Vorjahr. Im Abschlußjahr wird er im Rahmen → der Ergebnisverwendung mit dem → Jahresüberschuß bzw. -fehlbetrag verrechnet.

Gewinnrücklagen sind aus dem bereits versteuerten Jahresgewinn gebildete → Rücklagen, die also nicht an die Gesellschafter ausgeschüttet werden, sondern für zukünftige Investitionszwecke und zur Stärkung der Eigenkapitalbasis gebildet werden.

Gewinn- und Verlustrechnung ist im Rahmen des → Jahresabschlusses die spezielle Aufbereitung der GuV, meist in Staffelform. Darin werden sämtliche → Aufwendungen und → Erträge aufgeführt. Deren Saldo ergibt den → Erfolg einer Unternehmung, also den Gewinn oder den Verlust. → S. 156.

Gezeichnetes Kapital ist bei → Kapitalgesellschaften das im → Handelsregister eingetragene Haftungskapital, bei der Kommanditgesellschaft die Einlage der (beschränkt haftenden) Kommanditisten. Es beträgt bei der GmbH mind. 50.000 DM, bei der AG mind. 100.000 DM. Seine Höhe bleibt unverändert, soweit nicht Kapitalerhöhungen oder -herabsetzungen stattfinden.

GoB = Grundsätze ordnungsmäßiger Buchführung bzw. Bilanzierung, also Vereinbarung, wie Buchführung und Jahresabschluß zu gestalten sind, damit sie korrekt und nachvollziehbar sind.

Größenkategorien von → **Kapitalgesellschaften**: Für kleine, mittel-große und große Kapitalgesellschaften gelten unterschiedliche Rech-nungslegungspflichten. Es gilt der Grundsatz, daß die große einen kompletten → Jahresabschluß erstellt und die kleine Kapitalgesell-schaft die größten Erleichterungen hat. → S. 37 ff.

Grundkapital ist das → Gezeichnete Kapital einer GmbH.

Handelsbilanz ist eine → Bilanz, die nach dem → Handelsrecht er-stellt wird. Sie richtet sich an Anteilseigner, Gläubiger und an die interessierte Öffentlichkeit. Im Gegensatz zur → Steuerbilanz sind die Ansatz- und Bewertungsfreiräume größer. → S. 17 f.

Handelsgesetzbuch (HGB): Seit dem 1. Januar 1900 geltendes, spe-zielles Recht für Kaufleute. Enthält in seinem 3. Buch die Vorschrif-ten, die zur Erstellung eines → Jahresabschlusses zu beachten sind.

Handelsrecht ist eine Fülle von Gesetzen, darunter vor allem das → HGB, das GmbH-Gesetz und das Aktiengesetz, außerdem z.B. das Publizitätsgesetz (PublG).

Handelsregister wird beim zuständigen Amtsgericht geführt. Dort werden u.a. die Namen der Vollhafter (bei → Personengesellschaften) bzw. das Haftungskapital (bei → Kapitalgesellschaften) eingetragen, sowie die → Jahresabschlüsse eingereicht.

Herstellungskosten sind der Wertansatz bei selbst erstellten Anlage-gütern. Sie bestehen mindestens aus den → Einzelkosten (→ Handels-bilanz) plus der → Gemeinkosten aus Material- und Fertigungsbereich (→ Steuerbilanz). Auf diese Summe können anteilige → Verwaltungs-gemeinkosten und evtl. Fremdkapitalzinsen addiert werden. → S. 60 ff.

Hifo = Highest in first out: Ein → Verbrauchsfolgeverfahren mit der Fiktion, daß die am teuersten bezogenen Vorräte auch zuerst ver-braucht werden. Der Endbestand wird mit den am günstigsten be-schafften Güter bewertet. Konform mit dem → Niederstwertprinzip bei uneinheitlichen Beschaffungspreisen. → S. 102 f.

Höchstwertprinzip: Liegen bei manchen → Schulden 2 unterschied-liche Wertansätze vor, muß der höhere passiviert werden. Gilt bei-spielsweise für Fremdwährungsverbindlichkeiten, Darlehen und →

Anleihen. Genauso wie das → Niederstwertprinzip dient auch das HWP der kaufmännischen Vorsicht.

Imparitätsprinzip ist eine Konkretisierung des kaufmännischen → Vorsichtsprinzips. Es besagt, daß einerseits → Aktiva und → Passiva unterschiedlich behandelt werden; für erstere gilt das → *Niederstwertprinzip*, für letztere das → *Höchstwertprinzip*. Andererseits dürfen nichtrealisierte Gewinne *nicht* ausgewiesen werden, nichtrealisierte Verluste hingegen *müssen* ausgewiesen werden. Beide Aspekte führen zur Bildung → stiller Rücklagen.

interne Bilanz ist eine → B., die für interne Zwecke erstellt wird, z.B. eine Monatsbilanz zur unterjährigen Kontrolle.

Inventar ist ein ausführliches Verzeichnis aller Bestände an Vermögen und → Schulden. Aus ihm wird die → Bilanz abgeleitet.

Inventur ist die *Bestandsaufnahme* aller Vermögens- und Schuldenposten, d.h. eine Erfassung aller → Aktiva und → Passiva. Sie muß mindestens zum Bilanzstichtag durchgeführt werden.
Die *körperliche* I. erfolgt bei materiellen Gütern mittels Zählen, Wiegen, Messen und ggf. Schätzen, die *Buchinventur* (anhand der Bücher) wird bei → Schulden und immateriellen Gütern (z.B. → Forderungen) angewandt.
Verfahren: Stichtagsinventur (Zeitraum: ± 10 Tage), Verlegte I. (– 3 Monate, + 2 Monate), Permanente I. (laufende Erfassung aller Zu- und Abgänge) und I. mittels mathematisch-statistischer Verfahren. → S. 10 ff.

Investierung: Während die Passivseite einer → Bilanz ausdrückt, woher das benötigte Kapital stammt (→ Finanzierung), zeigt die Aktivseite, in was investiert wurde, d.h., wofür die Mittel verwendet wurden.

Der **Jahresabschluß** erfolgt zum Bilanzstichtag und informiert über die Vermögens-, Schulden- und Erfolgslage eines Unternehmens. Sein Umfang und die Bestandteile sind abhängig von der → Rechtsform der Unternehmung: Bei → Personengesellschaften besteht er aus → Bilanz und → GuV, bei → Kapitalgesellschaften außerdem aus dem → Anhang. Letztere ergänzen den JA durch einen → Lagebericht.

Jahresüberschuß/-fehlbetrag ist der Posten A V des → Eigenkapitals und entspricht dem Gewinn bzw. Verlust der → GuV.

Kapitalerhöhungsbilanz wird erstellt bei Aufstockung des → Eigenkapitals, z.B. durch Ausgabe zusätzlicher Aktien. Das gedankliche Gegenstück ist die Kapitalherabsetzungsbilanz.

Kapitalgesellschaften: Dazu zählen die GmbH, die AG und die KGaA. Diese haften mit dem im → Handelsregister eingetragenen → gezeichneten Kapital. Gegensatz: → Personengesellschaften

Kapitalrücklage entsteht bei → Kapitalgesellschaften durch Zuzahlungen der Gesellschafter beim Erwerb von Gesellschaftsanteilen.

Kaufmann ist nach → HGB, wer ein *Handelsgewerbe* ausübt; dazu zählen z.B. Handel, Industrie, Speditionen, Banken oder Versicherungen (sog. *Muß*kaufleute). Neben den Mußkaufleuten gibt es noch *Soll*kaufleute (z.B. Hotel), *Kann*kaufleute (z.B. Landwirte) und *Form*kaufleute (z.B. GmbH). Sie alle sind als *Voll*kaufleute zur doppelten Buchführung verpflichtet und müssen zum Jahresende eine → Bilanz erstellen.
Wird das obige Gewerbe nur im *geringen Umfang* ausgeübt, so handelt es sich um einen *Minder*kaufmann, der nur eine *einfache* Buchführung (z.B. Kassenbuch) benötigt, genauso wie andere *Selbständige* (z.B. Künstler), die zum Jahresende lediglich eine *Einnahmen-Überschußrechnung* erstellen.

Kennzahlen werden im Rahmen der → Bilanzanalyse gebildet, um eine Unternehmung besser beurteilen zu können. → S. 181 ff.

Konkurs ist das zwangsweise Auflösen eines Unternehmens durch ein Gericht. Gründe dafür sind Zahlungsunfähigkeit oder (bei → Kapitalgesellschaften) Überschuldung, d.h., daß das Vermögen nicht mehr zur Deckung der → Schulden ausreicht. Anders als beim → Vergleich bekommen die Gläubiger i.d.R. nur einen Bruchteil ihrer → Forderungen.

Konzernbilanz ist die gemeinsame → Bilanz aller Konzerntöchter und deren Mutter, also rechtlich selbständiger, aber wirtschaftlich voneinander abhängiger Unternehmen. Man spricht auch von 'konsolidierter Bilanz', da die K. nicht die Summe aller Einzelbilanzen ist, sondern um gegenseitige Geschäfte bereinigt (= konsolidiert) wird. Pflicht ist die *Inlandsbilanz*, also aller Konzernteile im Inland, freiwillig kann die *Weltbilanz* erstellt werden.

Körperschaftsteuer ist die → Einkommensteuer der Körperschaften, wozu insbesondere die → Kapitalgesellschaften zählen. Sie besteuert den Gewinn und beträgt in Deutschland z.Zt. 45%.

Lagebericht ist – neben dem → Jahresabschluß – ein von → Kapitalgesellschaften zusätzlich zu veröffentlichender Teil. Der L. gibt Auskunft über die Entwicklung der Unternehmung und ist auch zukunftsorientiert.

Latente Steuern entstehen, wenn → Steuerbilanz und → Handelsbilanz zu unterschiedlichen Ergebnissen kommen. Zur Korrektur werden in der HB aktivisch oder passivisch abgegrenzte Steuern ausgewiesen, wenn sich die Unterschiede in absehbarer Zeit wieder ausgleichen werden. → S. 117 ff.

Leistungsabschreibung ist eine Methode der planmäßigen → Abschreibung, bei der die geschätzte Gesamtleistung durch die ursprünglichen → Anschaffungs- bzw. → Herstellungskosten dividiert wird. Die L. berücksichtigt am genauesten den leistungsbedingten Werteverzehr von Fahrzeugen oder Maschinen.

Leverage-Effekt (Hebeleffekt) entsteht durch Aufnahme von → Fremdkapital. Ein positiver LE liegt vor, wenn die Gesamtkapitalrendite höher ist als der Fremdkapitalzins, wodurch sich die Eigenkapitalrendite steigert. Im umgekehrten Fall liegt ein negativer LE vor. → S. 202 ff.

Lifo = last in first out: Eines der → Verbrauchsfolgeverfahren, bei dem unterstellt wird, daß die zuletzt beschafften → Vorräte zuerst verbraucht werden, sodaß der Endbestand mit den zuerst gekauften Gütern bewertet wird. Konform mit dem → Niederstwertprinzip bei steigenden Preisen. → S. 98 ff.

Lineare Abschreibung ist die Standardmethode zur Erfassung der Wertminderungen des abnutzbaren → Anlagevermögens. Die ursprünglichen → Anschaffungs- bzw. → Herstellungskosten werden durch die → Nutzungsdauer in Jahren dividiert, was den Abschreibungsbetrag eines Jahres ergibt.

Liquidationsbilanz wird beim (freiwilligen) Auflösen der Unternehmung erstellt, z.B. bei Verkauf der Unternehmung oder wenn der Eigentümer in den Ruhestand geht.

Liquidität ist die Fähigkeit, den Zahlungsverpflichtungen fristgemäß nachkommen zu können. Zahlungsunfähigkeit (*Illiquidität*) ist ein Konkursgrund, *Unterliquidität* sind vorübergehende Zahlungsschwierigkeiten. Beide gilt es ebenso zu vermeiden wie *Überliquidität*, die entsteht, wenn zu viele → Zahlungsmittel ungenutzt bleiben. → S. 195 f.

Maßgeblichkeitsprinzip besagt, daß die → Steuerbilanz aus der → Handelsbilanz abgeleitet wird. Das umgekehrte M. fordert, daß ein Posten in der StB nur dann angesetzt werden darf, wenn er so auch in der HB bilanziert wird.

Materialkosten sind die → Einzel- (z.B. Rohstoffe) und → Gemeinkosten (z.B. Lagerregal-AfA) des Materialbereichs, wozu der Einkauf und die Lagerhaltung zählen.

Nennwert ist der Wert einen Aktiv- oder Passivpostens, wie er aufgedruckt ist (z.B. → Wertpapiere oder → Anleihen) oder z.B. lt. Rechnung ursprünglich entstanden ist (bei → Forderungen und → Verbindlichkeiten).

Nettoprinzip: Im Gegensatz zum → Bruttoprinzip müssen manche Posten miteinander saldiert werden, z.B. erhaltene Nachlässe mit dem betreffenden Gut oder → Aufwand und gewährte Nachlässe mit den entsprechenden Umsatzerlösen. Ein Spezialfall ist das → *Rohergebnis* in der → GuV, welches kleine und mittelgroße → Kapitalgesellschaften ausweisen dürfen.

Niederstwertprinzip besagt, daß von 2 in Frage kommenden Wertansätzen für → Aktiva der niedrigere zu nehmen ist. Das *strenge* NWP gilt für alles → Umlaufvermögen, hingegen gilt für → Anlagevermögen das *gemilderte* NWP, wonach bei *vorübergehender* Wertminderung nicht unbedingt auf den niedrigeren Wertansatz gegangen werden muß. Vgl. → Höchstwertprinzip.

Nutzungsdauer ist die lt. AfA-Tabellen betriebsgewöhnliche Zeit, innerhalb deren ein Anlagegut abzuschreiben ist.

Offene Rücklagen sind in der → Bilanz offen ausgewiesene → Rücklagen. Dazu zählen die → Kapitalrücklage, die → Gewinnrücklagen und der → Sonderposten mit Rücklageanteil.

Offenlegungspflicht ist die Pflicht für alle → Kapitalgesellschaften sowie sehr große → Personengesellschaften, ihre Vermögens- und Schuldenverhältnisse in einem → Jahresabschluß darzulegen.

Passiva sind alle Kapitalposten auf der rechten Seite einer → Bilanz, nämlich das → Eigenkapital sowie alles → Fremdkapital.

Passive Rechnungsabgrenzungsposten werden gebildet, um im voraus vereinnahmte → Erträge aus dem Abschlußjahr herauszurechnen und ins Folgejahr hinüberzuschieben, dem sie wirtschaftlich zuzurechnen sind.

Pensionsrückstellungen sind → Rückstellungen, die für betriebliche Altersversorgung gebildet werden. Der zukünftige Auszahlungsbetrag wird aufs Abschlußjahr abgezinst (= → Barwert); → S. 134 ff.

Periodengerechte Abgrenzung ist ein wesentliches Prinzip bei der Erstellung eines → Jahresabschlusses. Demnach müssen sämtliche → Aufwendungen und → Erträge, die ein Folgejahr betreffen, herausgerechnet werden (= → Aktive und → Passive Rechnungsabgrenzungsposten), und umgekehrt noch jene Erfolgsvorgänge berücksichtigt werden, die noch nicht erfaßt sind, da sie erst in der Folgeperiode zur Zahlung führen (= Sonstige Forderungen und Verbindlichkeiten). Auch die Bildung von → Rückstellungen erfolgt aus dem Grund, Aufwand ursächlich zuzuordnen.

Personengesellschaften sind die OHG und die KG. Für sie gilt das → HGB nur eingeschränkt, insbesondere müssen sie ihren → Jahresabschluß i.d.R. nicht veröffentlichen.

Publizität → Offenlegungspflicht

Realisationsprinzip verlangt, daß Gewinne und Verluste erst dann ausgewiesen werden, wenn sie realisiert werden, also tatsächlich eintreten. Das → Imparitätsprinzip ist insofern vorrangig, als es verlangt, daß die nichtrealisierten Verluste bereits beim Bekanntwerden ausgewiesen werden.

Rechnungswesen ist die Gesamtheit aller Methoden, um das betriebliche Geschehen zahlenmäßig zu erfassen, zu überwachen und auszuwerten. Sein wesentlicher Grundbaustein sind die Buchführung (vor allem während des Geschäftsjahres) und die Bilanzierung (vor allem zum Ende eines Geschäftsjahres).

Rechtsform der Unternehmung: Wir unterscheiden 2 große Gruppen von Rechtsformen, die *Einzelunternehmung* und → *Personengesellschaften* (OHG, KG) einerseits, die → *Kapitalgesellschaften* (GmbH, AG, KGaA) andererseits.

Rentabilität zeigt, in welcher Höhe sich das eingesetzte Kapital verzinst hat. Dazu wird bei → Personengesellschaften der Gewinn um den Unternehmerlohn bereinigt, um sie mit Unternehmen anderer → Rechtsform vergleichen zu können. → S. 198 ff.

Restwert = → Buchwert

Rohergebnis ist ein saldiertes Zwischenergebnis, welches kleine und mittelgroße → Kapitalgesellschaften in ihrer → GuV ausweisen. Dazu fassen sie die Posten 1-5 nach dem → Gesamtkostenverfahren bzw. die Posten 1-3 und 6 nach dem → Umsatzkostenverfahren zusammen.

ROI (= Return on Investment) ist eine Erweiterung bzw. Aufsplittung der → Rentabilität. Er wird ermittelt aus dem Produkt zweier Quotienten, nämlich (Gewinn : Umsatz) · (Umsatz : eingesetztes Kapital).

Rücklagen sind als → offene RL aus der → Bilanz ersichtlich, als → stille RL nicht. Zu ersteren zählen die → Kapitalrücklage, die → Gewinnrücklagen – beides Teile des → Eigenkapitals – und der → Sonderposten mit RL-Anteil. RL erhöhen die Selbstfinanzierungskraft und die Bonität einer Unternehmung.

Rückstellungen sind im Gegensatz zu den → Rück*lagen* Teile des → Fremdkapitals, und zwar (bezüglich der Höhe) *ungewisse* → Verbindlichkeiten. Für manche RüSt (z.B. → Pensions-RüSt) besteht eine Passivierungspflicht, das → Handelsrecht erlaubt darüber hinaus weitere RüSt. → S. 135.

Sachanlagen sind alle materiellen Anlagegüter, die der Unternehmung längerfristig zur Verfügung stehen. Dazu zählen Grundstücke, Gebäude, Technische Anlagen und Maschinen, Fuhrpark, BGA und GWG sowie die darauf geleisteten Anzahlungen und Anlagen im Bau.

Saldierungsverbot → Bruttoprinzip

Sanierungsbilanz wird erstellt nach der Durchführung finanzieller Sanierungsmaßnahmen, z.B. einer Kapitalherabsetzung. Sie ist verbunden mit einer Neubewertung von Vermögen und Schulden.

Schulden sind das der Unternehmung zur Verfügung gestellte →
Fremdkapital wie z.B. Lieferantenkredite beim Zielkauf, erhaltene →
Anzahlungen oder aufgenommene Darlehen.

Sonderabschreibungen erlaubt der Gesetzgeber, um kleinere oder
Betriebe in bestimmten Regionen besonders zu fördern. I.d.R. werden
sie zusätzlich zur planmäßigen → Abschreibung vorgenommen, sodaß
sich Gewinn und Steuerlast mindern. → S. 87 f.

Sonderbilanzen sind im Gegensatz zur periodischen Jahresbilanz aus
besonderem Grund erstellte → Bilanzen, wie z.B. eine → Fusionsbilanz.

Sondereinzelkosten der Fertigung fallen für eine Reihe gleicher Pro-
dukte an, wie z.B. Muster, Formen, Konstruktionspläne oder Tests.
Sie werden handels- und steuerrechtlich in den Mindestansatz der →
Herstellungskosten eingerechnet.

Sonderposten: Die → Bilanz kann sowohl auf der Aktiv- als auch auf
der Passivseite durch verschiedene S. ergänzt werden. Dazu zählen
z.B. handelsrechtliche → Bilanzierungshilfen oder der → Anlagenspiegel (→ S. 116 f.) und → Eventualverbindlichkeiten (S. 144).
Sonderposten mit Rücklageanteil sind spezielle → Rücklagen, die aus
dem *unversteuerten* Gewinn gebildet werden. Sie haben daher teils
Eigen-, teils Fremdkapitalcharakter.

Staffelabschreibung ist eine besondere Methode der planmäßigen →
Abschreibung, die ausschließlich für Gebäude anwendbar ist. Der
Gesetzgeber legt dazu bestimmte Prozentstaffeln fest, die jeweils für
eine Reihe von Jahren gleich sind. → S. 81 ff.

Stammkapital = → Gezeichnetes Kapital der AG.

Stetigkeitsprinzip: Alle einmal gewählten → Bewertungsmethoden
dürfen nicht willkürlich, sondern nur in begründeten Fällen geändert
werden. Dadurch bleiben die → Jahresabschlüsse mehrerer Jahre
untereinander vergleichbar.

Steuerbilanz ist eine zum Zwecke der Besteuerung nach steuerrechtlichen Bestimmungen erstellte → Bilanz. Sie wird grundsätzlich aus
der → Handelsbilanz abgeleitet, wobei die Ansatz- und Bewertungsfreiräume der StB enger sind als in der HB. Strenggenommen gibt es

nicht 1 StB, sondern – je nach Zweck – unterschiedliche. Wir verstehen darunter jene StB, die erstellt wird, um die gewinnabhängigen Steuern zu ermitteln.

Stichtag oder Bilanzstichtag ist der letzte Tag des Geschäftsjahres, zu dem sämtliche Vermögens- und Schuldenposten bewertet werden. Vgl. → Inventur.

Stichtagsprinzip: Eine → Bilanz bzw. der komplette → Jahresabschluß wird i.d.R. immer zum selben → Stichtag erstellt.

Stille → **Rücklagen** sind aus der → Bilanz nicht ersichtlich. Sie entstehen durch Befolgung des → Imparitätsprinzips bzw. des → Niederstwertprinzips bei → Aktiva und des → Höchstwertprinzips bei → Passiva.

Tageswert ist ein möglicher Wertansatz eines Bilanzpostens zum → Stichtag. Um dem → Niederstwertprinzip zu genügen, wird der → Buchwert mit dem TW verglichen – der *niedrigere* kommt in die → Bilanz. Nach dem → Höchstwertprinzip wird von beiden möglichen Ansätzen der *höhere* passiviert.
Als TW kommen in Frage: 1. der Börsenpreis, 2. der Marktpreis oder 3. der Wiederbeschaffungswert. Das Steuerrecht verwendet statt dessen den Begriff → 'Teilwert'. → S. 66 f.

Teilwert oder *beizulegender Wert* ist ein steuerrechtlicher Begriff und meint den Wert, der beim Erwerb einer Unternehmung für das einzelne Gut im Rahmen des Gesamtkaufpreises anteilig anzurechnen wäre. Entspricht handelsrechtlich dem → Tageswert.

Überschußrechnung ist die übliche Gewinnermittlungsart für Selbständige. Sie stellt Betriebseinnahmen und -ausgaben gegenüber, wobei z.B. der Kauf von → Anlagevermögen keine Betriebsausgabe darstellt. Als Saldo ergibt sich der zu versteuernde Gewinn. → S. 29 ff.

Umlaufvermögen sind jene Vermögensgegenstände, die einer Unternehmung eher kurzfristig dienen. Dazu zählen: 1. alle → Vorräte, 2. alle → Forderungen (i.w.S.) und → Wertpapiere des UV und 3. alle → Zahlungsmittel.

Umsatzkostenverfahren ist eine Methode zur Erstellung einer → GuV. Den erzielten Umsatzerlösen werden die dazu angefallenen

Kosten (→ Aufwendungen) gegenübergestellt. Da letztere nicht nach
der Art des verbrauchten Produktionsfaktors erfaßt werden, sondern
nach dem *Ort* ihres → Verbrauchs, wird eine ausgefeilte Kostenstellenrechnung benötigt, welche in kleineren Betrieben oft nicht instal-
liert ist. Von daher ist das GKV vorzuziehen. Gegensatz: → Gesamtkostenverfahren.

Umwandlungsbilanz wird bei Änderung der → Rechtsform erstellt,
z.B. wenn eine GmbH in eine AG umgewandelt wird, um die Kapital-
basis zu erhöhen.

Unternehmensfortführung oder „going concern" ist ein Prinzip, nachdem jeder Bilanzposten so bewertet werden soll, wie wenn die Unternehmung fortgeführt wird. Ohne Befolgung des Prinzips würden speziell die Vermögensposten unrealistisch niedrig ausgewiesen werden.

Verbindlichkeiten sind alles → Fremdkapital außer den → Rückstellungen und den → passiven Rechnungsabgrenzungsposten. Der Bilanzposten V. erfaßt nicht nur die V. aLuL, sondern auch z.B. → Anleihen, Darlehenschulden, überzogenes Bankkonto, V. gegenüber dem
Finanzamt, den Sozialversicherern, Gesellschaftern oder erhaltene
Anzahlungen auf Bestellungen.

Verbrauch von → Vorräten wird entweder mit jeder einzelnen Ent-
nahme erfaßt und/oder am Ende einer Periode per → Inventur ermittelt. Methoden der Verbrauchsermittlung: → S. 96 f.

Verbrauchsfolgeverfahren können zur Bewertungsvereinfachung bei
gleichartigen → Vorräten angewendet werden. Dazu zählen die →
Fifo-, die → Lifo- und die → Hifo-Methode. Sie alle unterstellen eine
bestimmte Reihenfolge beim Verbrauch. → S. 98 ff.

Verbundene Unternehmen sind rechtlich selbständig, stehen aber in
einem bestimmten Verhältnis zueinander. Dies kann z.B. aufgrund
von Mehrheitsbeteiligung oder wechselseitiger Beteiligung entstehen
oder durch faktische Abhängigkeit.

Ein **Vergleich** soll eine in Zahlungsschwierigkeiten geratene Unternehmung überleben helfen, indem die Gläubiger teilweise oder ganz
auf ihre → Forderungen verzichten. Die Quote ist i.d.R. deutlich höher als beim → Konkurs; sie beträgt mind. 35 %.

Vergleichsbilanz: Beim → Vergleich bleibt die Unternehmung trotz Zahlungsproblemen bestehen, wenn die Gläubiger auf einen Teil ihrer → Forderungen verzichten. Dies erfordert eine Neubewertung der → Schulden, weshalb eine V. erstellt wird.

Verwaltungsgemeinkosten sind → Aufwendungen, die z.B. für die Personalabteilung oder die Unternehmensleitung anfallen. Zur Ermittlung der → Herstellungskosten *können* die V. mit eingerechnet werden – allerdings nur anteilig, da ein Teil der V. auch für den Vertrieb anfällt (und Vertriebskosten sind beim selbst erstellten Gut nicht zu berücksichtigen, da es im Betrieb verbleibt).

Vorräte gehören zum → Umlaufvermögen einer Unternehmung. Dazu zählen Roh-, Hilfs- und Betriebsstoffvorräte, Fremdbauteile sowie die Bestände an unfertigen und Fertigerzeugnissen (Industrie) sowie Waren (Handel).
Deren Bewertung zum Bilanzstichtag erfolgt z.B. nach der → *Durchschnittsmethode*, nach einem der → *Verbrauchsfolgeverfahren* oder nach der → *Festbewertung*. → S. 91 ff.

Das (kaufmännische) **Vorsichtsprinzip** verlangt, daß die Vermögens- und Schuldenlage eines Unternehmens *eher negativ* dargestellt wird, um Gläubiger und andere Interessierte zu schützen. Dies wird erreicht, indem → Aktiva eher zu *niedrig* angesetzt werden (→ *Niederstwertprinzip*), → Passiva hingegen eher *höher* bewertet werden (→ *Höchstwertprinzip*). → S. 50 ff.
Das V. erfährt eine Konkretisierung durch das → Imparitätsprinzip, wonach nichtrealisierte Verluste ausgewiesen werden *müssen*, nichtrealisierte Gewinne aber *nicht* ausgewiesen werden *dürfen*. Alle genannten Prinzipien führen zur Bildung → stiller Rücklagen.

Wandelschuldverschreibungen sind spezielle → Anleihen. Von einer Unternehmung emittiert, zählen sie zu deren → Fremdkapital. Der Käufer erwirbt dabei das Recht, das → Wertpapier später in einem bestimmten Verhältnis in Aktien umzuwandeln. Dadurch wird er dann zum Eigenkapitalgeber.

Ein **Wechsel** ist ein → Wertpapier, mit dem sich ein Schuldner per Unterschrift verpflichtet, an eine bestimmte Person zu einem bestimmten Zeitpunkt eine bestimmte Geldsumme zu bezahlen. Für diesen Zeitraum fällt als Zins der sog. Diskont an. Von der Unternehmung (auf den Schuldner) gezogene W. zählen zur Gruppe der → Forderungen, im umgekehrten Fall zählen sie zu den → Verbindlichkeiten.

Wechselkurse zeigen den → Tageswert bei → Forderungen und → Verbindlichkeiten, die auf fremde Währung lauten. Er wird mit den → Anschaffungskosten verglichen: nach dem → Niederstwertprinzip wird der niedrigere aktiviert (Forderungen), bzw. nach dem → Höchstwertprinzip der höhere passiviert (Verbindlichkeiten). Weitere W., die als Wertansatz in Frage kommen, sind z.B. hausinterner W. oder Monatsdurchschnittskurse.

Wertaufhellende Tatsachen haben ihre Ursache im Abschlußjahr, werden der Unternehmung aber erst anschließend bekannt. Beispiel: Ein Schuldner geht am 28. Dez. in Konkurs, die Information erreicht die Unternehmung aber erst Anfang Januar. Solche w.T. werden in der → Bilanz berücksichtigt. → S. 108 f.

Wertaufholung: Liegt der Grund für eine früher vorgenommene → außerplanmäßige Abschreibung nicht mehr vor, so wird das betreffende Anlagegut wieder mit seinem gestiegenen Wert aktiviert – maximal jedoch mit den ursprünglichen → Anschaffungs- bzw. → Herstellungskosten. Für → Kapitalgesellschaften besteht diesbezüglich eine Pflicht zur W., → Personengesellschaften haben ein Wahlrecht. → S. 85; vgl. → Zuschreibung.

Wertbeeinflussende Tatsachen erfährt die Unternehmung – wie die → wertaufhellenden Tatsachen – erst im Folgejahr. Im Gegensatz zu diesen liegt der Ursprung aber ebenfalls im Folgejahr. Beispiel: Ein Schuldner beantragt am 5. Januar Vergleich, was die Gläubiger-Unternehmung 4 Tage später erfährt. Solche w.T. dürfen in der → Bilanz des Vorjahres nicht berücksichtigt werden. → S. 108 f.

Wertberichtigungen sind *Korrekturposten*, die bei der indirekten → Abschreibung anfallen: Statt die Wertminderung direkt zu Lasten des Aktivpostens zu erfassen, wird auf WB gebucht. Arten: 1. WB auf → Sachanlagen (→ Abschreibungen auf Sachanlagen), 2. Einzelwertberichtigungen (EWB) und 3. Pauschalwertberichtigungen (PWB), beide auf → Forderungen. WB sind zwar → Passiva, als reine Korrekturposten zählen sie aber nicht zum → Fremdkapital. → S. 88 f., S. 110 f.

In der veröffentlichten → Bilanz von → Kapitalgesellschaften dürfen keine WB ausgewiesen sein; statt dessen werden sie mit den entsprechenden Aktivposten saldiert.

Wertpapiere ist ein Sammelbegriff, der z.B. auch Fahr- und Eintrittskarten einschließt. Im engeren Sinn sind damit z.B. Aktien oder → Anleihen gemeint, die meist an der Börse gehandelt werden.
In der Bilanzierung werden WP des → Anlagevermögens (nach dem gemilderten → Niederstwertprinzip) sowie WP des → Umlaufvermögens (nach dem strengen NWP) angesetzt. Dazu ist der → Buchwert mit dem → Tageswert zu vergleichen. Hat eine Unternehmung selbst Anleihen herausgegeben, so zählen diese zu den → Passiva und werden nach dem → Höchstwertprinzip mit dem höheren Rückzahlungsbetrag bilanziert.

Zahlungsmittel (= flüssige oder liquide Mittel) sind Teile des → Umlaufvermögens. Dazu zählen der Kassenbestand, Bankguthaben und Schecks.

Zahlungsunfähigkeit → Liquidität

Zuschreibung ist das gedankliche Gegenstück zur → Abschreibung (und damit ein → Ertrag). Sie erfolgt, wenn der Grund für eine frühere → außerplanmäßige Abschreibung wegfällt und die Wertsteigerung als → Wertaufholung erfaßt wird.

K   Literaturverzeichnis

Gabler Wirtschaftslexikon in 10 Bänden, 14. Auflage, Wiesbaden 1997

Göllert, Kurt/Ringling, Wilfried: Bilanzrecht, Heidelberg 1990

Jossé, Germann: Basiswissen Kostenrechnung, München 1998

Jossé, Germann: Buchführung – aber locker!, 2. Auflage, Hamburg 1998

Jossé, Germann: Rechnungswesen für Hotellerie und Gastronomie, Darmstadt 1996

Kresse, Werner: Die neue Schule des Bilanzbuchhalters, Band 1, 5. Auflage, Stuttgart 1990

Küting, Karlheinz/Weber, Claus-Peter: Handbuch der Rechnungslegung, 3. Auflage, Stuttgart 1990

Wöhe, Günter: Bilanzierung und Bilanzpolitik, 9. Auflage, München 1997

L   Stichwortverzeichnis

Die → Pfeile verweisen auf ein anderes Stichwort, die **fettgedruckten** Zahlen auf eine Erklärung im Glossar.

100 Tips und Musterbeispiele

Claus Coelius:
Bewerbungsbrief und Lebenslauf
ISBN 3-923930-11-9; 132 Seiten;
DM 19,90 /öS 148.- /sFr 19,90

Dieses neue Buch behandelt das Thema ausführlich. Neben zahlreichen handfesten Tips zur Vermittlung des gewissen „Know-how" für eine Bewerbung „die ankommt", enthält dies Buch **eine umfangreiche Sammlung von Praxisbeispielen erfolgreicher Anschreiben und Lebensläufe,** die ihre Verfasser regelmäßig in die engere Wahl kommen ließen. Die Beispiele geben willkommene Anregungen für die eigene Bewerbung und können bei Bedarf sogar direkt übernommen werden. Dazu findet sich auf der einen Seite das Stellenangebot und gegenüber das dazugehörige Anschreiben, welches zeigt, wie man geschickt und überzeugend auf die Anzeige eingehen kann, ohne zu übertreiben. Konkreter können Ratschläge kaum noch sein.

Die 100 häufigsten Fragen im Vorstellungsgespräch

Claus Coelius:
Fit fürs Bewerbungsgespräch
ISBN 3-923930-10-0; 132 Seiten;
DM 19,90 /öS 148.- /sFr 19,90

Bewerbungsgespräche lassen sich trainieren. Entstanden aus den Erfahrungen vieler Personalpraktiker und Stellensuchender erhalten Sie mit diesem Buch **ein erfolgreiches Konzept für eine gelungene Vorbereitung auf Ihr Vorstellungsgespräch.**

Mit Hilfe neuartiger **Checklisten** und einem **umfangreichen Fragenkatalog** werden Sie für Ihr Vorstellungsgespräch fit wie ein Personalprofi. Die **zahlreichen Tips und Ratschläge** können Sie sofort konkret auf die eigenen Verhältnisse anwenden und in Erfolg umsetzen.

CC-VERLAG GmbH • Postfach 60 04 03 • 22204 Hamburg
Fax: 040-631 73 06 • E-Mail: info@cc-verlag.de
Bewerberservice im Internet: http://www.cc-verlag.de

Gekonnter Berufseinstieg

Claus Coelius:
Bewerben nach dem Studium
ISBN 3-923930-06-2; 164 Seiten;
DM 19,90 /öS 140.- /sFr 19,90

Was nutzt ein gutes Studium, wenn man den Berufseinstieg falsch plant? Wie steige ich optimal ein? Wie komme ich bei Firmen in die engere Wahl? Wie bewerbe ich mich entsprechend? Was muß ich bei Traineestellen beachten?

Entstanden aus den Erfahrungen vieler Bewerber bietet dieses Buch Ihnen ein **erfolgreiches Konzept für einen gelungenen Berufseinstieg nach dem Studium**.

Die Tips der Profis

Claus Coelius:
Das neue Bewerbungskonzept
ISBN 3-923930-00-3; 142 Seiten;
DM 19,90 /öS 148.- /sFr 19,90

Für die Auswertung und Beurteilung Ihrer Bewerbung leisten sich viele Unternehmen hochqualifizierte Spezialisten mit hohen Ansprüchen. Nicht selten gehen deshalb Stellensuchenden gute Chancen verloren aus Unwissenheit auf dem Gebiet des "Marketing in eigener Sache".

Dieses Buch bietet Ihnen ein **neuartiges und erfolgreiches Konzept auf der Suche nach einem Arbeitsplatz**, der Ihren Erwartungen entspricht. Mit Hilfe neuartiger Checklisten können Sie Ihre eigenen Zeugnisse, Ihren bisherigen Berufsweg aber auch Stellenanzeigen wie ein Personalprofi analysieren. Das neue Wissen können Sie damit sofort konkret auf Ihre persönlichen Verhältnisse anwenden und in Erfolg umsetzen..

CC-VERLAG GmbH • Postfach 60 04 03 • 22204 Hamburg
Fax: 040-631 73 06 • E-Mail: info@cc-verlag.de
Bewerberservice im Internet: http://www.cc-verlag.de

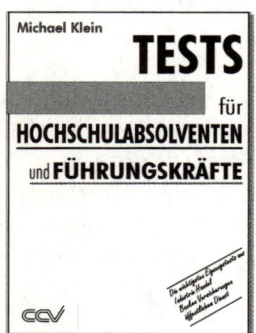

Buchführung locker im Griff

Neu!
Wichtige Ergänzung
für Ihr Bilanzwissen

Alle wichtigen Buchungen zum Thema:
Inventur
Jahresabschluß
Bilanz
GuV
Erfolgskonten
Bestandskonten
Privatkonten
Absatz
Produktion
Beschaffung
Lohn & Gehalt
Zahlungsverkehr
Steuern

Germann Jossé

Buchführung aber locker!

Ein neuartiges Konzept für den schnellen und fundierten Einstieg

ccv

Für wen ist dieses Buch?

Sie finden, Buchführung sei 'trocken'? Sie kämpfen sich mit der Materie ab und wissen nicht so recht, was, warum und wie? Dann wird's Zeit, daß Sie dieses Buch aufschlagen. Wir führen Sie Schritt für Schritt – aber locker! – durch den Dschungel von Aktiva und Passiva, von Aufwendungen und Erträgen. Nach kurzer Zeit werden Sie fit sein und selbst sagen: „Buchführung – aber locker!"

Sie sind **(Berufs-)Schüler** oder **Student**? Oder arbeiten Sie als **Praktiker** im kaufmännischen Bereich? Oder sind Sie gar **selbständig** und haben Ihre eigene Firma, Ihr eigenes Geschäft? Dieses Buch ist so konzipiert, daß es jeder, vom Anfänger bis zum Profi, sinnvoll nutzen kann, um **Kenntnisse aufzufrischen oder gezielt zu vertiefen, um offene Fragen zu klären oder sich umfassend einzuarbeiten.**

Wie benutzen Sie das Buch?

„Buchführung – aber locker!" hilft Ihnen schnell zum Erfolg:

- Wenn Sie **Anfänger** sind und noch keine Ahnung von Buchführung haben, sollten Sie das Buch wie ein normales Lehrbuch benutzen und die einzelnen Themen Schritt für Schritt, Übung für Übung durcharbeiten.

- Als **Fortgeschrittener** haben Sie vielleicht Grundkenntnisse, nur im Detail haben Sie noch Lücken. Oder Sie wollen Ihr Wissen auffrischen. Anhand des Inhalts- und Stichwortverzeichnisses können Sie gezielt Themenbereiche auswählen, die Sie interessieren.

- Als **Profi** kennen Sie sich bereits in Buchführung aus, nur fehlt Ihnen ein zuverlässiger Ratgeber, um mal eben etwas nachzuschlagen. Das Glossar am Buchende können Sie wie ein Lexikon benutzen. Querverweise zeigen Ihnen, wo die Themen ausführlich dargestellt werden.

Alle wichtigen Buchungen sowohl während eines Geschäftsjahres als auch an dessen Ende werden beispielhaft dargestellt. Und das für den Handel wie auch für die Industrie. Sie sehen: Ein Rund-um-Paket, das für fast alle Branchen paßt.

Germann Jossé:
Buchführung - aber locker!
Ein neuartiges Konzept für den schnellen und fundierten Einstieg
ISBN 3-923930-14-3; 256 Seiten; DM 29,90; öS 219,-; sFr 29,90
CC-VERLAG GmbH • Postfach 60 04 03 • 22204 Hamburg
Fax: 040-631 73 06 • EMail: info@cc-verlag.de
Internet: http://www.cc-verlag.de